U0629302

李世石
围棋教室

入门篇
（上册）

[韩]李世石◎编著
[韩]金敬东◎译

天津出版传媒集团
天津科学技术出版社

图书在版编目（CIP）数据

李世石围棋教室. 入门篇：全 3 册/(韩) 李世石编
著；(韩) 金敬东译. –天津：天津科学技术出版社，
2013.12
ISBN 978-7-5308-8552-9

Ⅰ.①李… Ⅱ.①李… ②金… Ⅲ.①围棋–儿童读
物 Ⅳ.①G891.3–49

中国版本图书馆 CIP 数据核字（2013）第 290667 号
天津市版权局著作权合同登记号图字 02-2013-268-270

责任编辑：石　崑
责任印制：兰　毅

天津出版传媒集团

天津科学技术出版社

出版人：蔡　颢
天津市西康路 35 号　邮编 300051
电话 (022)23332392(发行科) 23332369(编辑室)
网址：www.tjkjcbs.com.cn
新华书店经销
天津泰宇印务有限公司印刷

开本　787×1092　1/16　印张 30.5　字数 300 000
2014 年 2 月第 1 版第 1 次印刷
定价：90.00 元（全 3 册）

序言

　　围棋作为一种游戏，虽已存在了数千年，但至今仍受到很多人的爱戴。从此我们可以看出，称围棋为人类创造的最高端的游戏之一，亦不言过。不仅如此，通过下围棋，还可以培养孩子的数理能力、空间想象力、创意能力等许多种教育效果，特别受到现代父母们的欢迎。然而，面对围棋这个既有趣又有益的游戏，对刚入门者来说，提高实力着实不是一件易事。

　　其原因在于，当今围棋教育体系还不够完善。为解决这个问题，本人历经诸多研究，最终公开发行了《李世石围棋教室系列图书》。

　　《李世石围棋教室系列图书》分为入门篇、基础篇、提高篇，循序渐进，深入浅出，构建快乐围棋的新体系。尤其是，并非单纯以死记硬背的方式，而是通过故事的诱导，帮助孩子深入思考，体会棋理，以取得更加有效的学习效果。

　　另外，通过孩子们更易接受的卡通漫画形式，使之读来更具亲切感，更具感染力，这也是其一大特征。

　　可以说，这不仅是一套普通的围棋教程，更是激发孩子潜能的益智读物，一定会让您的孩子手不释卷，在奇妙的围棋世界里吸取智慧的光芒。让我们陪伴孩子在快乐中学习，记录他们成长的每个温暖足迹吧！

2013年7月　李世石

登场人物

白帅

作为白子的领袖人物，
他是总让黑胖和朋友们
吃苦头的主人公。
因心软，时而陷于困境，
但总能发挥卓越智慧，
取得胜利。

围棋精灵

给白帅和他的朋友们传授围棋技巧的围棋精灵。白帅处于危机时，给予适当的帮助，对白帅队的胜利起决定性的作用。

黑胖

作为黑子的领袖人物，
为战胜白帅和他的朋友，
不懈努力的主人公。
生性勇敢，但因过于顽固
单纯，总被白帅和他的朋
友打败。

白棋三剑客(白红, 白蓝, 白黄)
围着红蓝黄色的披风。和白帅一起经常使黑胖和他的朋友陷于危机。

白哲

白帅的朋友，性格开朗。

聪儿

白帅的朋友，害羞腼腆。

白脸

白帅的朋友，害羞腼腆。

围棋魔王

给白帅和他的朋友们传授围棋技巧的围棋精灵。

围棒

围棋比赛的裁判，他是进行公平而冷静的判定而受所有人尊敬的人物。

围棋老师

向白帅、黑胖，还有其他朋友们传授知识的围棋学校老师。

黑球

黑胖的朋友，虽为黑胖最信赖的朋友，但总在关键时刻犯错，使黑胖陷入困境。

黑曲

黑胖的朋友，只要是黑胖说的话，就绝对听从。

黑峰

黑胖的朋友，经常做出出乎意料的行动，让朋友陷入困境。

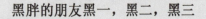

黑胖的朋友黑一，黑二，黑三

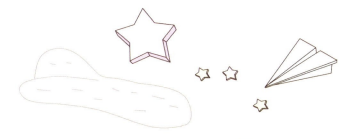

围棋棋子在呼吸

Chapter.1

围棋棋子在呼吸呀

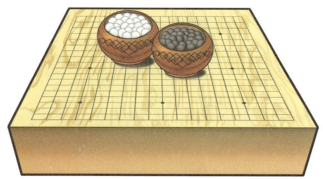

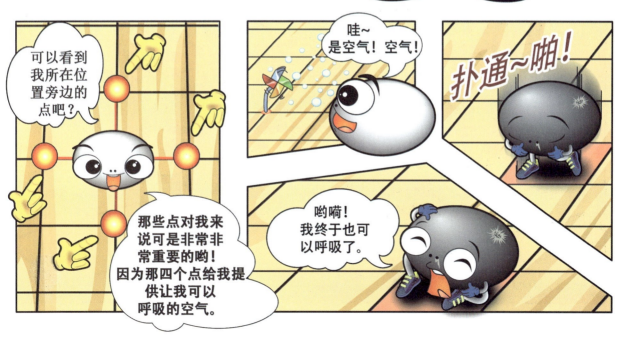

围棋棋子在呼吸呀

练习题

请找出黑棋呼吸之处，并用●表示！

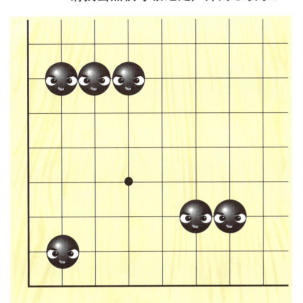

图1 （正解1）

用●表示之处，即为黑〇呼吸的地方。

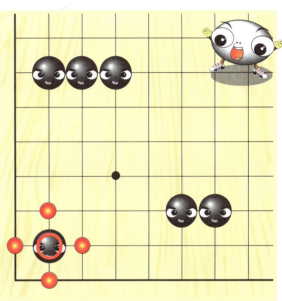

图2 （正解2）

用●表示之处，即为黑〇呼吸的地方。

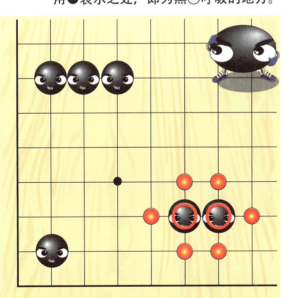

图3 （正解3）

用●表示之处，即为黑〇呼吸的地方。

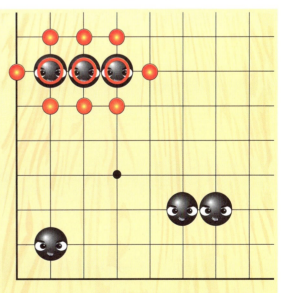

问题1

练一练!

请找出黑棋呼吸之处，并用〇表示！

请找出黑棋呼吸之处，并用〇表示！

围棋棋子在呼吸呀

7

问题3

请找出黑棋呼吸之处，并用〇表示！

围棋棋子在呼吸呀

请找出黑棋呼吸之处，并用○表示！

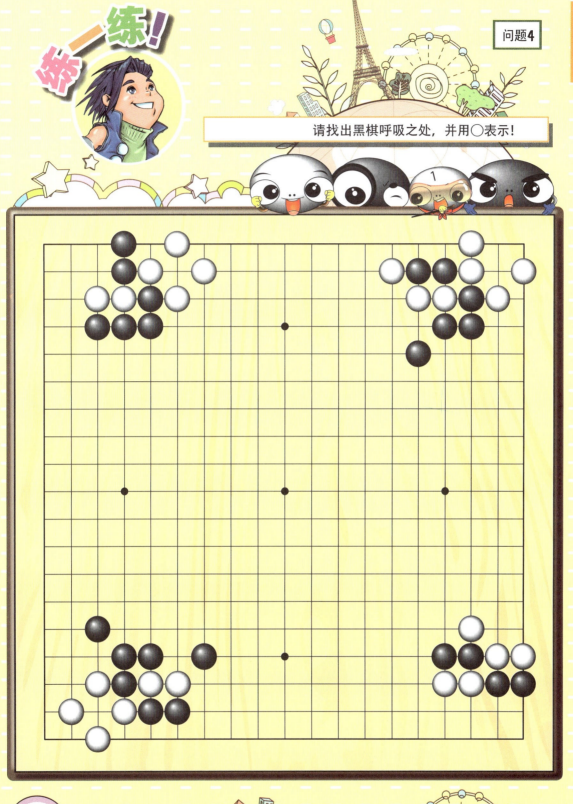

请找出黑棋呼吸之处，并用○表示！

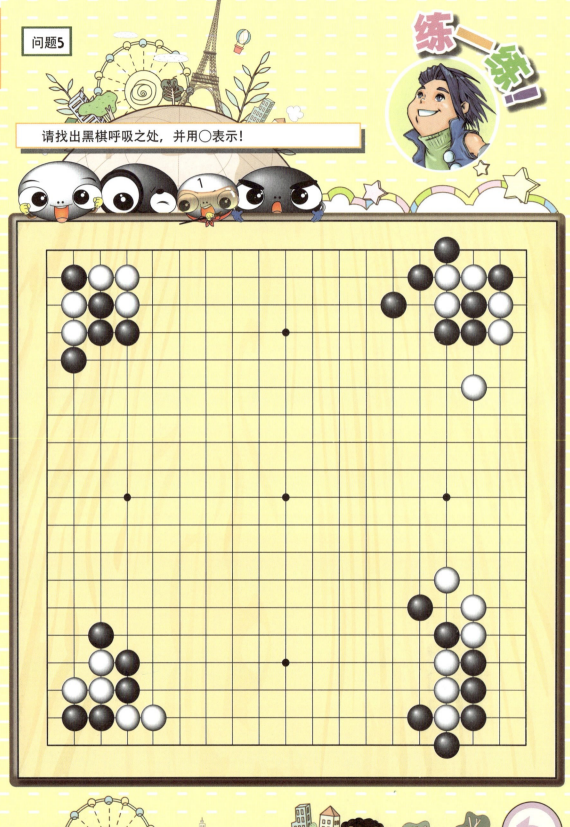

请找出黑棋呼吸之处，并用○表示！

问题7

练一练！

请找出黑棋呼吸之处，并用○表示！

什么样的棋子可以提子呢

Chapter.2

什么样的棋子可以提子呢

练习题

请找出被打吃的白棋，并将之提取！

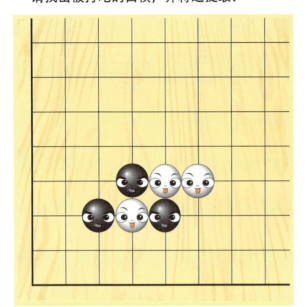

图1 （分析1）

白◎只有一口可以逃出的气A，是被打吃的状态。

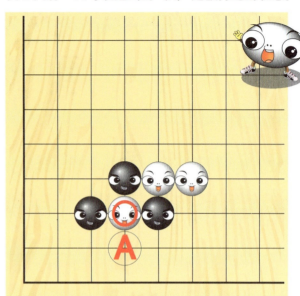

图2 （分析2）

白◎两个子有A~D四口气，不是被打吃的状态。

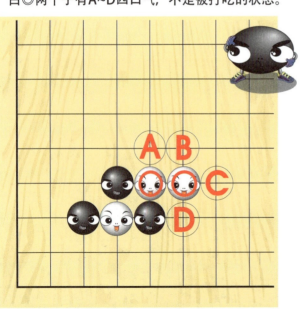

图3 （正解）

黑下1位可以提取被打吃的白棋。

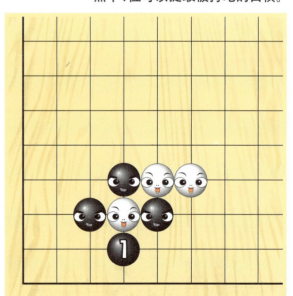

找出被打吃的白棋，并将之提取！

问题1

问题2

问题3

问题4

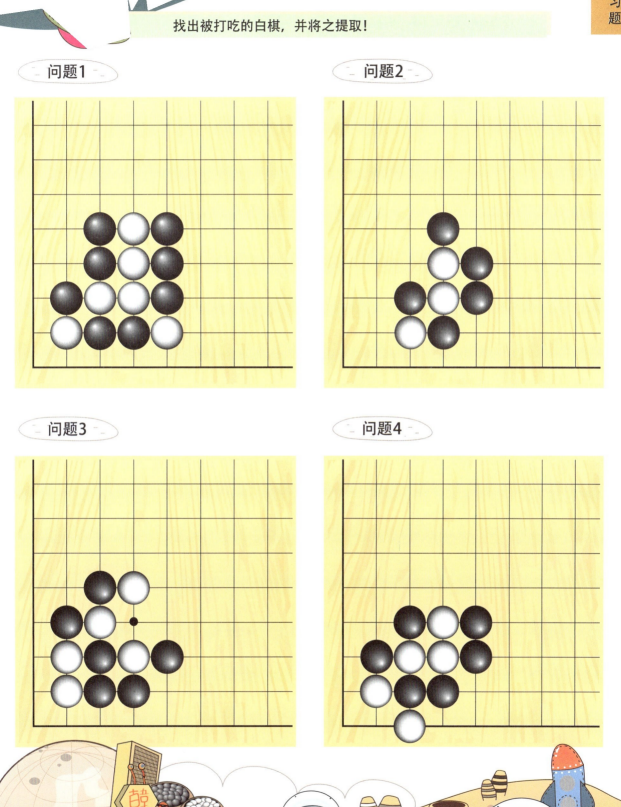

找出被打吃的白棋，并将之提取！

- 问题5 -

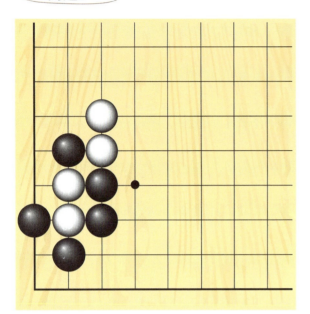

- 问题6 -

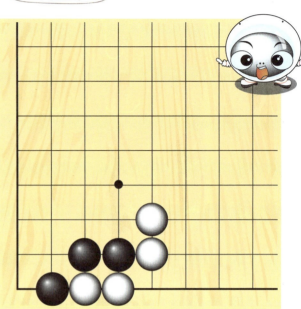

- 问题7 -

- 问题8 -

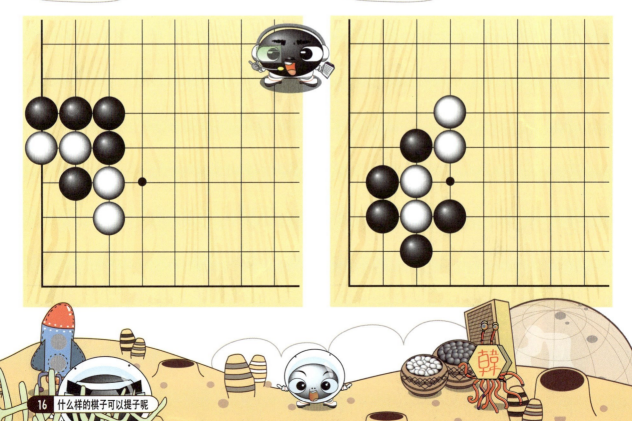

找出被打吃的白棋，并将之提取！

问题9

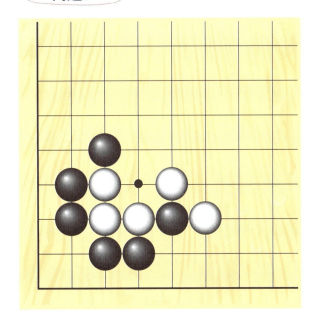

问题10

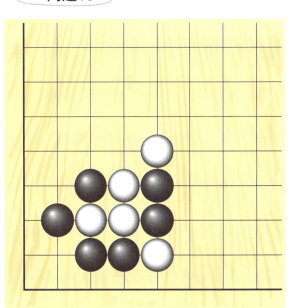

问题11

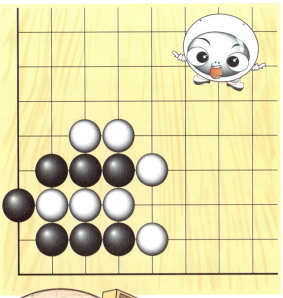

问题12

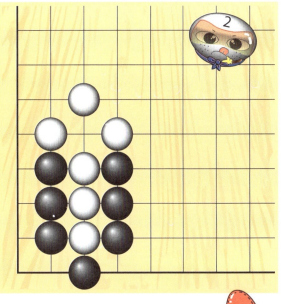

找出被打吃的白棋，并将之提取！

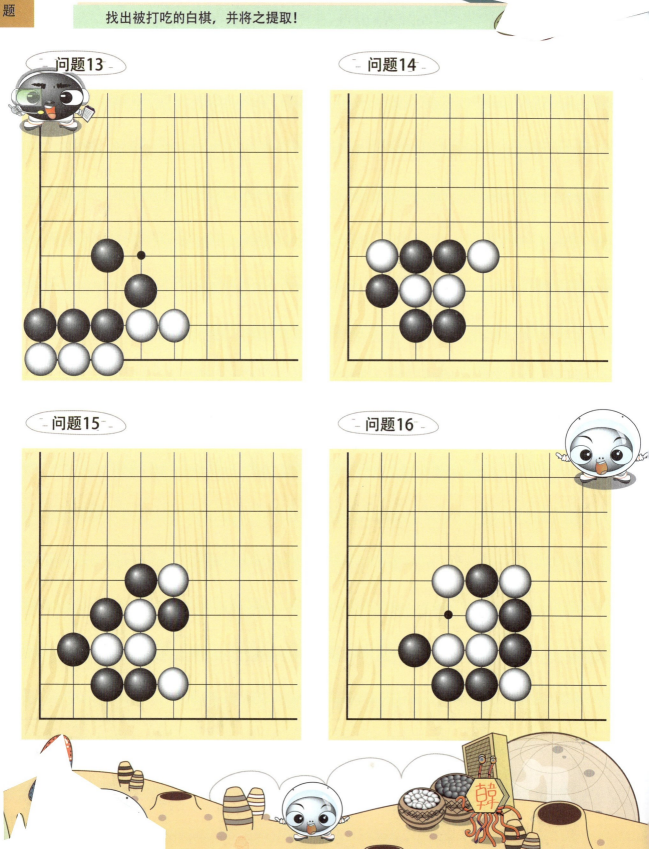

问题13

问题14

问题15

问题16

找出被打吃的白棋，并将之提取！

问题17

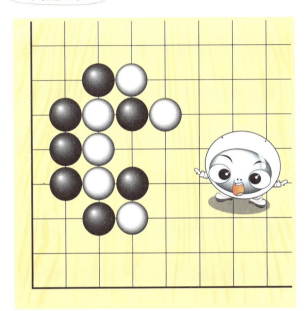

问题18

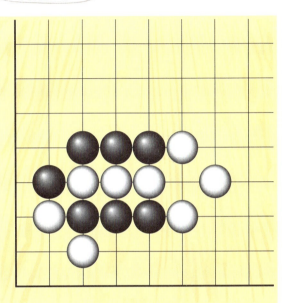

问题19

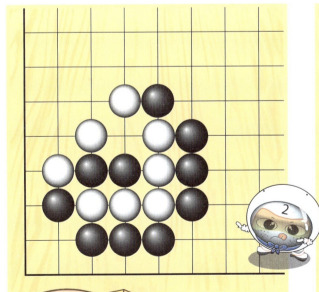

问题20

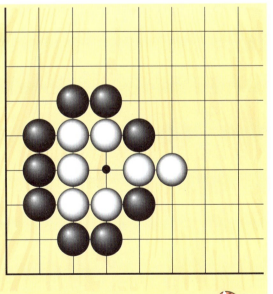

找出被打吃的白棋，并将之提取！

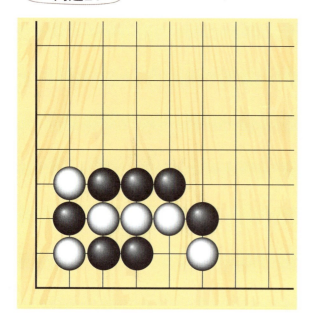

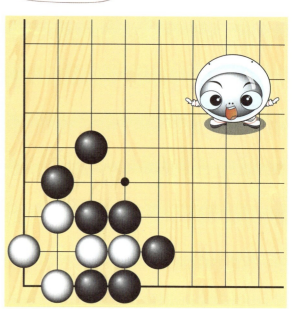

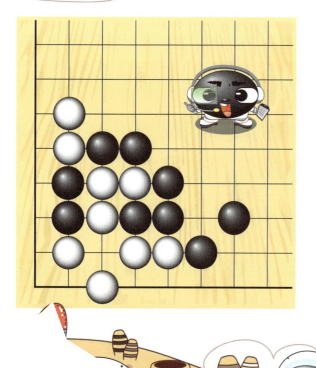

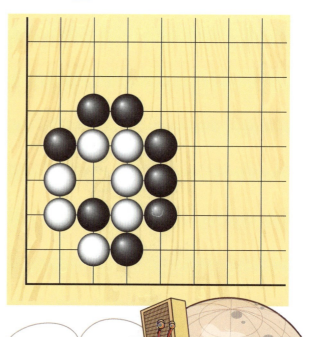

怎么救被打吃的棋子

Chapter. 3

怎么救被打吃的棋子

哎哟，糟糕！黑胖和他的朋友堵住了我的三口气！呜呜……

哈哈，我终于吃掉白帅了！高兴死了！

白帅，你投降吧！嘻嘻嘻！

哎哟！刚一转眼就遇到困境！我只好去棋盘外边了。

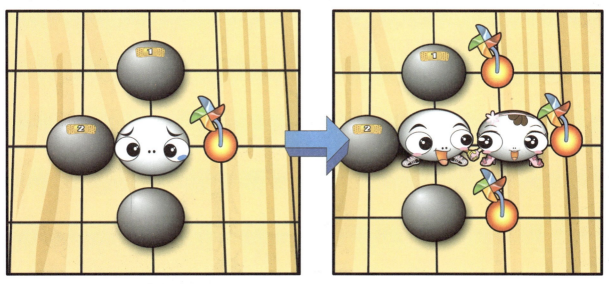

哦?
刚才我的气只有一口,怎么突然多了两口,一共三口呢?

对!
那是因为你和我握手了。我们这些同样颜色的棋子可以互相握手。

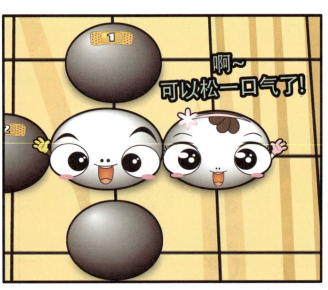

啊~
可以松一口气了!

呃……可恶!
哎哟,本来是好机会可以把白帅吃掉,突然出现围棋精灵跟他握手救了他!

怎么救被打吃的棋子

练习题

黑▲被打吃，请救一下黑▲！

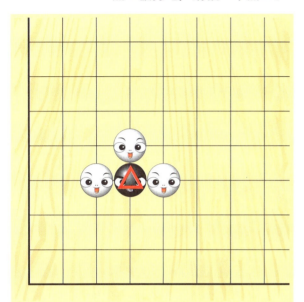

图1 （失败）

黑1下错了。白2可以吃掉黑棋一个子。

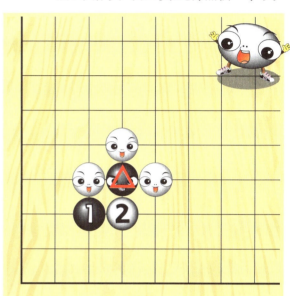

图2 （失败）

黑1也下错了。白2可以吃掉黑棋一个子。

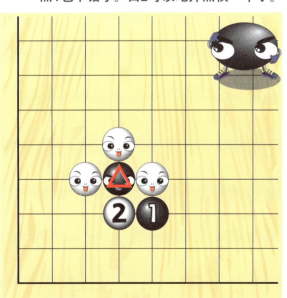

图3 （正解）

黑1是正确答案。黑棋的气变成A~C一共三口。

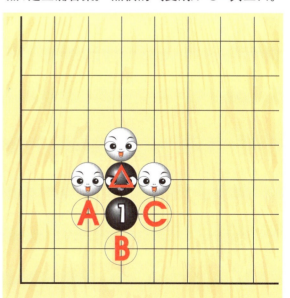

黑▲被打吃，请救一下黑▲！

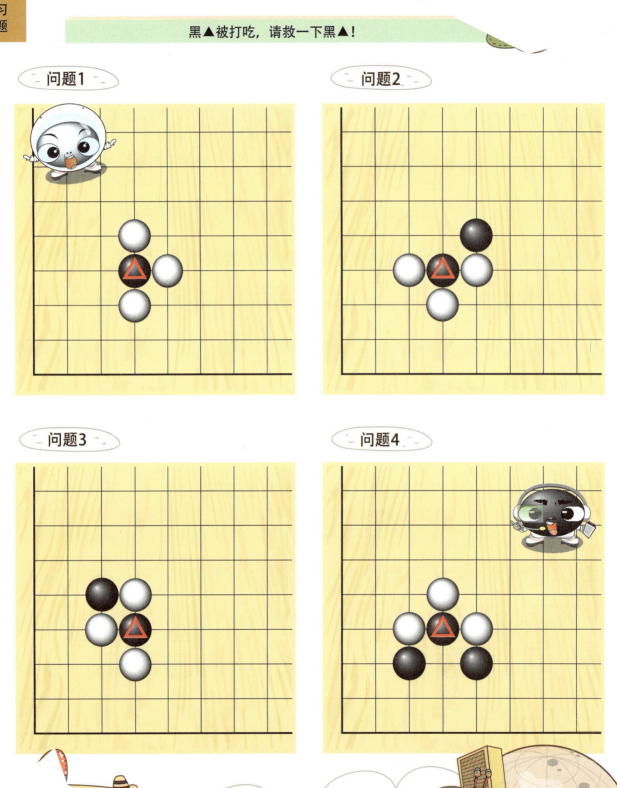

提高练习题

黑▲被打吃，请救一下黑▲！

问题5

问题6

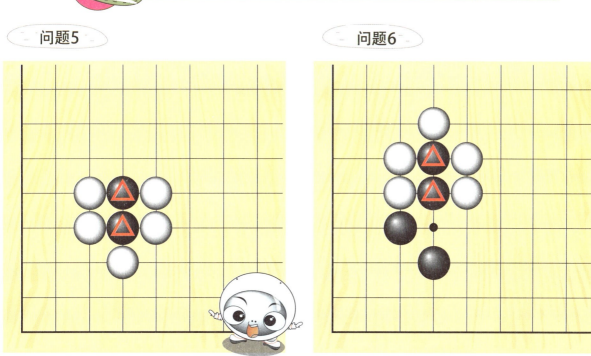

问题7

问题8

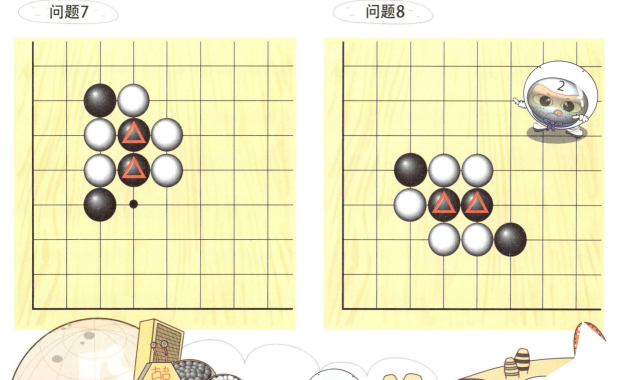

黑▲被打吃，请救一下黑▲！

- 问题9 -

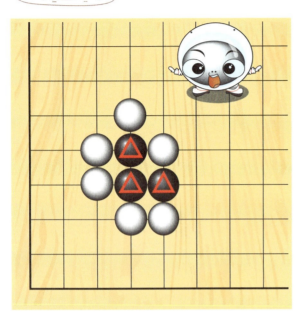

- 问题10 -

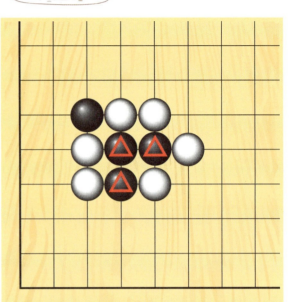

- 问题11 -

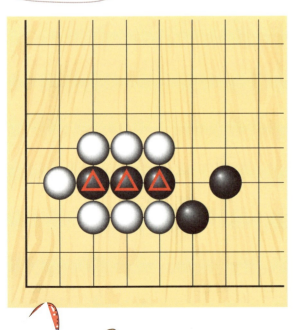

- 问题12 -

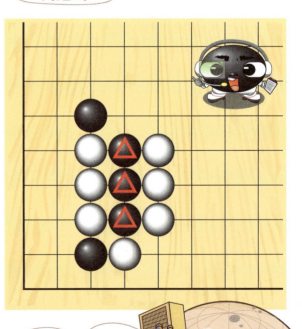

找出被打吃的黑棋，救一下它！

问题13

问题14

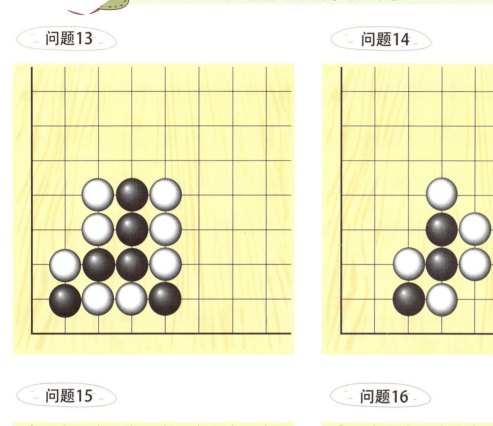

问题15

问题16

找出被打吃的黑棋，救一下它！

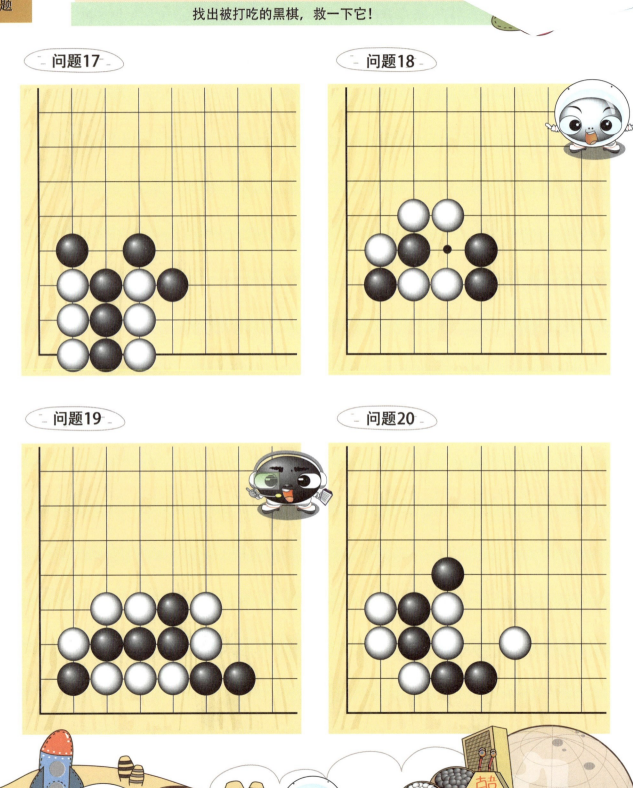

找出被打吃的黑棋，救一下它！

问题21

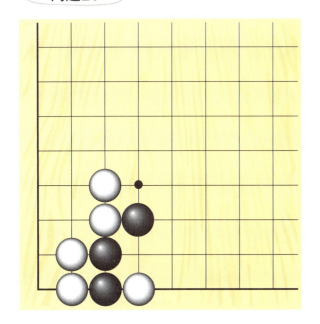

问题22

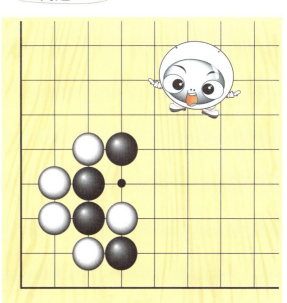

问题23

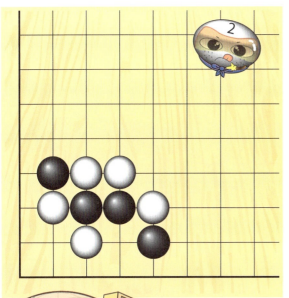

问题24

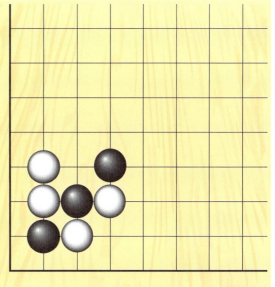

找出被打吃的黑棋，救一下它！

问题25

问题26

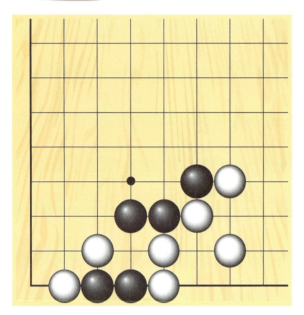

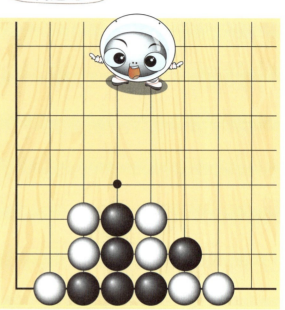

问题27

问题28

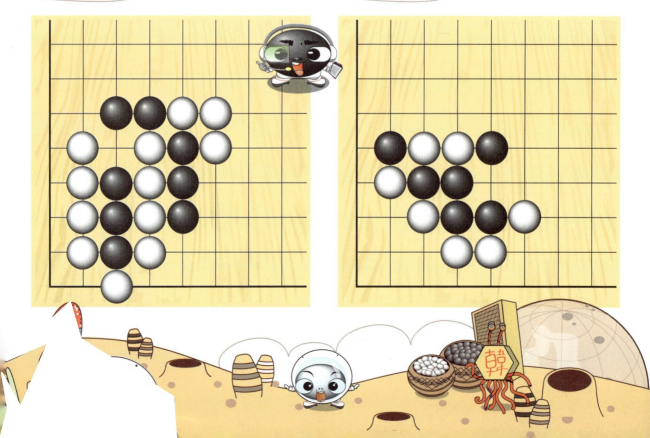

黑白都被打吃

呜呜……
我也想吃冰淇淋！
呜呜……

滴答！

摇摇~晃晃~

摇摇~晃晃~

砰~

你为什么哭？我是围棋魔王。
因为我围棋下得很好，
所以起了这种名字！

那么，
你应该很了解抓
俘虏的游戏吧？

黑白都被打吃

练习题

黑1攻击白◎一个子，接着白2攻击黑▲一个子。黑棋该怎么下好呢？

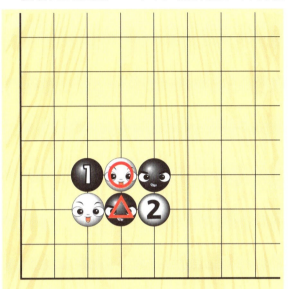

图1 （正解）

因为是互为打吃，所以黑1提取白一个子即为正确答案。

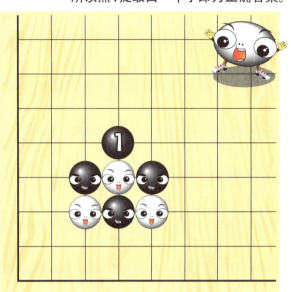

图2 （失败）

黑1要逃走，白2也会逃走，所以是失败。

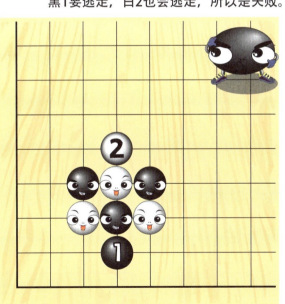

图3 （参考）

黑1打吃时，白棋不走A位，白2逃走是正确下法。

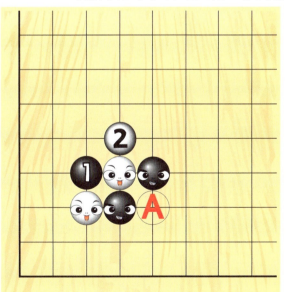

提高练习题

黑▲和白◎互为打吃，黑棋该怎么下好呢？

- 问题1 -

- 问题2 -

- 问题3 -

- 问题4 -

黑▲和白◎互为打吃，黑棋该怎么下好呢？

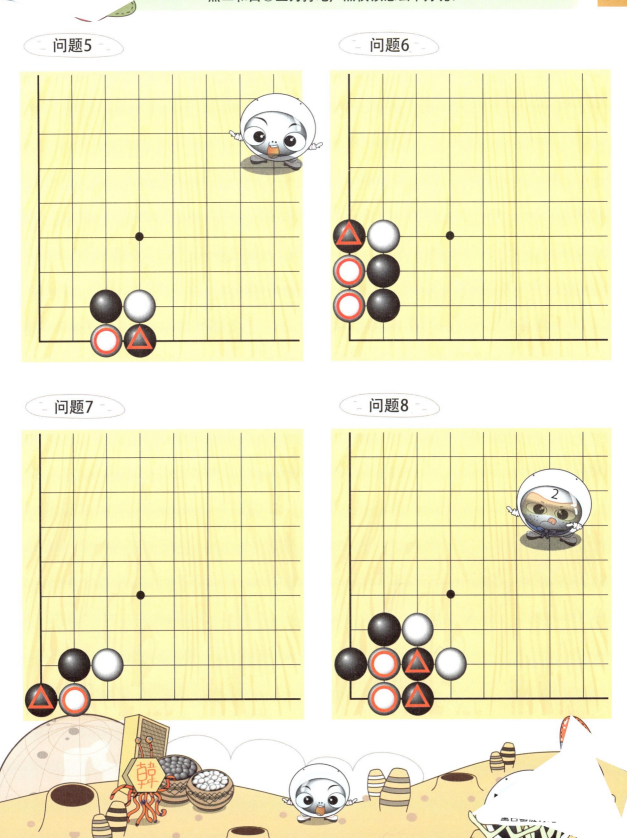

黑▲和白◎互为打吃，黑棋该怎么下好呢？

问题9

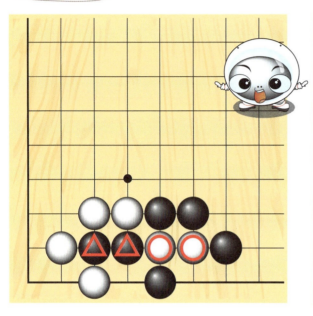

问题10

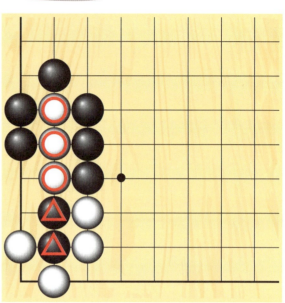

问题11

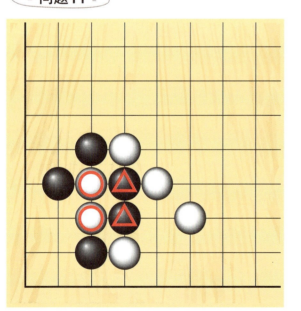

问题12

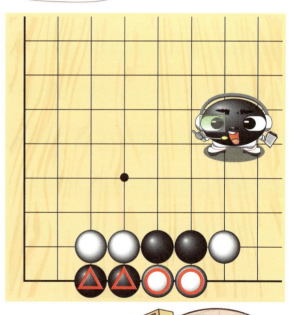

黑棋和白棋互为打吃，黑棋该怎么下好呢？

问题13

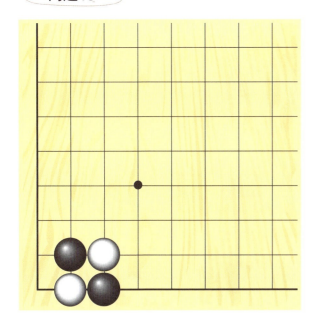

问题14

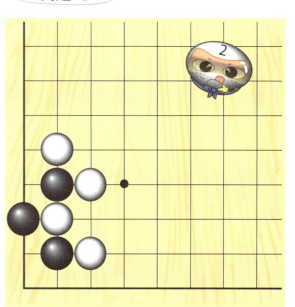

问题15

问题16

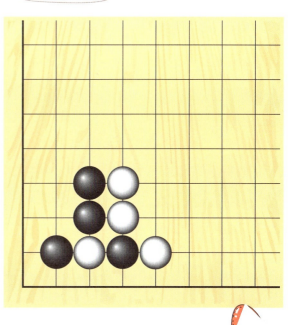

黑棋和白棋互为打吃，黑棋该怎么下好呢？

问题17

问题18

问题19

问题20

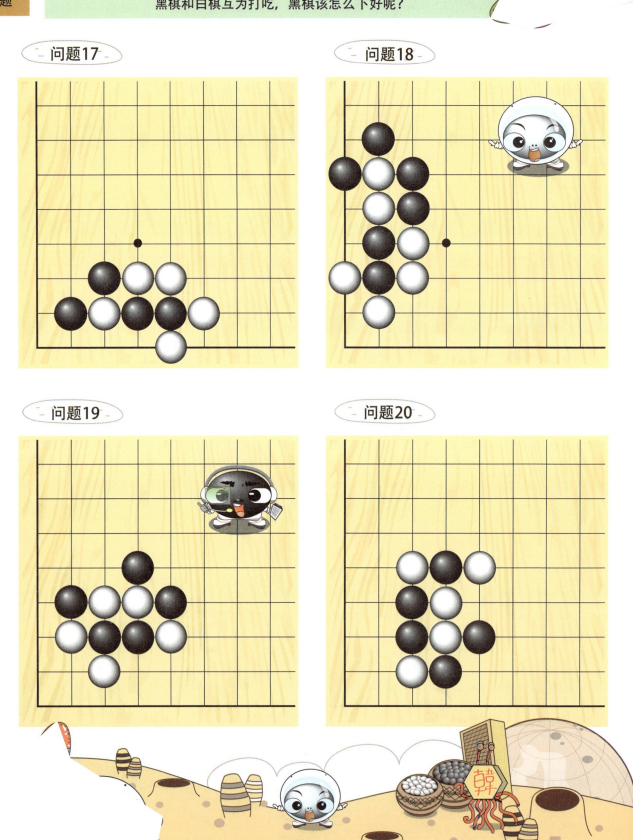

黑棋和白棋互为打吃，黑棋该怎么下好呢？

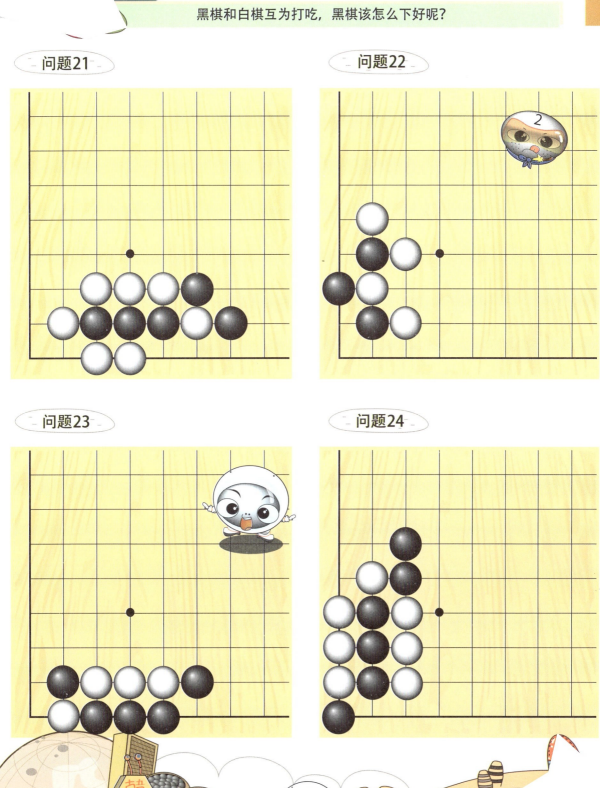

黑棋和白棋互为打吃，黑棋该怎么下好呢？

问题25

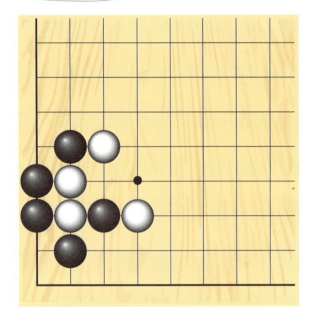

问题26

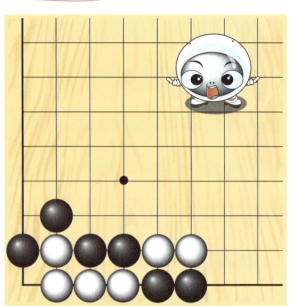

问题27

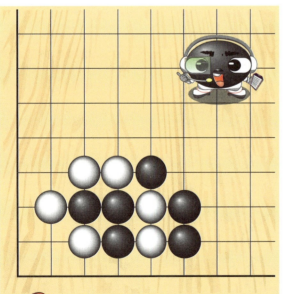

问题28

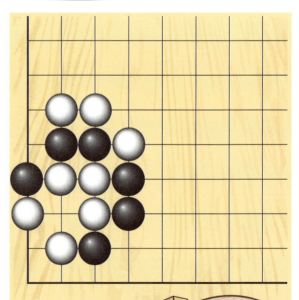

怎么打吃

Chapter.5

Happy

怎么打吃

打吃?
那是什么呀?

打吃指一方落子后,
对方的某些子仅剩一口气,
如果置之不理, 下一手就会被提子。
要吃掉对方的棋子,
必须先打吃!

对这样的棋形,
应该怎么攻击?

黑○是两个子

黑△是一个子!

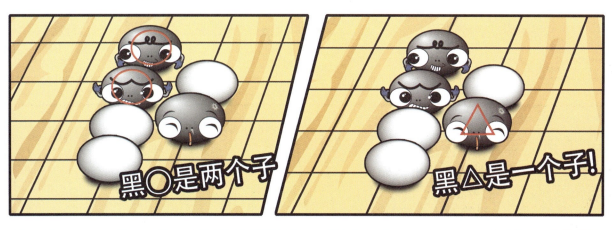

"黑○棋子的个数比黑△多,
所以我很想攻击它"

怎么打吃

练习题

请打吃一下白△！

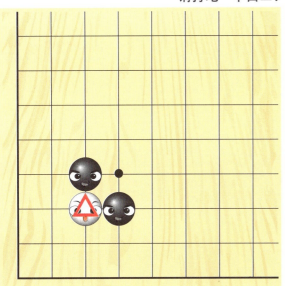

图1 (正解1)

黑1使白子成为被打吃的状态。

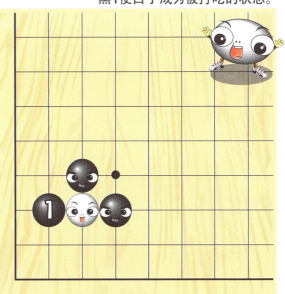

图2 (正解2)

黑1下这里，白子也成为被打吃的状态。

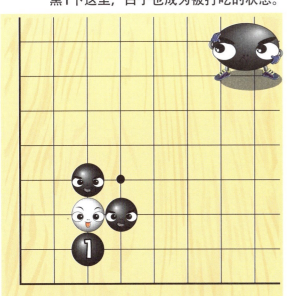

图3 (失败)

黑1不是打吃，失败。

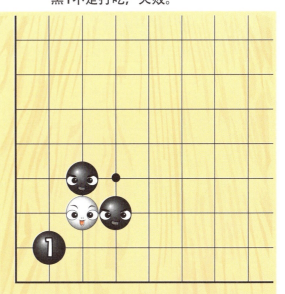

请打吃一下白△！

问题1

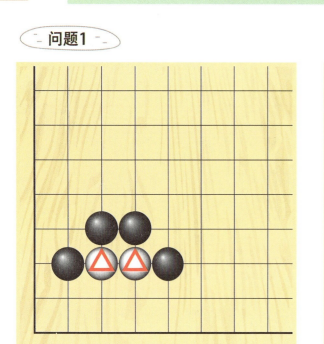

问题2

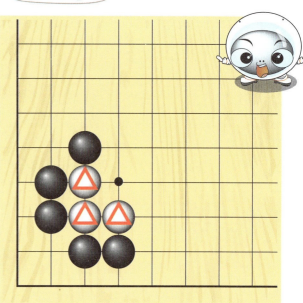

问题3

问题4

请打吃一下白△!

问题5

问题6

问题7

问题8

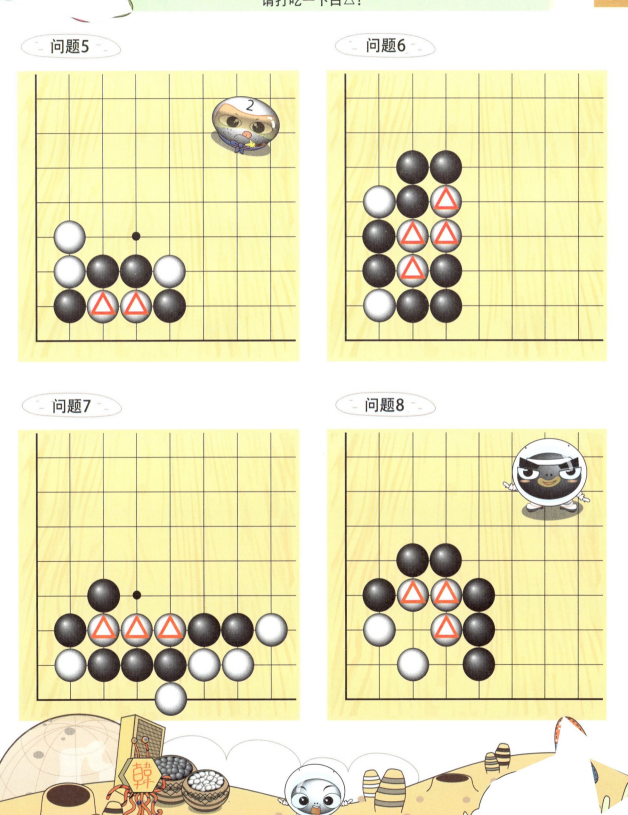

练一练!

请打吃一下白△！

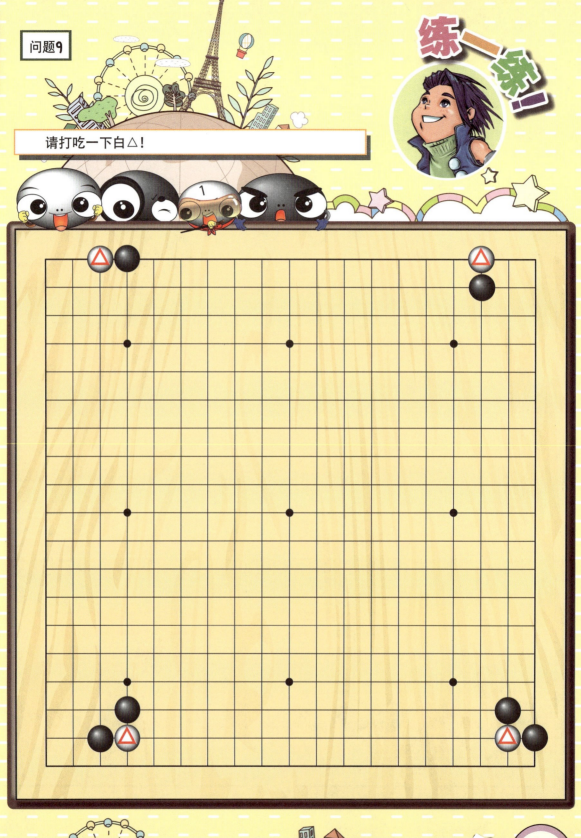

练一练！

请打吃一下白△！

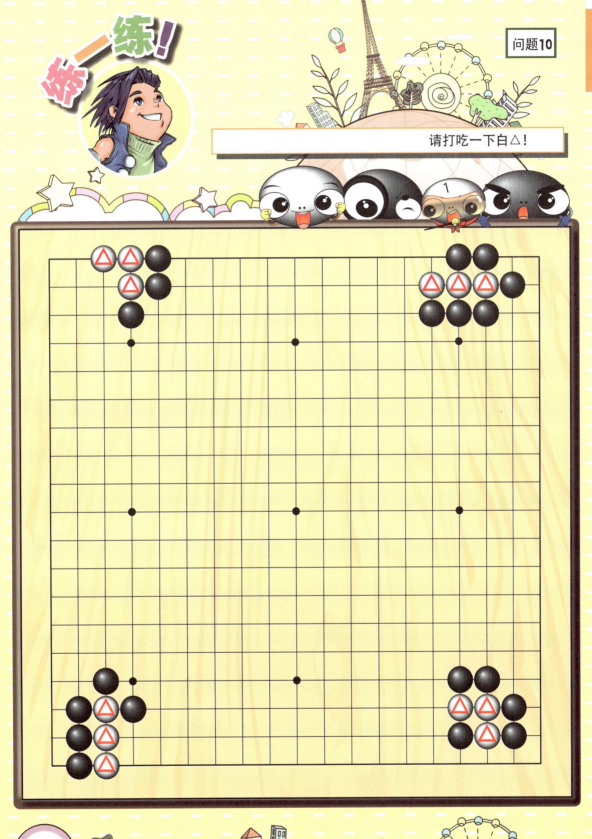

问题11

请打吃一下白△!

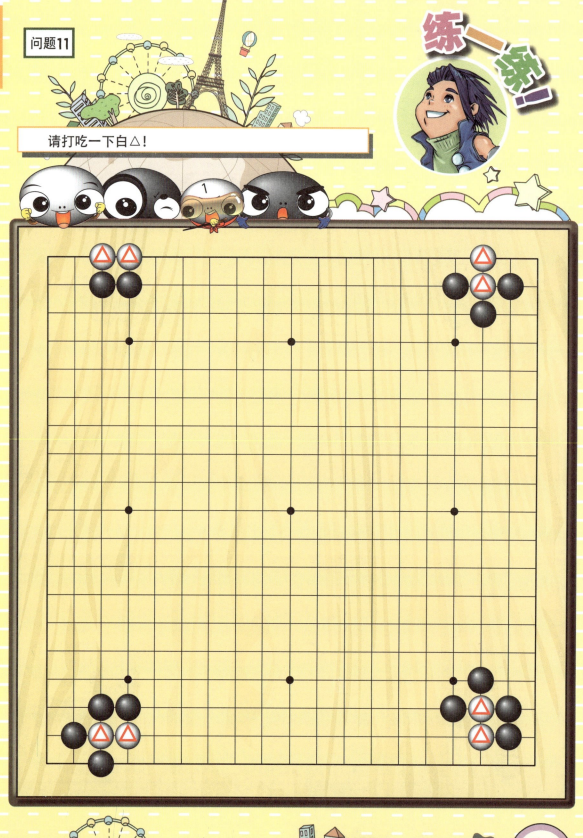

要打吃白棋，该怎么下好呢？

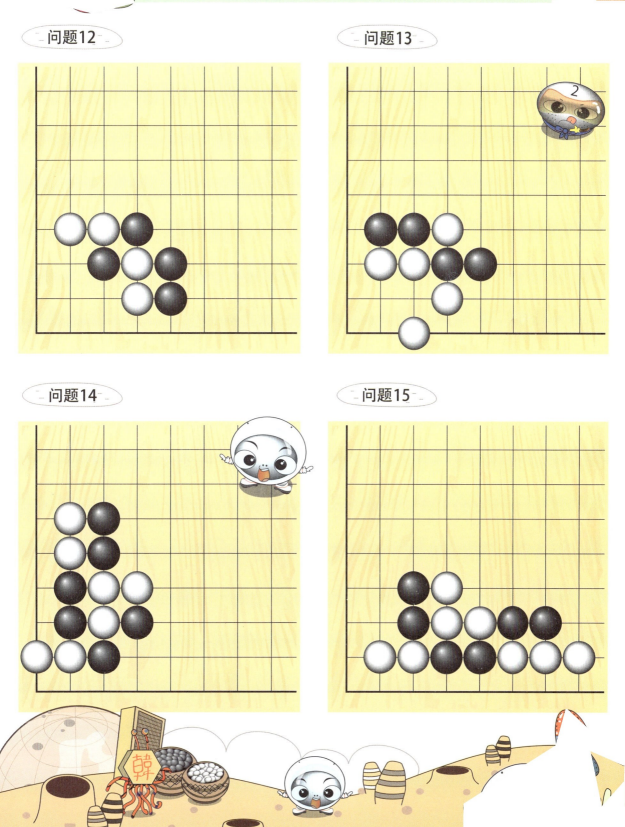

要打吃白棋，该怎么下好呢？

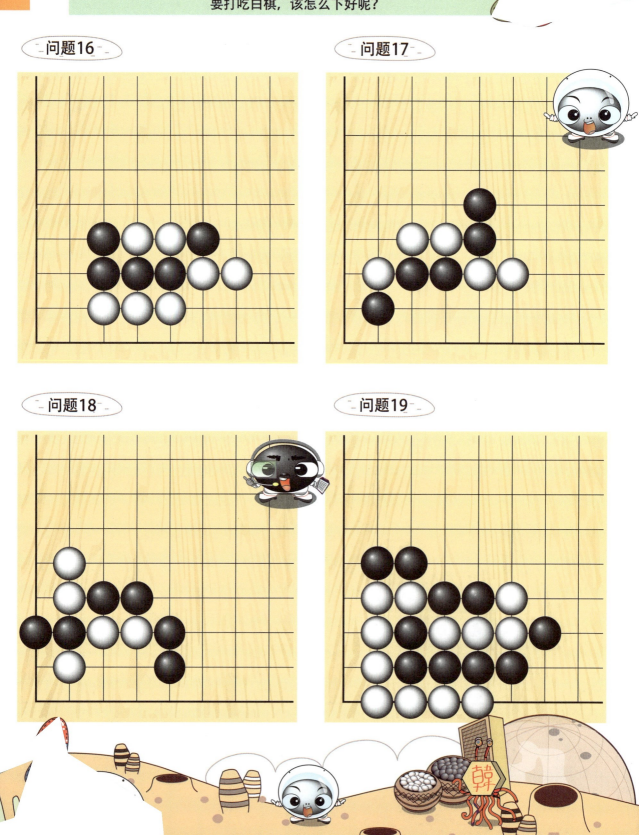

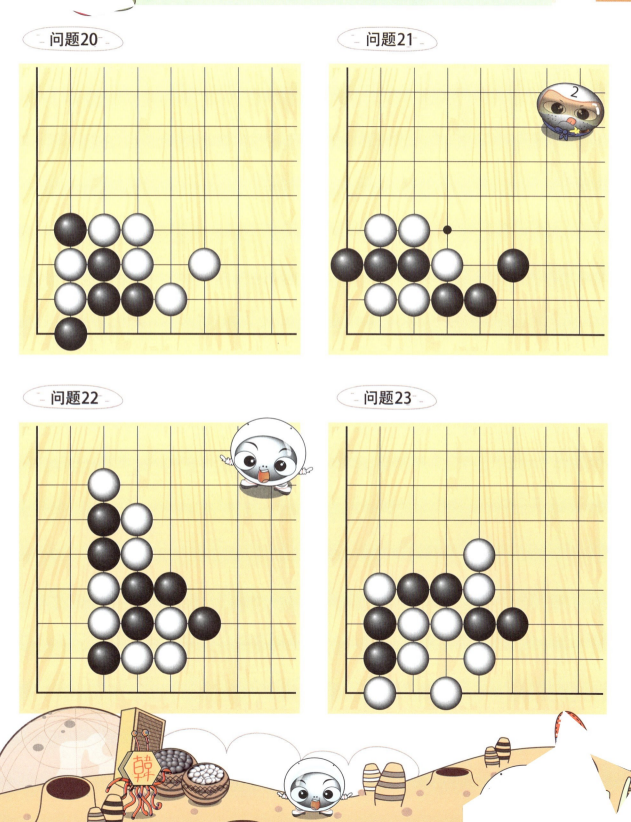

要打吃白棋，该怎么下好呢？

提高练习题

问题20

问题21

问题22

问题23

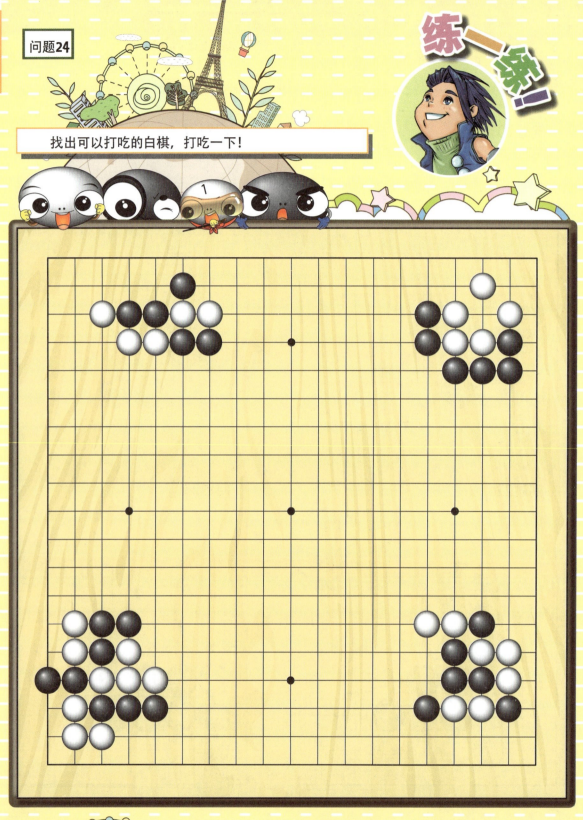

找出可以打吃的白棋，打吃一下！

往死亡线方向打吃

Chapter.6

往死亡线方向打吃

哈哈,
把白帅吃掉的机会终于来了!
唔,嘻嘻!

由于分散了注意力,
现在处于危险之中!
而且轮到黑胖攻击,
更让人绝望了!

哈哈,最后一击!
接招,打吃攻击!

啪!

哇塞!他下错了,
给了我逃路!我可以逃走了!
运气真好!谢谢啦!

啪!

哎哟,
攻击失败!
白帅的气一共变为3口!
再也攻击不到他了!

黑胖,你这个家伙!
连攻击的基本方法都不知道!
挨了一下揍,活该!

砰!!!

我教你,
你好好听着!

围棋完全技巧

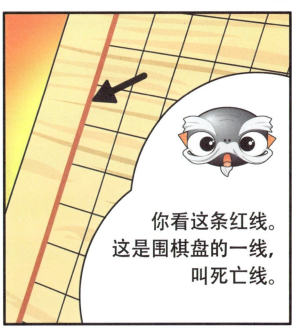

你看这条红线。
这是围棋盘的一线,
叫死亡线。

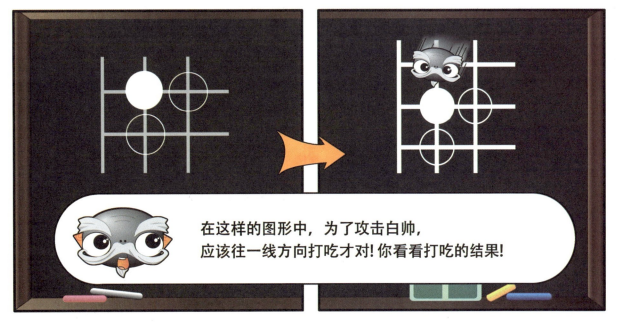

在这样的图形中,为了攻击白帅,
应该往一线方向打吃才对!你看看打吃的结果!

唔! 喘不过气来!
我可以呼吸的空气
只有被污染的一线空气!

哈哈,
活该!

但是,白帅这样
逃走怎么办?

还有往死亡线跑的笨蛋吗?
那样的话,就
这样打吃,可
以吃更多!

往死亡线方向被打吃时,
绝对不要逃出!
一定要记住! 我走了,
拜拜!

砰!!!

往死亡线
方向打吃!
我一定要记住!

一线

往死亡线方向打吃

练习题

要攻击白△，黑棋在A和B中往哪里打吃好呢？

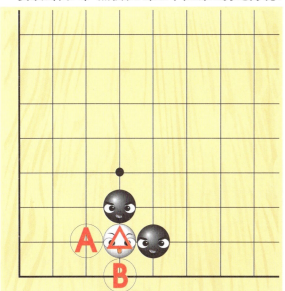

图1 （失败）

黑1打吃，白2就逃走。
白棋的气变为A~C一共三口，不容易攻击。

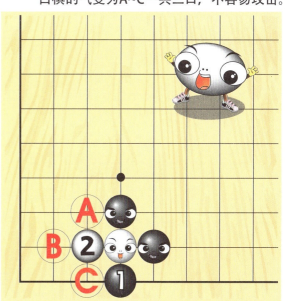

图2 （正解）

应该在黑1打吃。

白棋只有一口可以逃走的气A，就是死亡线一线。

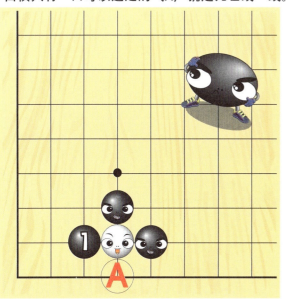

图3 （参考）

白棋为救一个子以白1逃出也没有用。
黑棋即使不再攻击，白棋两个子也会死。

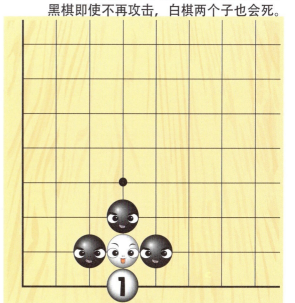

在A和B中往哪里打吃好呢?

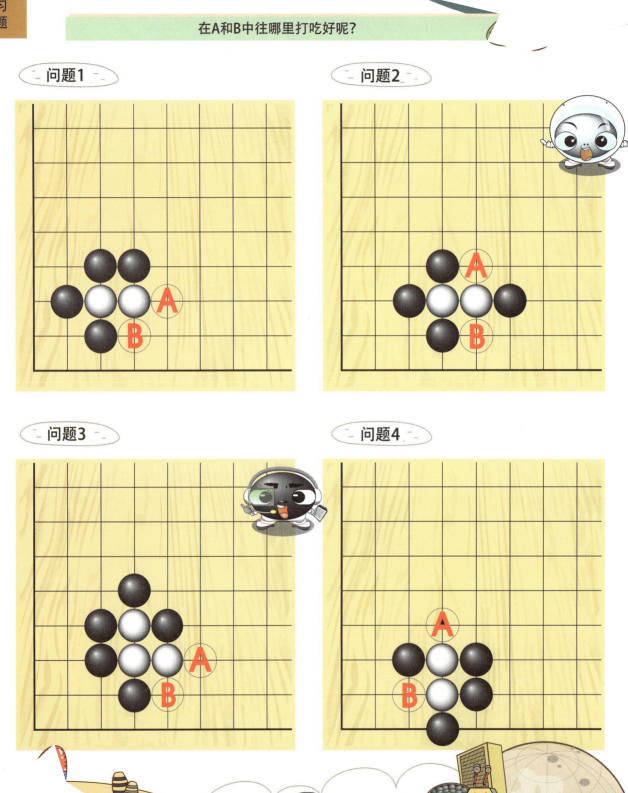

在A和B中往哪里打吃好呢?

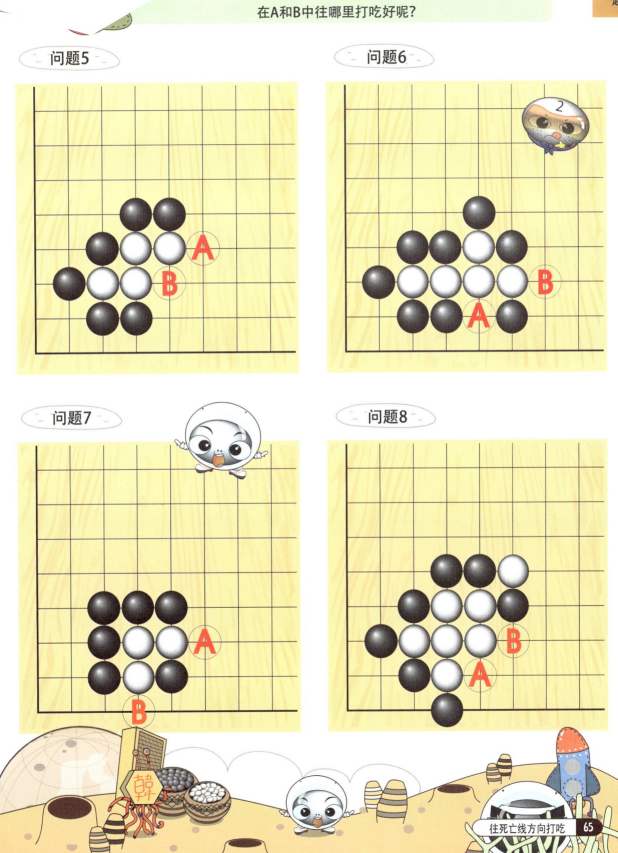

问题5

问题6

问题7

问题8

问题9

在A和B中往哪里打吃好呢？

练一练！

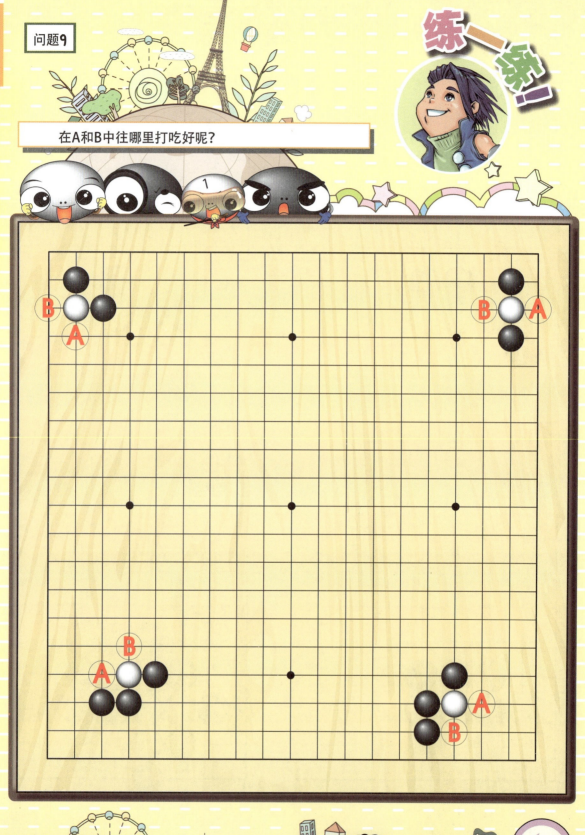

练一练!

在A和B中往哪里打吃好呢?

练一练!

在A和B中往哪里打吃好呢?

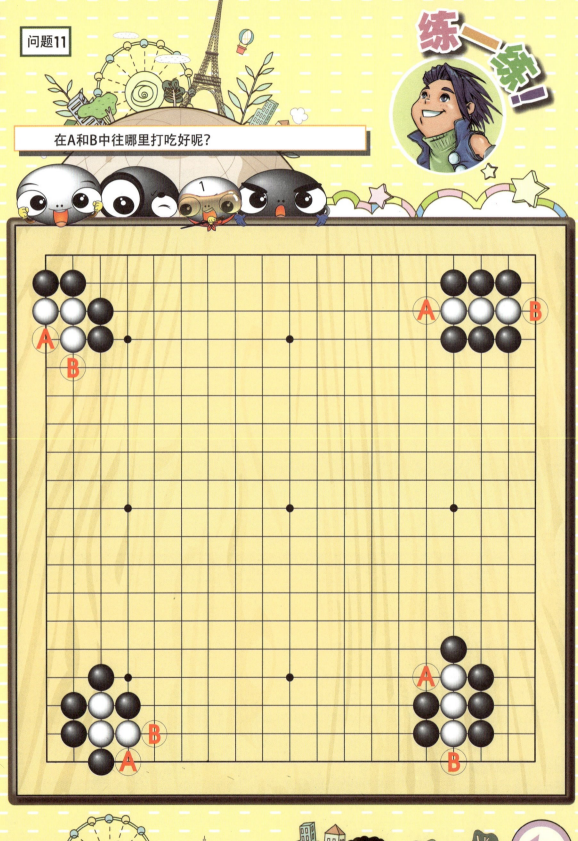

往死亡线方向打吃

请往正确的方向打吃一下白△！

问题12

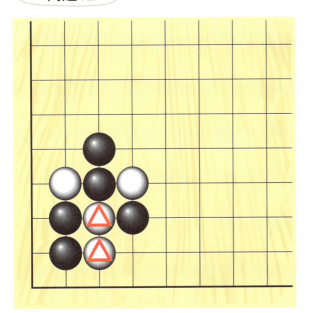

问题13

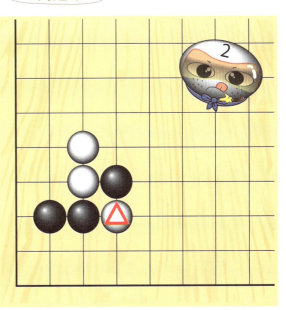

问题14

问题15

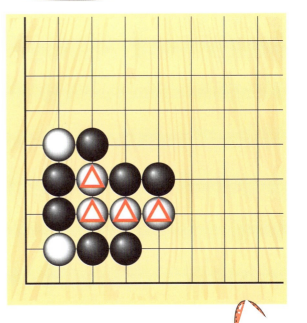

请往正确的方向打吃一下白△！

问题16

问题17

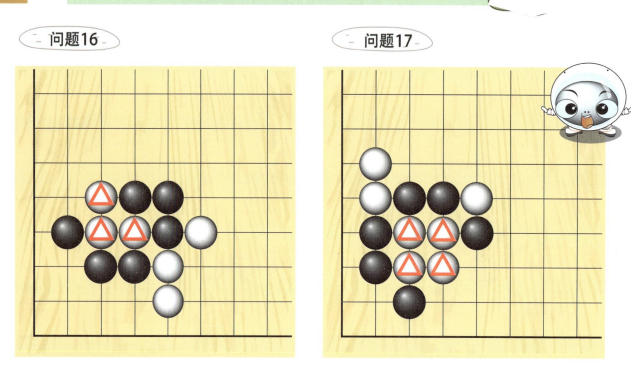

问题18

问题19

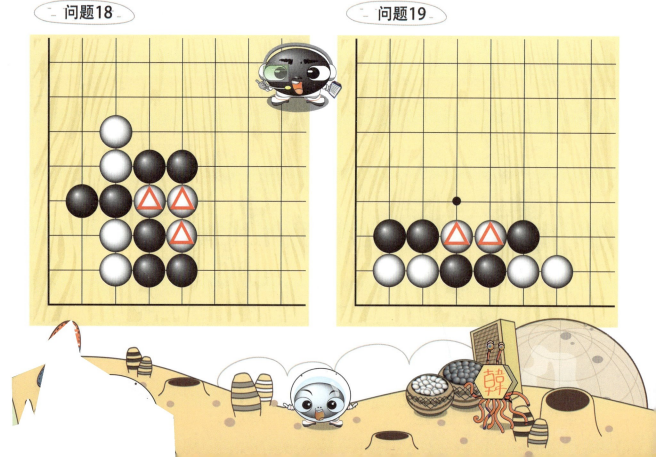

请往正确的方向打吃一下白△！

问题20

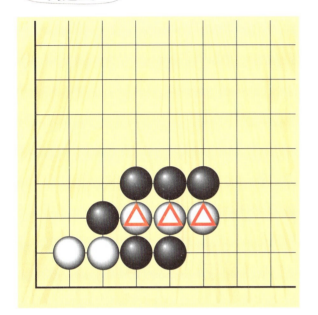

问题21

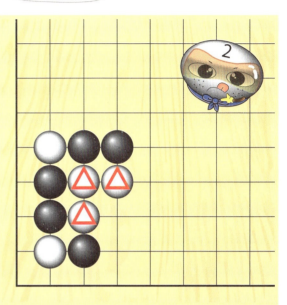

问题22

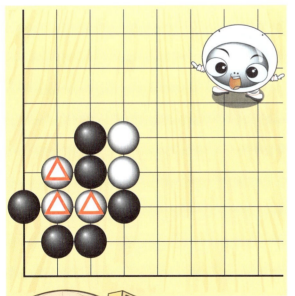

问题23

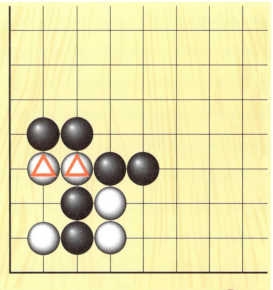

请往正确的方向打吃一下白△！

- 问题24 -

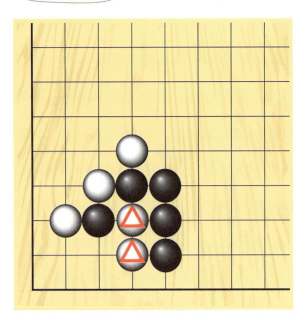

- 问题25 -

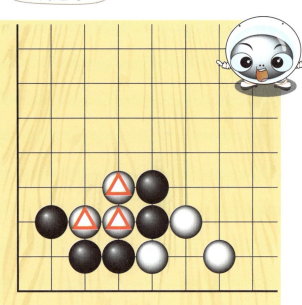

- 问题26 -

- 问题27 -

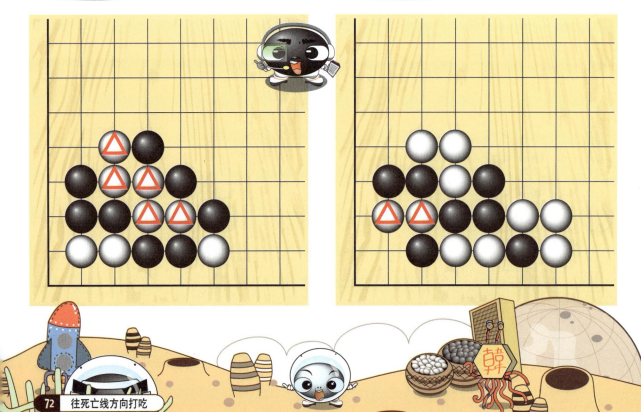

请往正确的方向打吃一下白△！

问题28

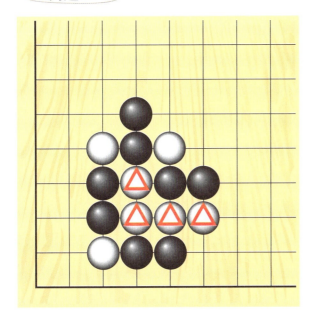

问题29

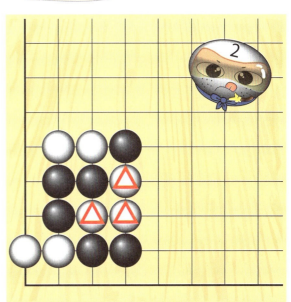

问题30

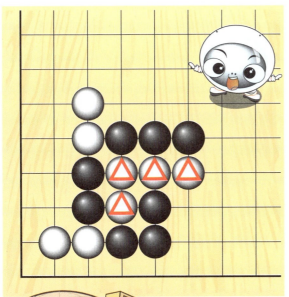

问题31

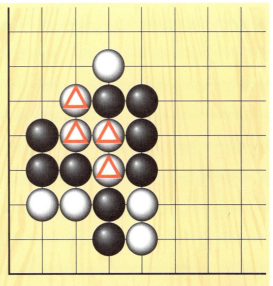

请往正确的方向打吃一下白△！

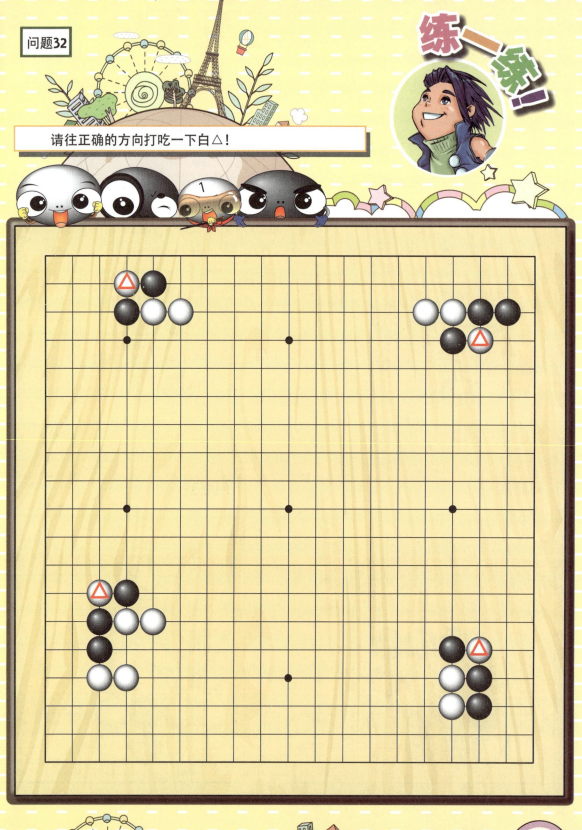

怎么双吃

Chapter. 7

双吃

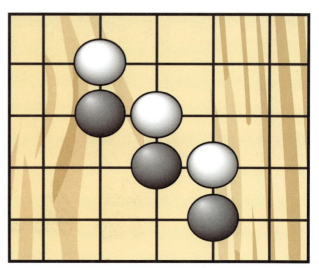

嘿，做得还可以呀！
虽然我打吃了，
可他跑走了就很难吃掉！
我死心了！

死心

黑胖~

黑胖，加油！
你一定可以！

不行，
没办法！那你替我试试看！

好吧！我试试看！
大家准备好了吗？

我们试试看！

准备好了！

加油！

我们也加油！
振作精神！一定要小心
被打吃的棋子！

用一般的攻击
法攻击的话，
他会有办法逃走！

那么，我要用围棋精灵教的
秘诀！就是下一个子，
可在两个不同的地方叫吃
对方两个子！

前几天。。。

嘀嘀咕咕

哦！

自言自语地嘀咕什么呀？
你死心了吗？

啪！

哪里,哪里!
嘿! 接招,
我的杀手锏就是双吃!

哎哟，这是什么呀？
没想到有这种办法!
一下子有了两个打吃!

到底要救哪个呢？

要下黑1的话，黑〇就被吃掉；
要下黑1的话，黑△就被吃掉。

投降!!!

哈哈哈，黑胖投降了!
围棋精灵教的双吃秘诀真厉害! 围棋精灵,
谢谢你了!

GOOd

呵呵!

怎么双吃

练习题

请双吃一下用△表示的白子！

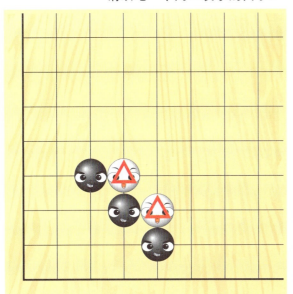

图1 （失败）

黑1打吃，白2就逃走。
白棋的气变多为A~C一共三口，不容易攻击。

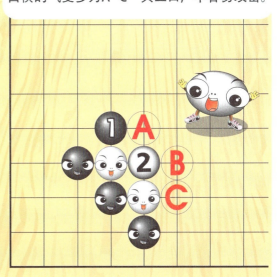

图2 （正解）

黑1攻击，就可以同时打吃白△和白○。
像这样使对方的两个子或两部分子同时被打吃的下法，就叫"双吃"。

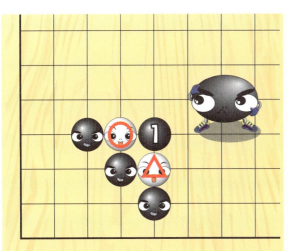

图3 （变化）

下白1救活白○一个子的话，
黑可以下2捕获白△。
救活白△的话，黑可以捕获白○。

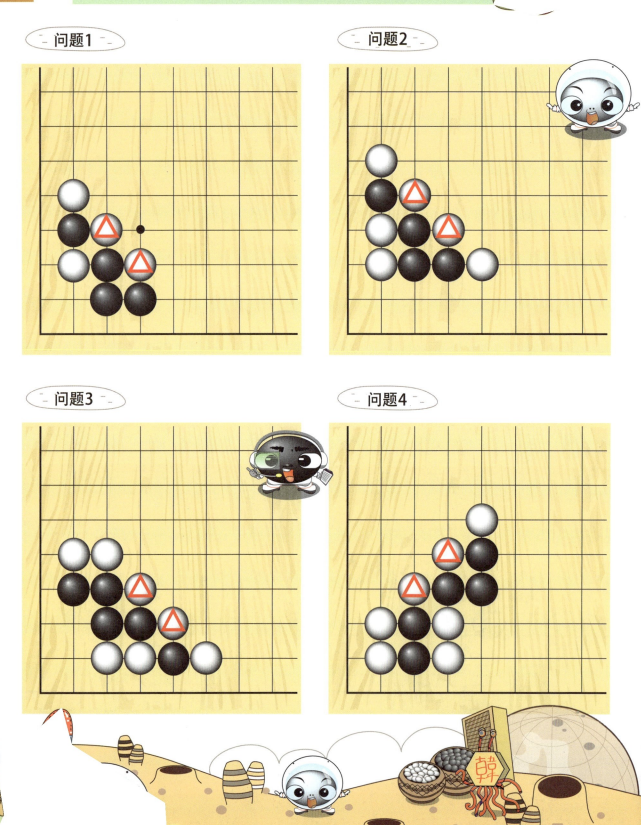

请双吃一下用白△表示的棋子！

问题1

问题2

问题3

问题4

请双吃一下用白△表示的棋子！

问题5

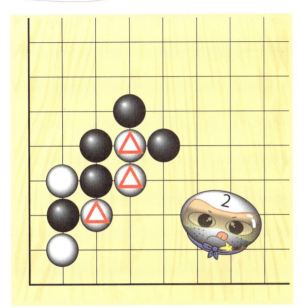

问题6

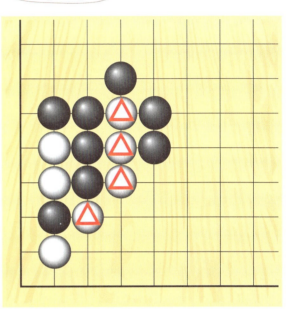

问题7

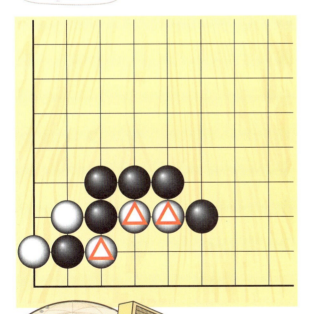

问题8

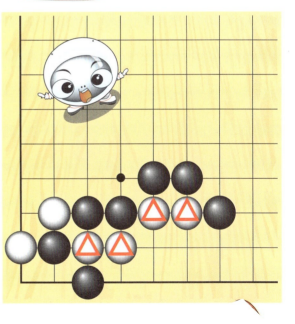

请双吃一下用白△表示的棋子！

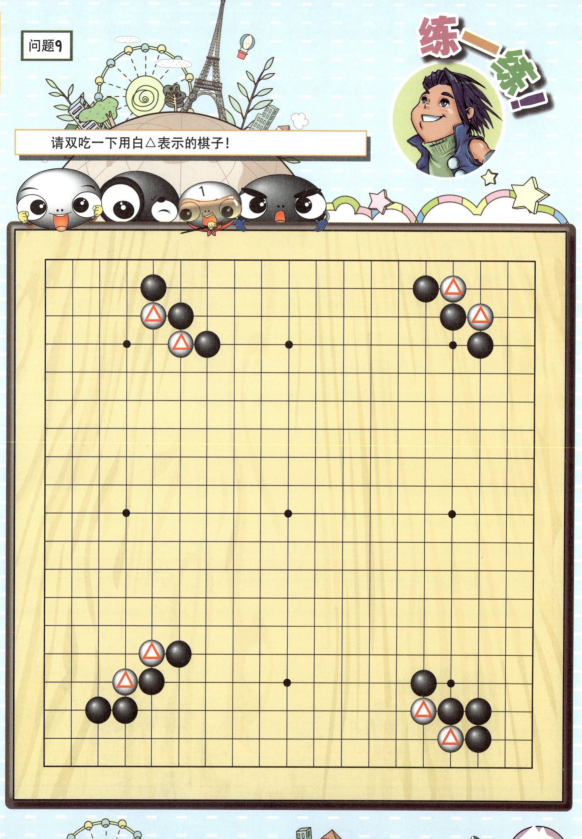

请双吃一下用白△表示的棋子！

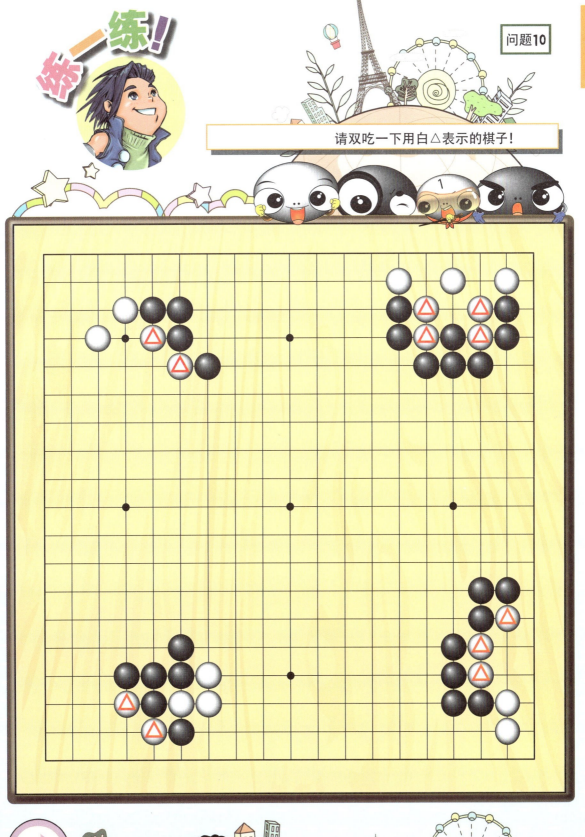

请双吃一下用白△表示的棋子！

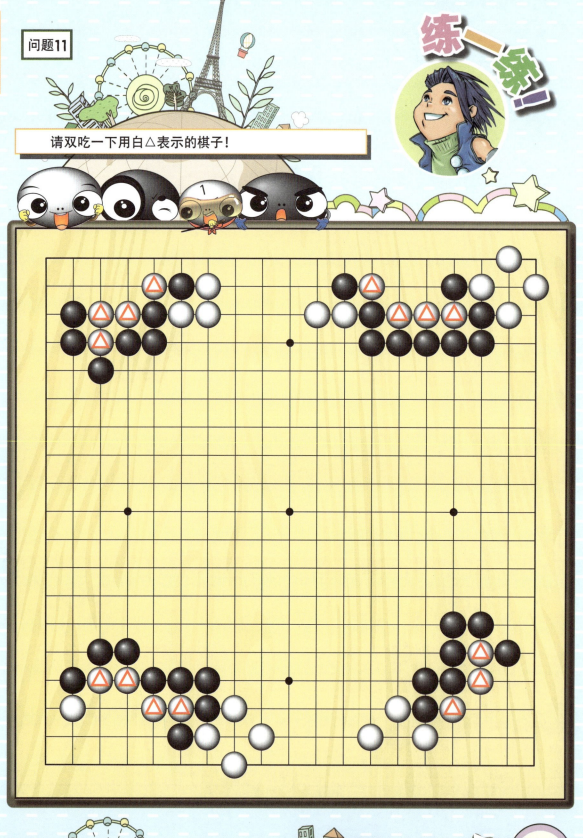

请双吃一下白子！

问题12
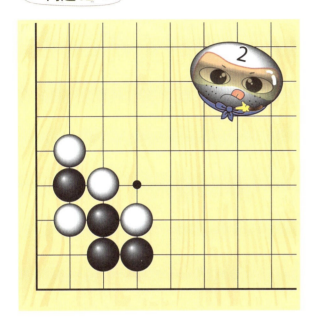

问题13
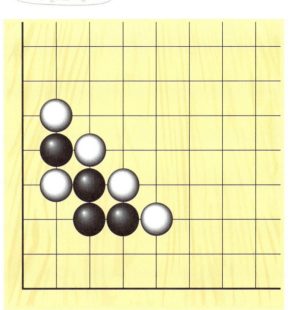

问题14
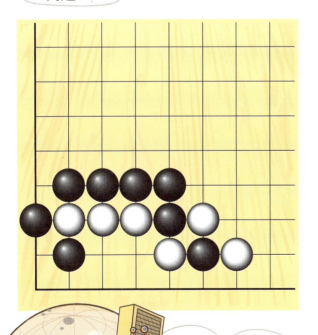

问题15
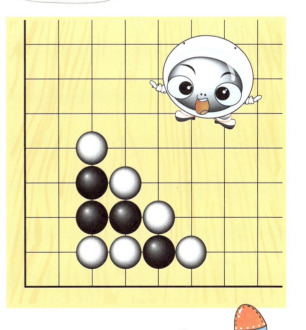

请双吃一下白子！

问题16

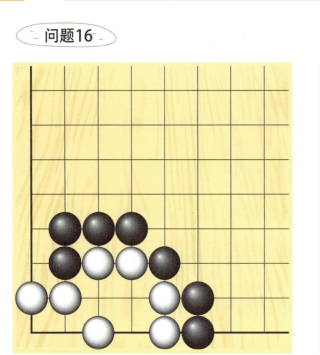

问题17

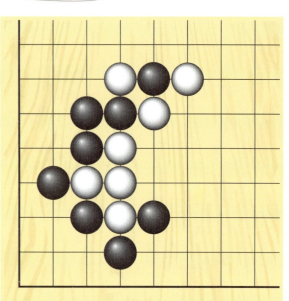

问题18

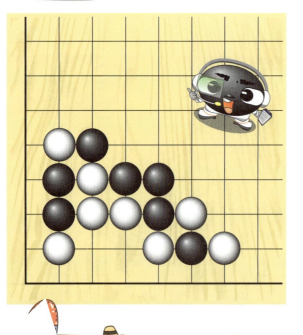

问题19

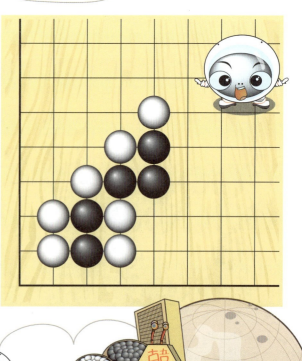

请双吃一下白子！

问题20

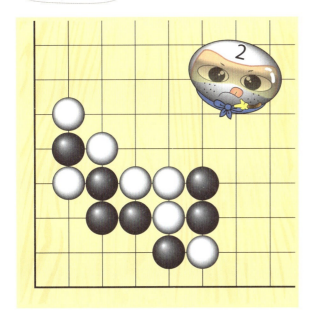

问题21

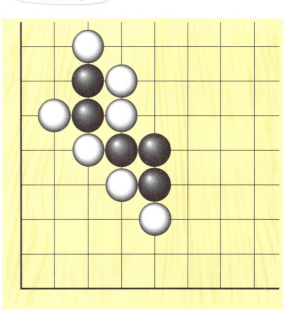

问题22

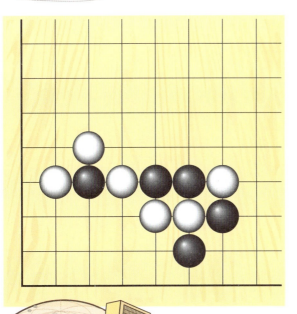

问题23

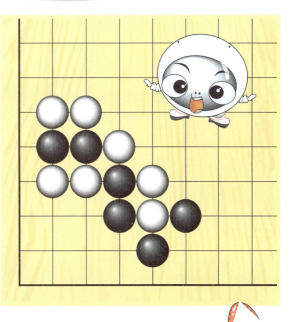

请双吃一下白子！

问题24

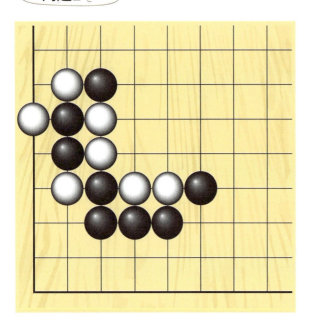

问题25

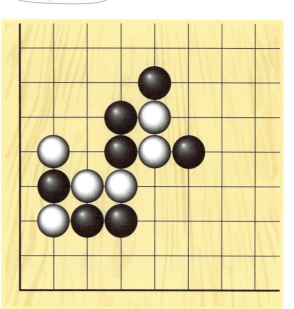

问题26

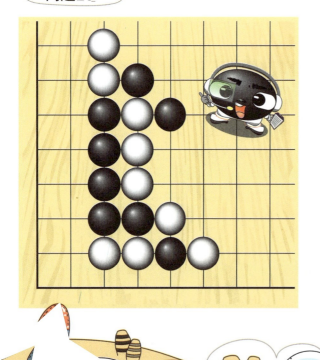

问题27

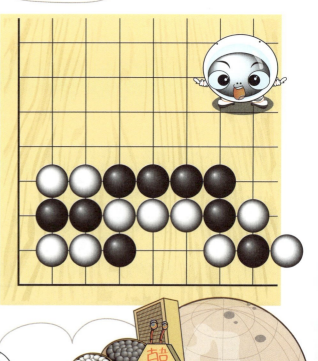

往有己方棋子的方向打吃

Chapter.8

往有己方棋子的方向打吃

往死亡线打吃!
往死亡线打吃!
往死亡线打吃!

围棋完全手册

往死亡线打吃!
往死亡线打吃!
绝对不会忘记!

啪! 啪!

黑胖,
你去看看那边!
我和朋友一起包围了
白帅和他朋友!

哈哈哈,
终于可以吃掉帅帅了!

嗯,
用打吃攻击吃掉白△,
到底在A位和B位中,
往哪儿打吃呢?

啊!
想起来了!

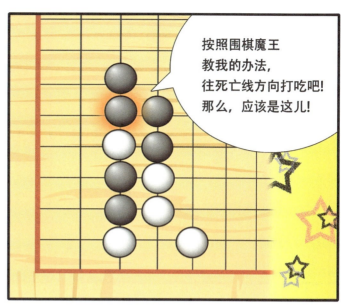

按照围棋魔王
教我的办法,
往死亡线方向打吃吧!
那么, 应该是这儿!

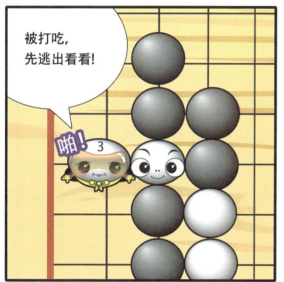

被打吃,
先逃出看看!

啪!

呃, 怎么回事儿?
帅帅跑走后,
我方黑△两个子的气只有两口,
帅帅白○的气变成三口了!

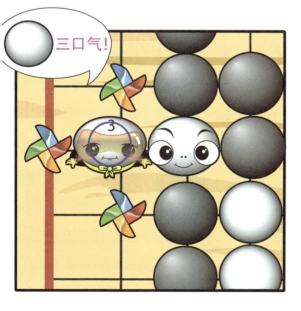

三口气!

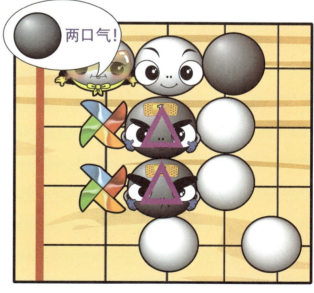

两口气!

那也不能放弃，要继续攻击！

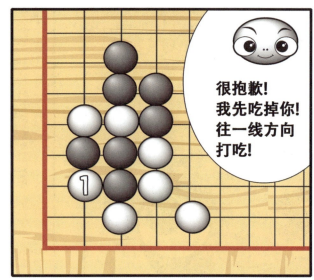

很抱歉！我先吃掉你！往一线方向打吃！

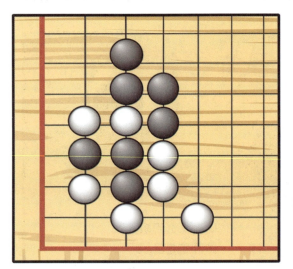

哎呀，按照围棋魔王教我的办法，往一线方向打吃了。为什么我先被吃掉呢？我恨围棋魔王！呜呜……

砰！黑胖，你为什么哭？

在这样的棋形情况下，我按照围棋魔王教我的办法，往一线方向打吃，但却先被吃掉了。

黑胖，只知其一不知其二！现在应该往有己方黑△的方向打吃才对！

很难理解！什么时候要往一线打吃，什么时候要往有己方棋子的方向打吃呢？

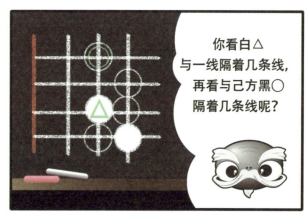

你看白△与一线隔着几条线，再看与己方黑○隔着几条线呢？

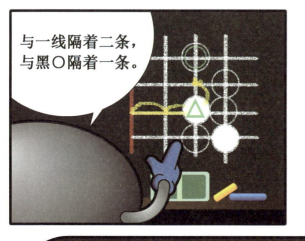

与一线隔着二条，与黑○隔着一条。

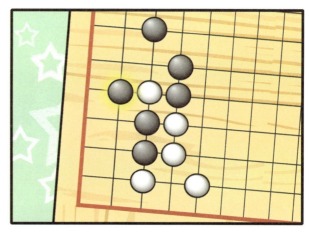

没错！在这样的棋形情况下，往有己方黑△的方向打吃就是正确的答案！

往有己方棋子的方向打吃

练习题

黑棋要打吃白△一个子进行攻击。
黑棋在A、B中下在哪儿打吃呢？

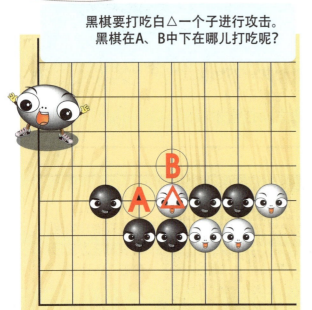

图1 （失败）

黑1打吃失败。
白棋的气变为A~C三口。

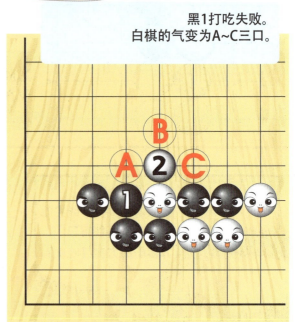

图2 （正解）

黑△方向有己方的棋子在等着，
所以黑1打吃才对。

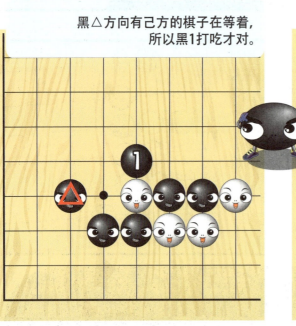

图3 （变化）

黑△在等着，白1跑也没有用。
黑2可以提取白两个子。

黑在A和B中往哪里打吃好呢?

问题1

问题2

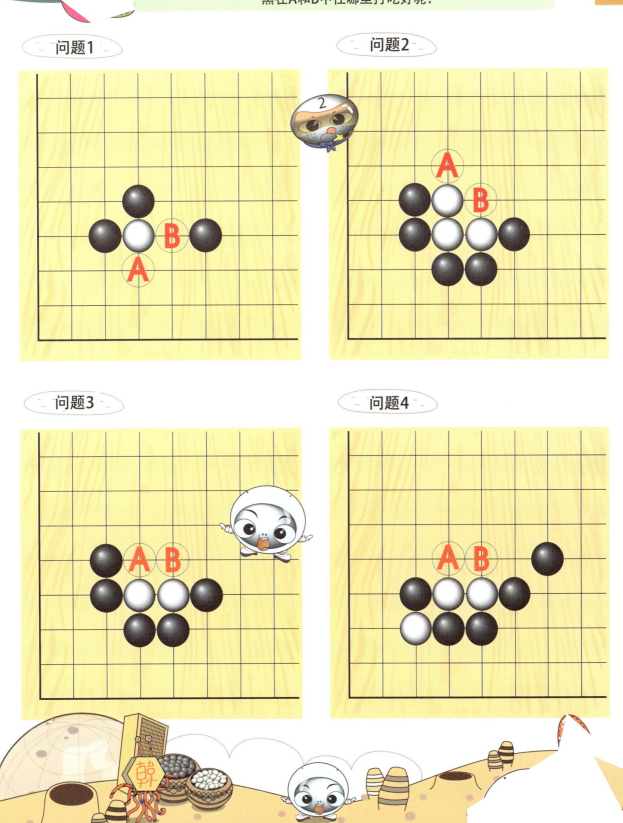

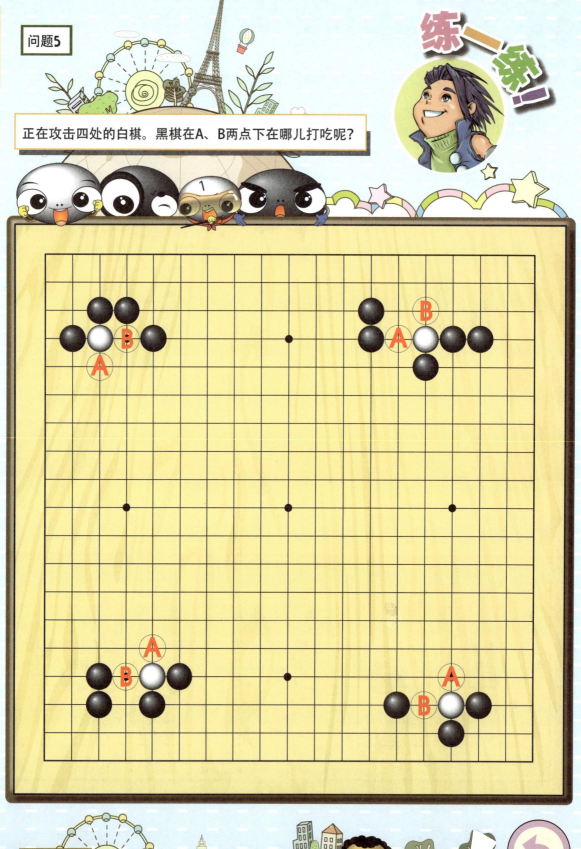

问题5

正在攻击四处的白棋。黑棋在A、B两点下在哪儿打吃呢?

往有己方棋子的方向打吃

练一练！

正在攻击四处的白棋。黑棋在A、B两点下在哪儿打吃呢？

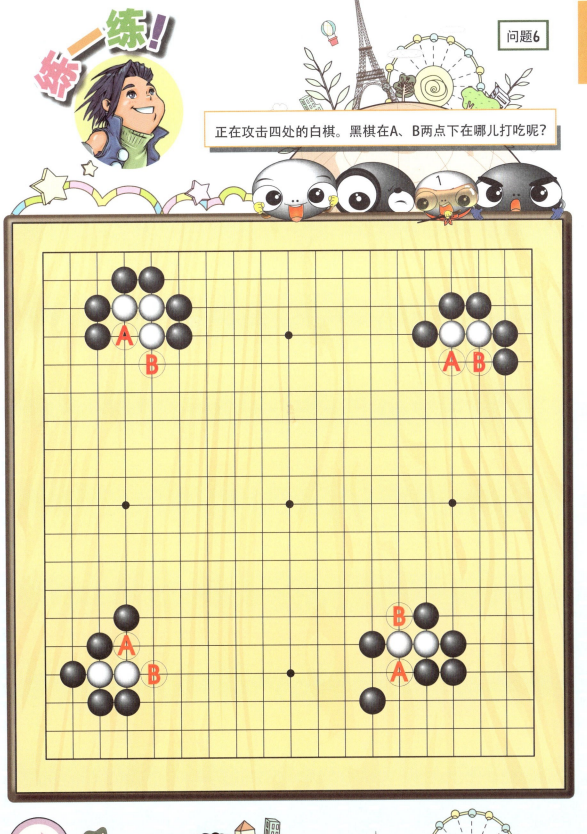

练一练！

正在攻击四处的白棋。黑棋在A、B两点下在哪儿打吃呢？

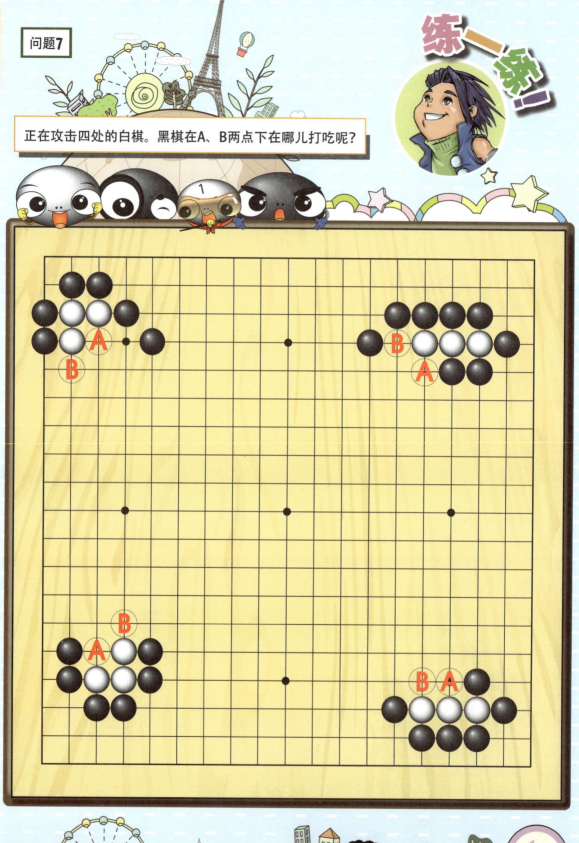

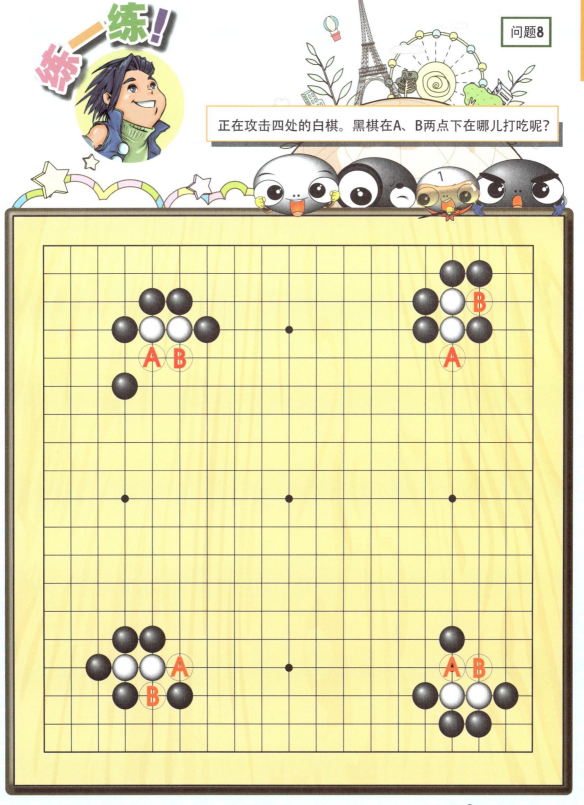

正在攻击四处的白棋。黑棋在A、B两点下在哪儿打吃呢？

问题9

正在攻击四处的白棋。黑棋在A、B两点下在哪儿打吃呢？

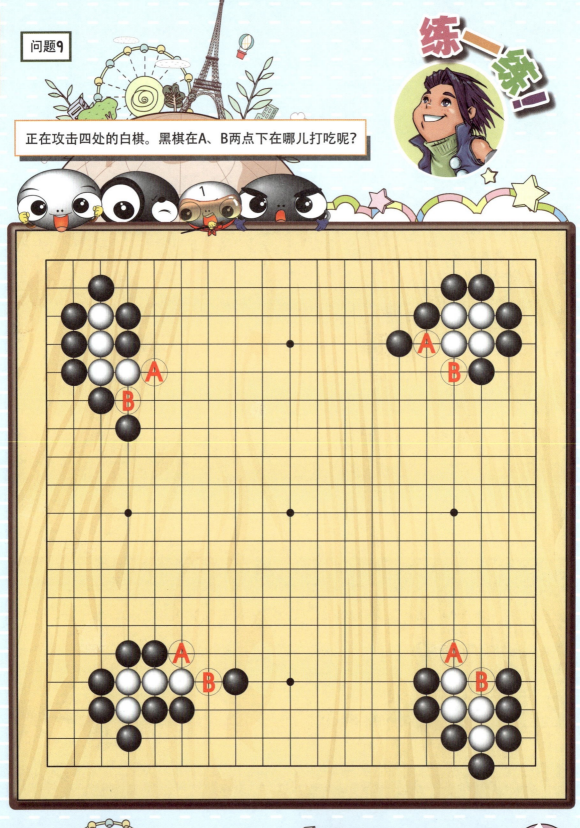

往有己方棋子的方向打吃

请往正确的方向打吃一下白△！

问题10

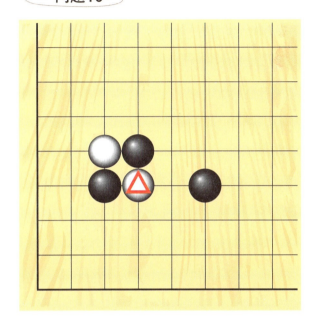

问题11

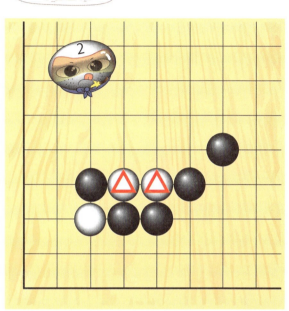

问题12

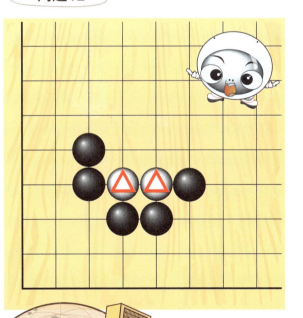

问题13

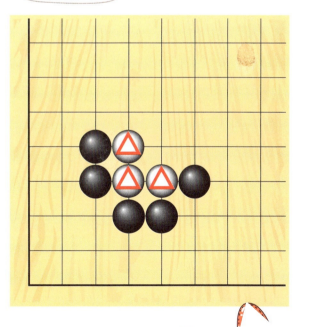

请往正确的方向打吃一下白△！

- 问题14 -

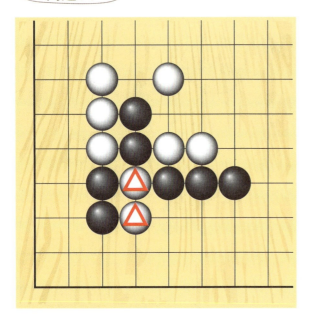

- 问题15 -

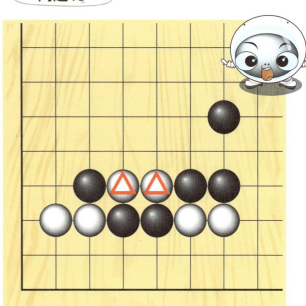

- 问题16 -

- 问题17 -

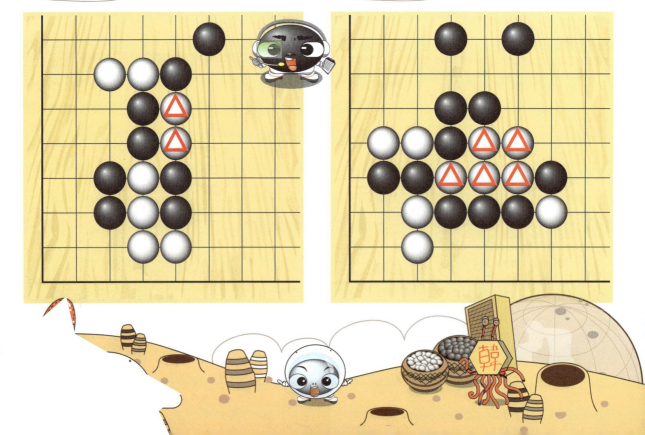

请往正确的方向打吃一下白△!

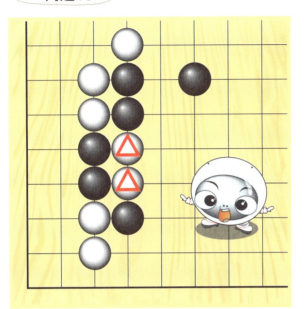

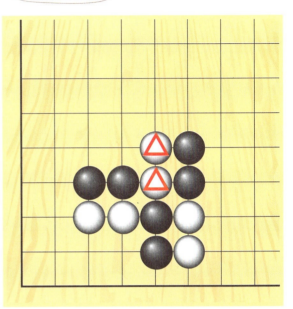

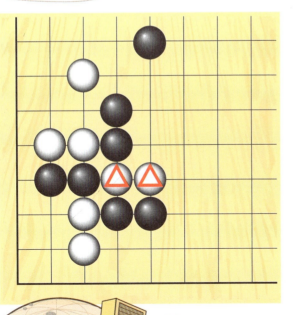

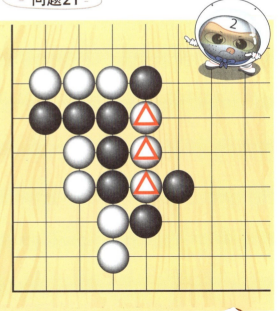

请往正确的方向打吃一下白△！

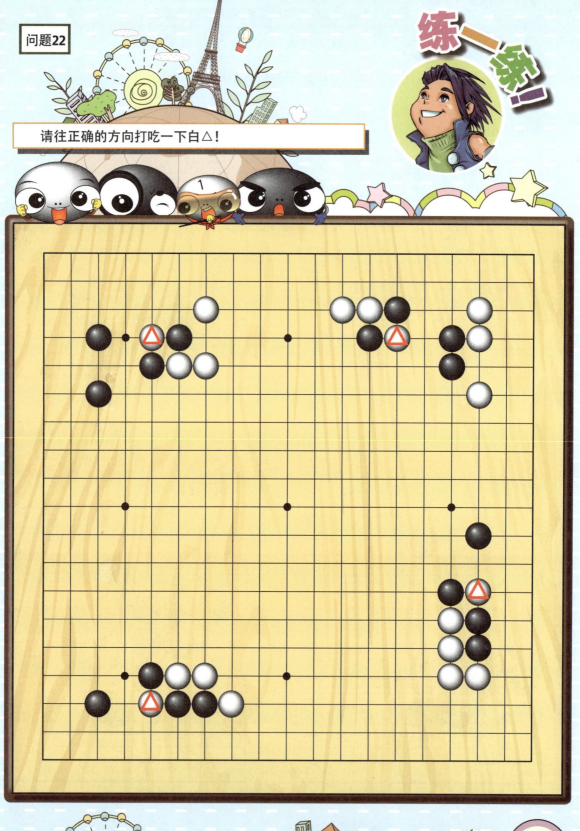

往有己方棋子的方向打吃

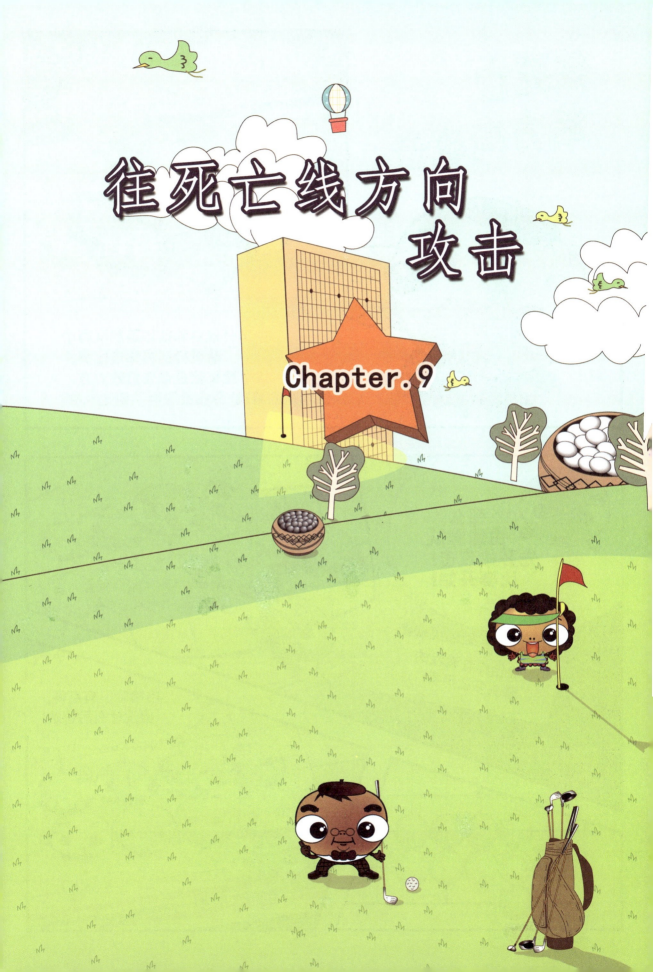

往死亡线方向攻击

Chapter.9

往死亡线方向攻击

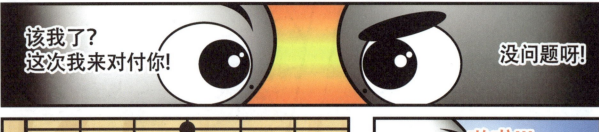

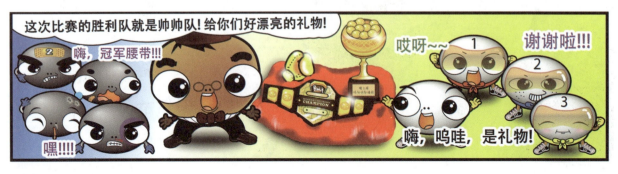

往死亡线方向攻击

练习题

要攻击白两个子。
黑棋要挡住哪里的气好呢？

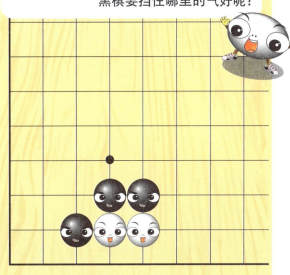

图1 （分析）

白棋两个子有三口气A~C。
其中最强的气就是A。

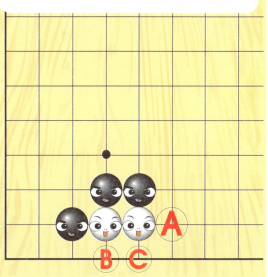

图2 （正解）

像黑1一样，
攻击对方棋子时必须要往死亡线方向攻击！

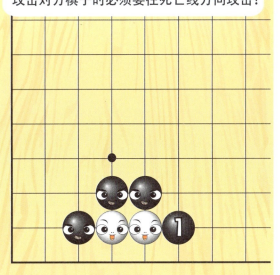

图3 （失败）

黑1不是往死亡线攻击白棋的气。
白下2位，黑即失败。

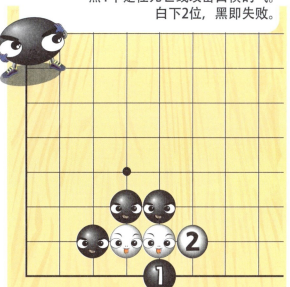

黑棋要攻击A和B中哪口气呢？

问题1

问题2

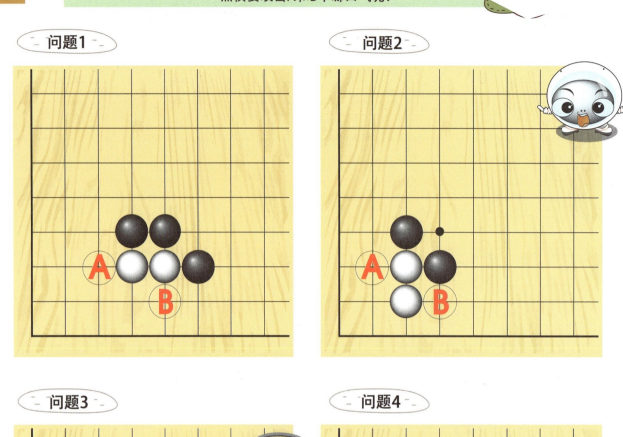

问题3

问题4

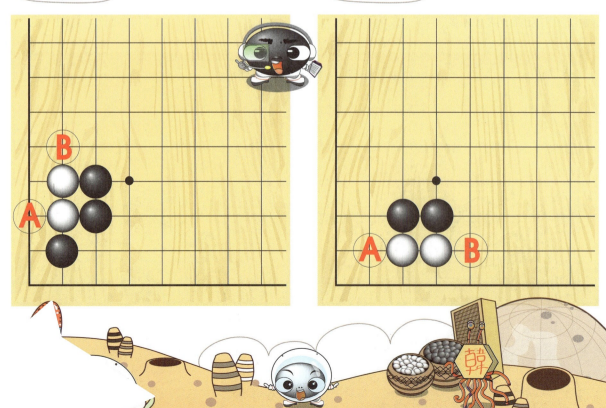

黑棋要攻击A和B中哪口气呢？

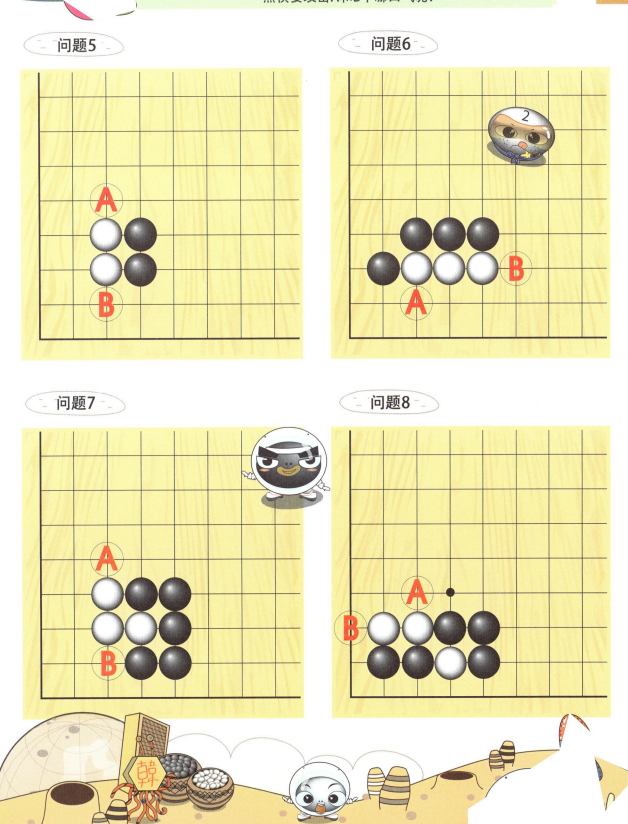

问题5

问题6

问题7

问题8

请把白棋往死亡线方向攻击一手。

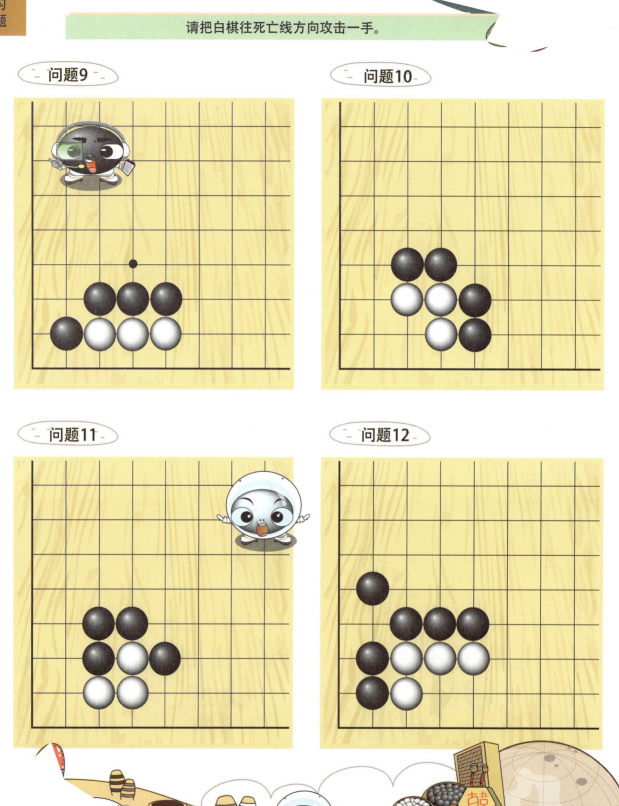

- 问题9 -

- 问题10 -

- 问题11 -

- 问题12 -

练一练!

请把白棋往死亡线方向攻击一手。

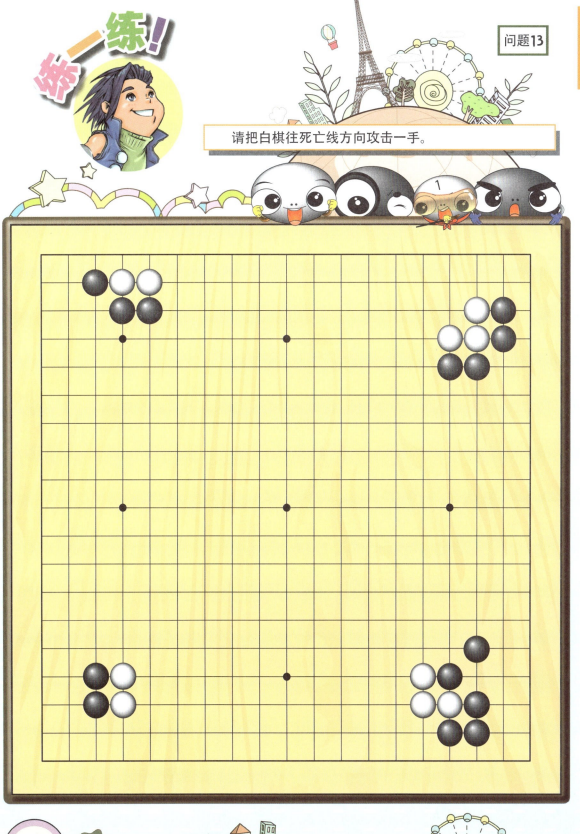

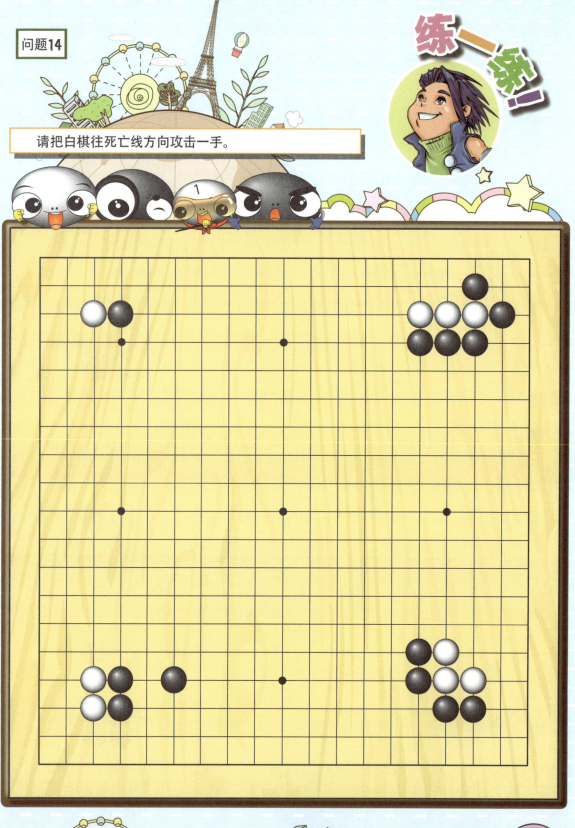

提高练习题

问题14

练一练！

请把白棋往死亡线方向攻击一手。

往有己方棋子的方向攻击

Chapter. 10

往有己方棋子的方向攻击

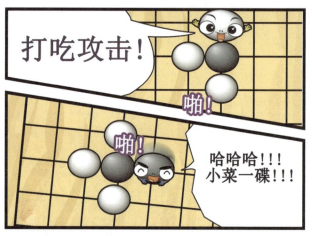

打吃攻击!

啪!

啪!

哈哈哈!!!
小菜一碟!!!

这次是紧气攻击!

啪!
啪!

现在一点儿也不怕!我已经准备好如何对付攻击!

我不怕!哈哈!

哇塞!

黑胖已经完全掌握了打吃攻击。没有攻击效果!有没有别的办法?

学习吧!

哗哗~

让黑胖动弹不得的办法在哪里呢?

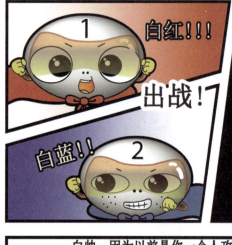

白红!!!

出战!

白蓝!!

1

2

嘿,只留下我一个人就走了?哼!!! 以后不要叫白棋三剑客,就叫二剑客吧!!哼哼!!

3

哦,在家里吧?哈哈哈!

1

哦。黄黄他在哪里?

白帅,因为以前是你一个人攻击,所以总是失败。下次我们会帮你!

谢谢,只要你们帮我,我就放心了!

1   2

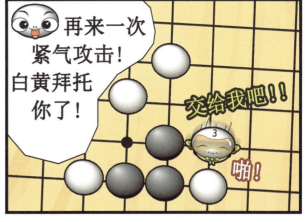

往有己方棋子的方向攻击

练习题

要攻击白△两个子的气。
黑棋要攻击哪个气好呢?

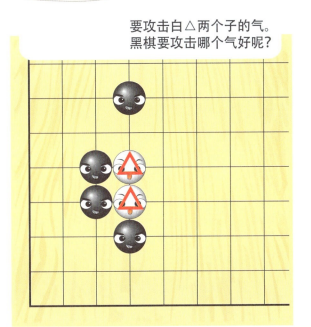

图1 (正解1)

己方的黑▲在等着,
应该用黑1攻击。

图2 (正解2)

若白1逃走,重新用黑2扳,
把己方的黑▲用于攻击中。

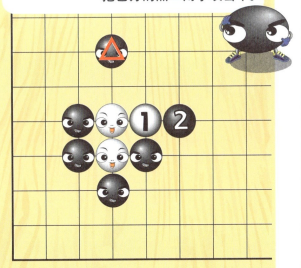

图3 (失败)

黑1没能利用己方的黑▲,
失败了。

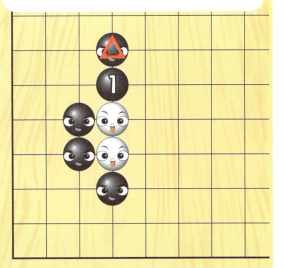

请把白棋往己方棋子的方向攻击一下。

问题1

问题2

问题3

问题4

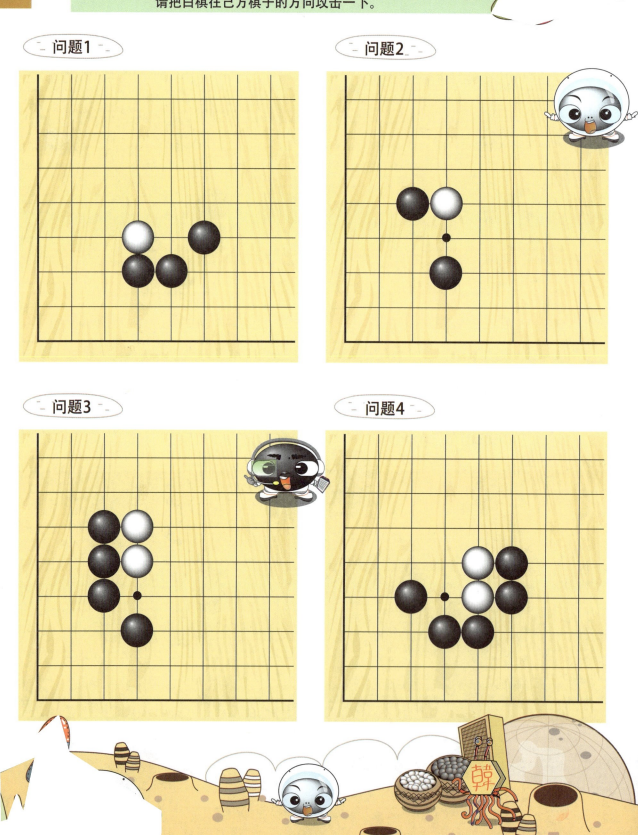

请把白棋往己方棋子的方向攻击一下。

问题5

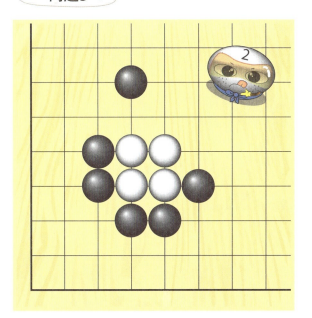

问题6

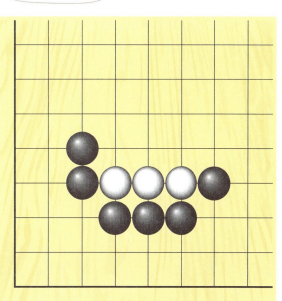

问题7

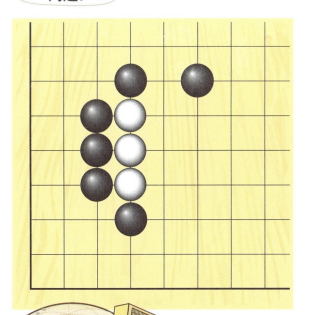

问题8

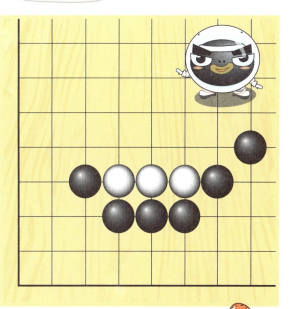

请把白棋往己方棋子的方向攻击一下。

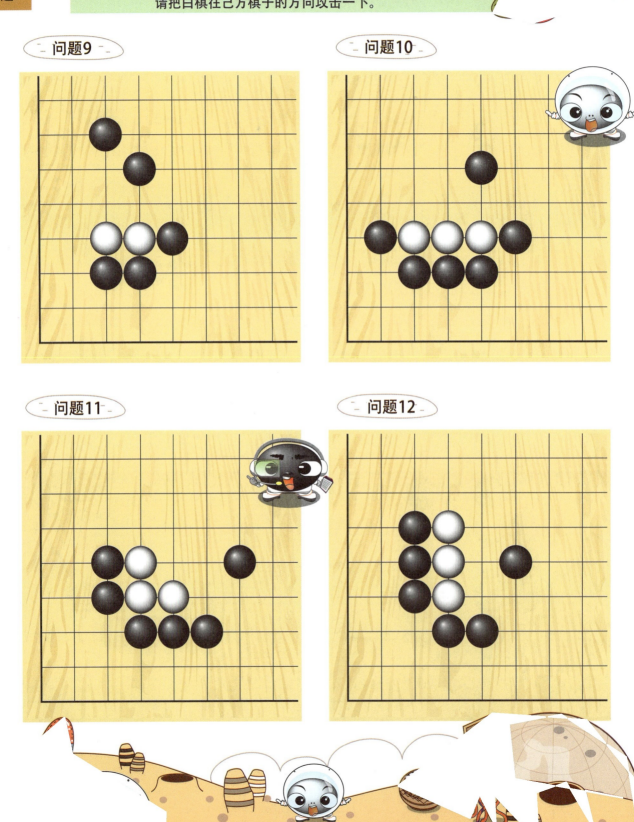

请把四处白◎往己方棋子的方向攻击一下。

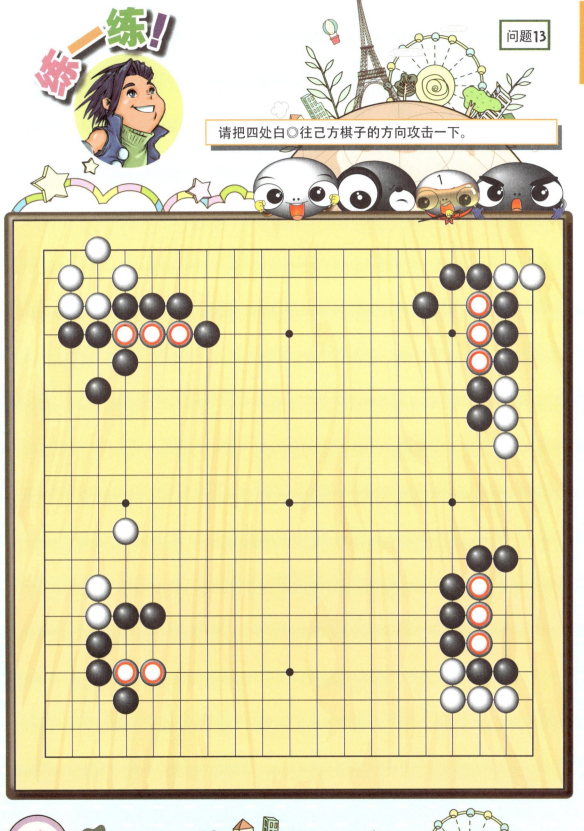

请把四处白子往己方棋子的方向攻击一下。

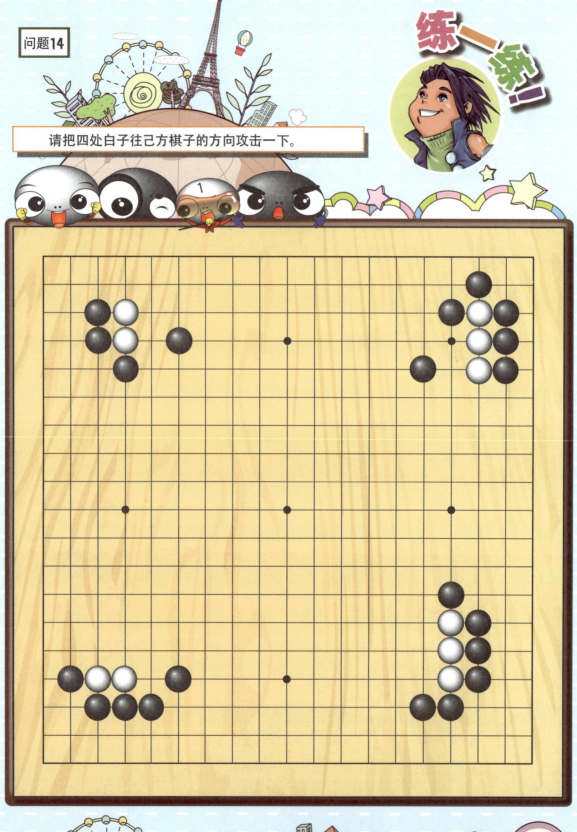

回避死亡线长气

Chapter. 11

回避死亡线长气

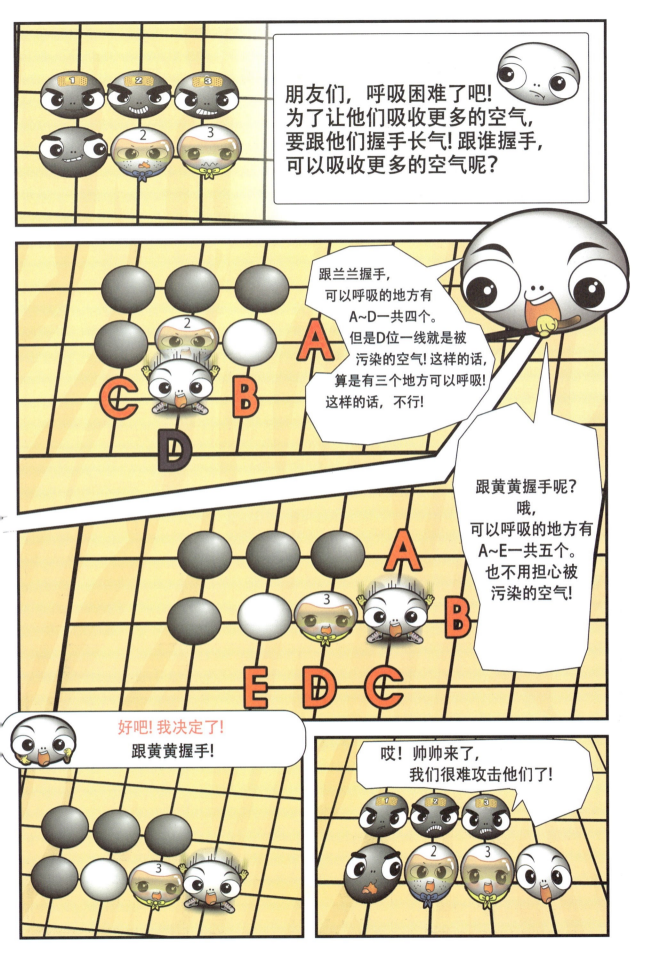

回避死亡线长气

练习题

要长黑两个子的气,
黑棋在A~C中怎么下好呢?

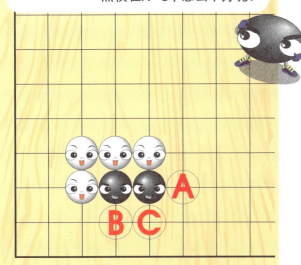

图1 (正解)

黑1是避免死亡线长气的好手。
A和B是死亡线方向的气。

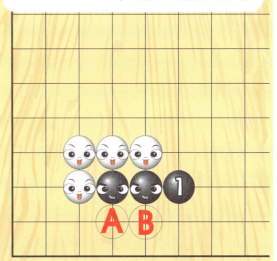

图2 (失败1)

黑1是往死亡线方向长气,失败。
遭到白2攻击,黑棋危险。

图3 (失败2)

黑1也是往死亡线方向长气,也是失败。
遭到白2攻击,黑棋就会危险。

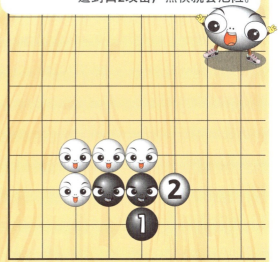

避开死亡线方向长黑棋的气。

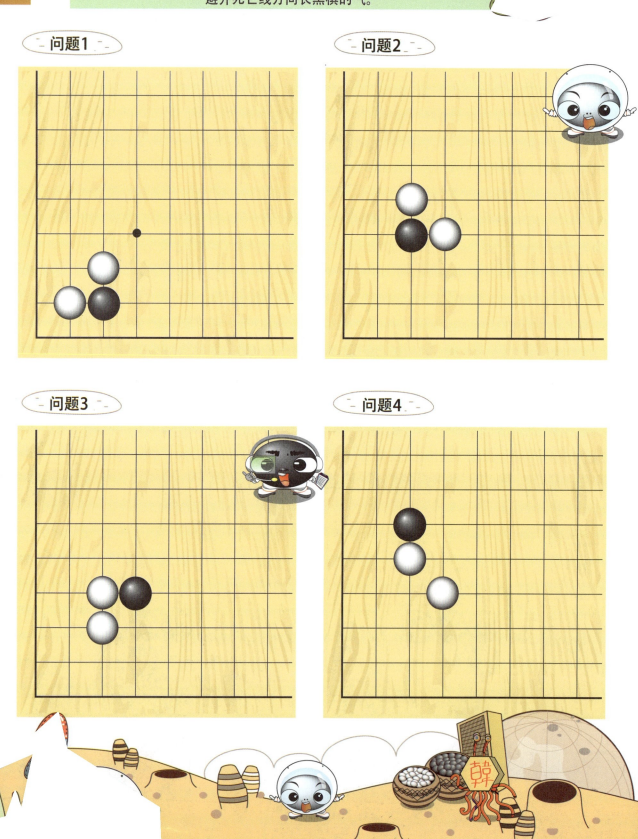

- 问题1 -

- 问题2 -

- 问题3 -

- 问题4 -

避开死亡线方向长黑棋的气。

问题5

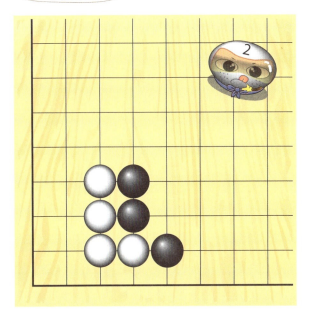

问题6

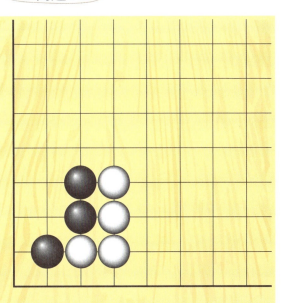

问题7

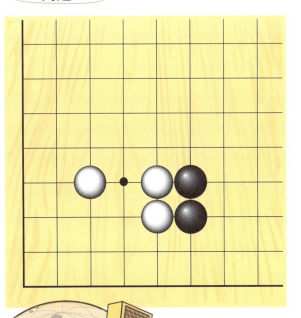

问题8

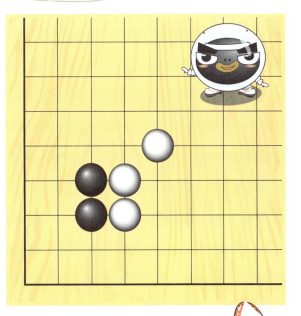

避开死亡线方向长黑棋的气。

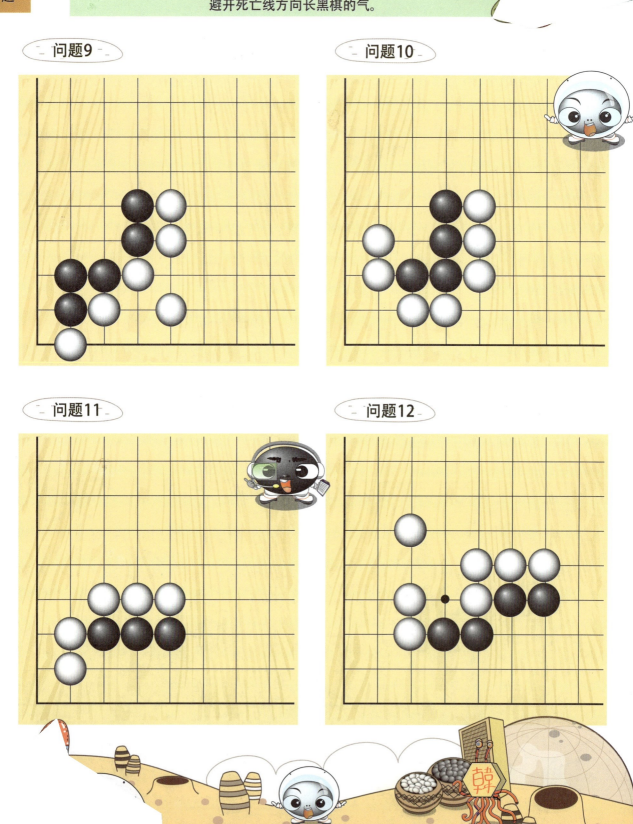

避开死亡线方向长黑棋的气。

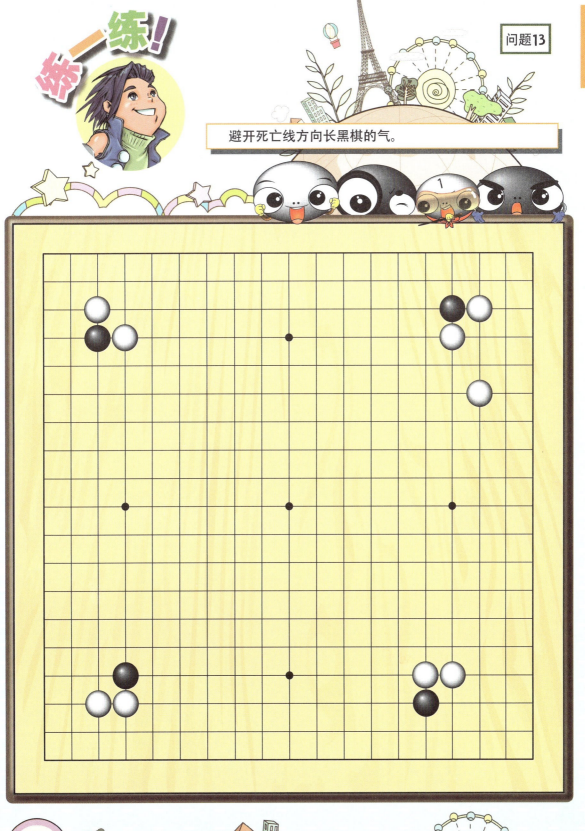

避开死亡线方向长黑棋的气。

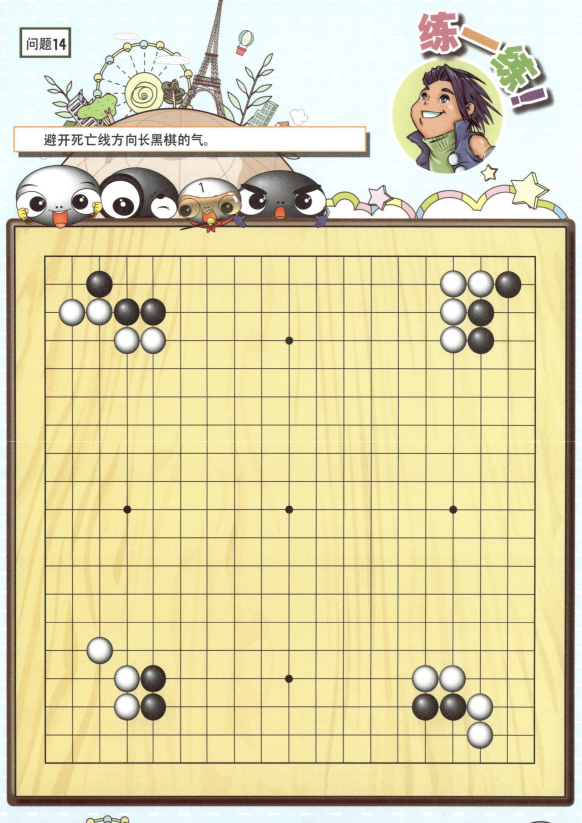

回避强的棋子长气

Chapter.12

回避强的棋子长气

往哪儿跑！！！！！

赶快跑！！！
不可以往这边走！
咔！！！！
啪！

往那边跑！
快过来吧！

哦？

呃啊！！！！

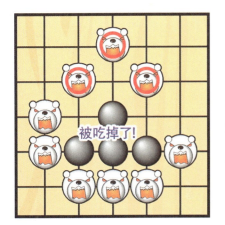

被吃掉了！

有一天

啊呜～ 大家都来吧！好吃的很多！
糟糕！
救命啊！
我要吃掉！！！
呃！！！ 狼出现了！

往哪儿跑呢？

好怕啊！帅帅！
往哪儿跑都行，赶快跑吧！

等一下！
应该有什么办法！

帅帅，动作快点！
不要被吃掉！

不行!!! 我们不考虑方向乱跑的话，如果狼等着我们，我们肯定会被吃掉的。

你们过来吧!

先想一想！
嗯!!!

为了在危险时使用，我准备了望远镜！嘻嘻！

嘿!!!!

望远镜!

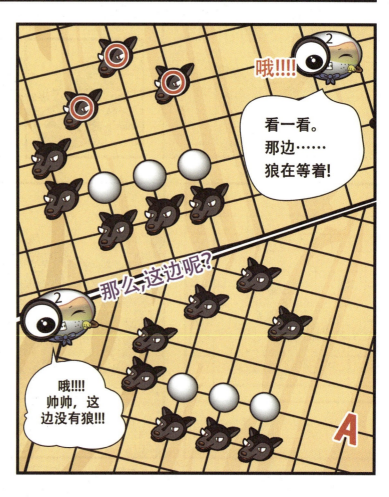

哦!!!!

看一看。那边……狼在等着!

那么这边呢？

哦!!!!
帅帅，这边没有狼!!!

A

那我们当然要往这边跑啊！

白棋三剑客! 谢谢啦~~

啪!

啊啊!!! 不行!

哈哈，跑出来了!

走吧!!!

赶快走吧!

回避强的棋子长气

练习题

请往正确的方向，
长黑▲一个子的气！

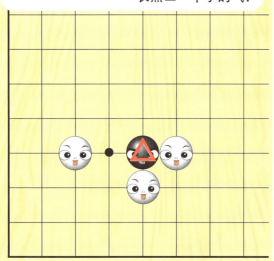

图1 (2口气)

黑一个子有两口气A和B。

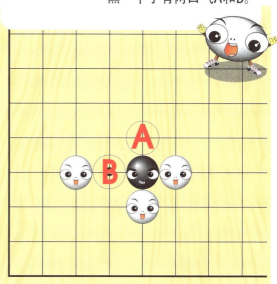

图2 (失败)

黑1长气，因为白◎挡住去路，
所以这不是正确的长气方向。
当白2攻击时，黑棋会非常危险。

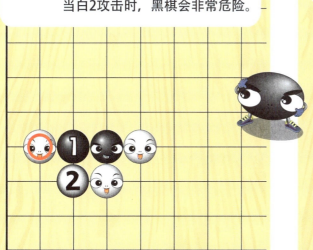

图3 (正解)

黑1避开对方强的棋子长气，
是正确答案。

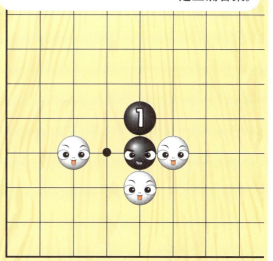

在A、B中下哪儿长气呢?

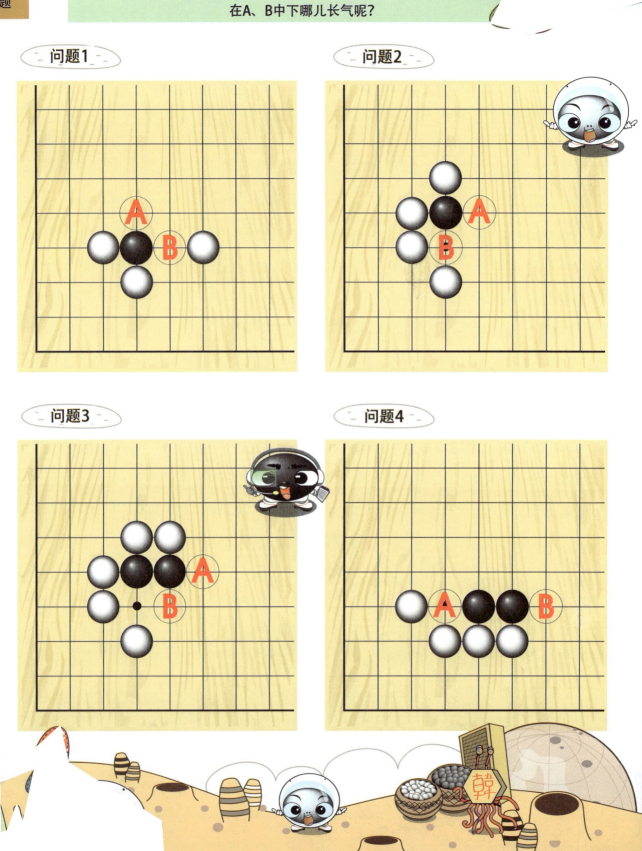

往正确的方向长黑棋的气。

问题5

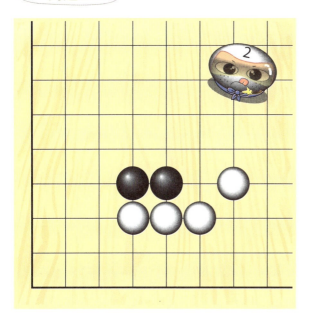

问题6

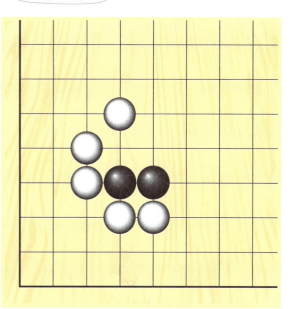

问题7

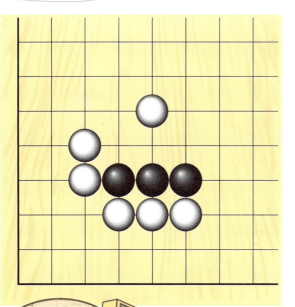

问题8

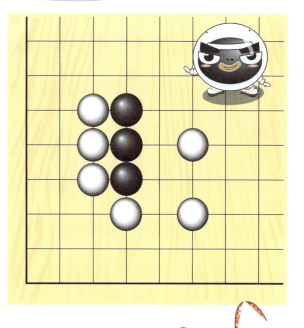

往正确的方向长黑棋的气。

- 问题9 -

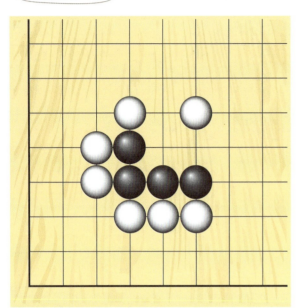

- 问题10 -

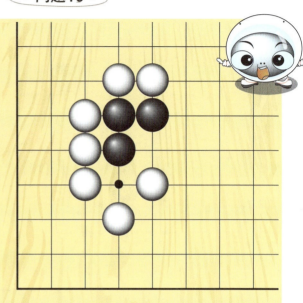

- 问题11 -

- 问题12 -

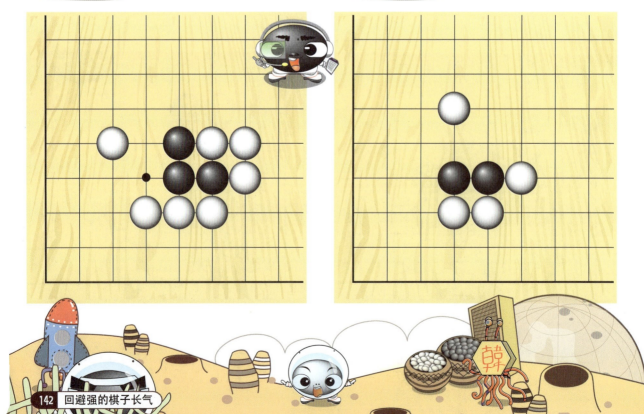

往正确的方向长四处黑▲的气。

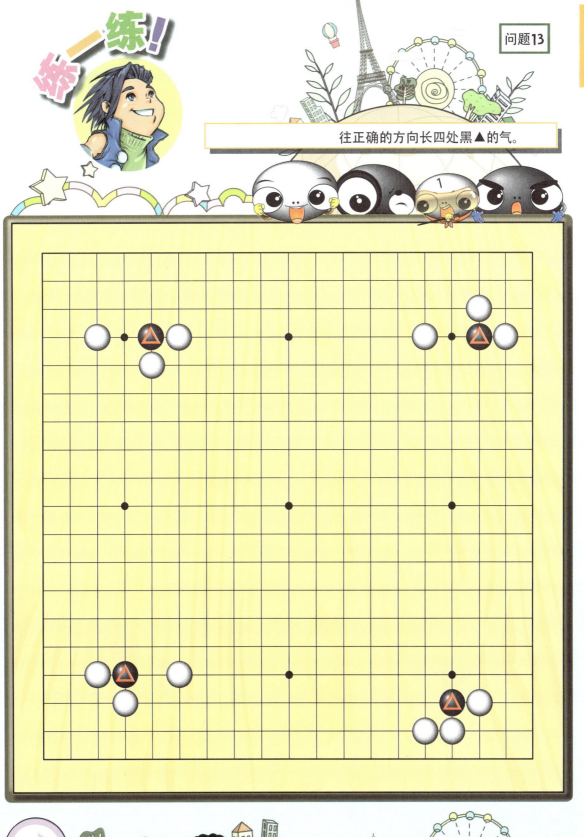

问题14

往正确的方向长四处黑子的气。

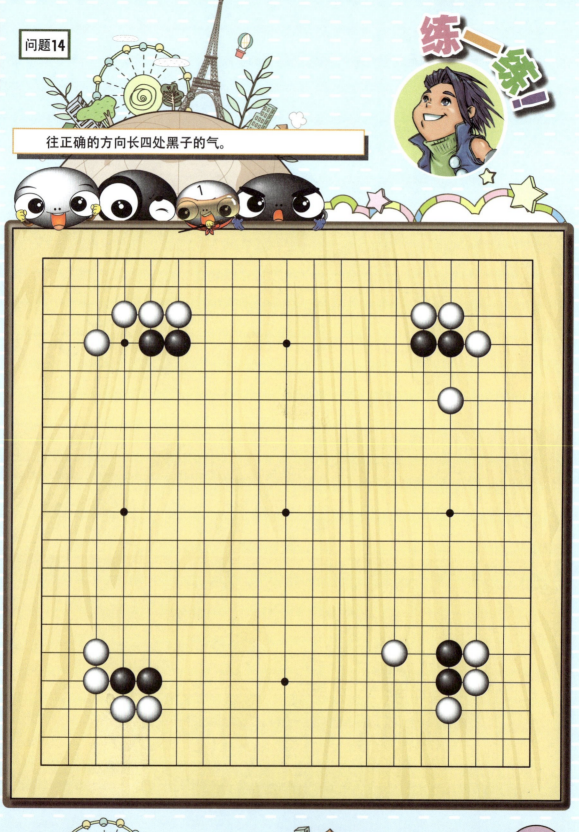

一边连接，
一边攻击

Chapter.13

今天我要把紧气攻击
的秘诀传授给你们!

围棋精灵!

嘻嘻! 其实上次我偷听了
围棋精灵教的秘诀,
就把那个秘诀告诉给了大家!
他们不会察觉吧?

黑胖,
请到前面一下!

是!!!!

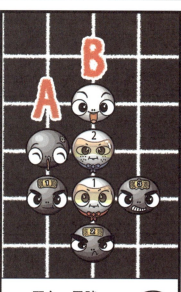

那么, 黑胖,
你要挡住A和B
中哪个点呢?

这样攻击白棋时……

如果帅帅这样逃出了……

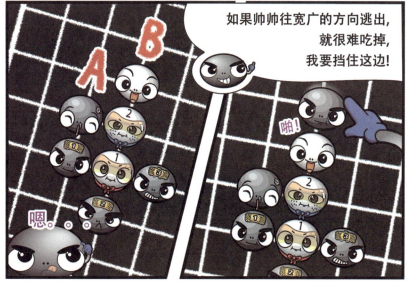

如果帅帅往宽广的方向逃出,
就很难吃掉,
我要挡住这边!

哎呀, 你这个笨蛋!

啪!!!!!!

哎哟, 疼啊!!!!

一边连接，一边攻击

练习题

白1逃走。
黑棋要挡住A和B中哪个气好呢？

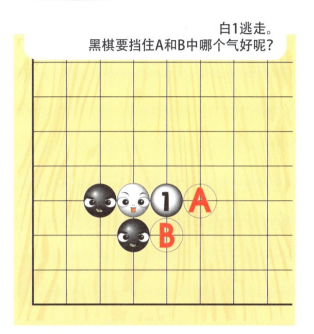

图1 （正解）

如黑1，和黑▲相接进行攻击，
即为正确答案。

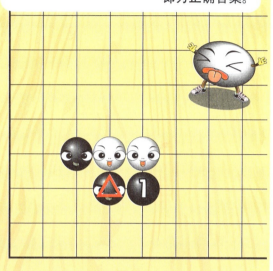

图2 （后续攻击）

下黑▲后，接着进行黑1的攻击的话，
白棋会处于危险。

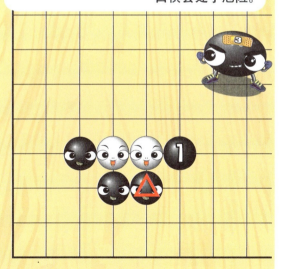

图3 （失败）

黑1并非和黑▲连接进行攻击的手法，
失败。
被白2突破切断的话，黑子会变得更弱。

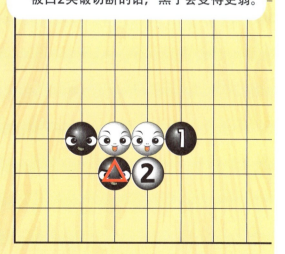

黑棋要攻击在A和B中哪个点呢？

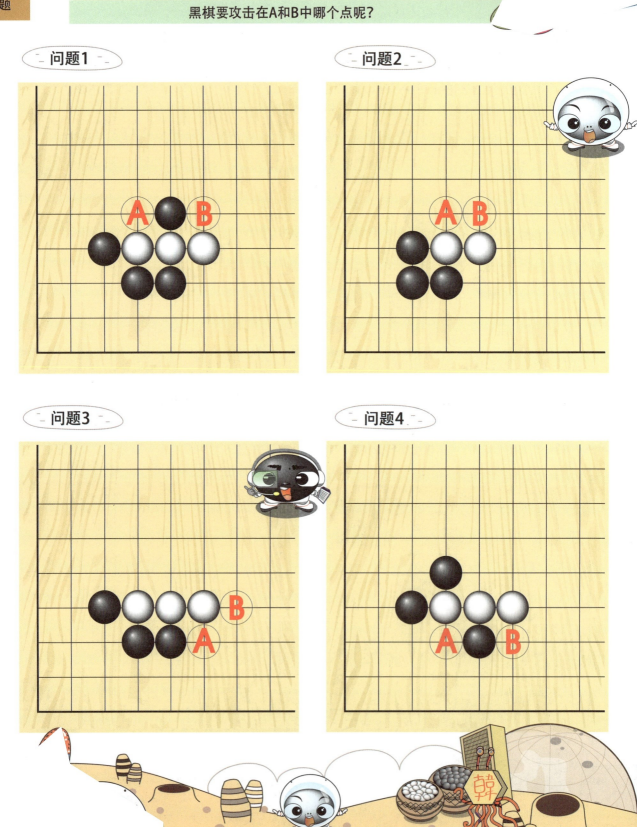

问题1

问题2

问题3

问题4

黑棋要攻击在哪个点？

问题5

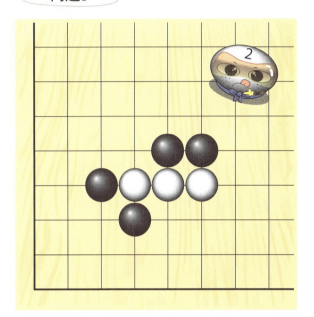

问题6

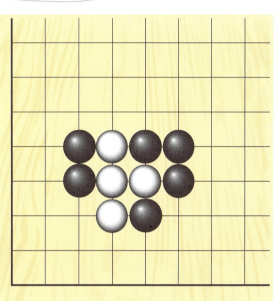

问题7

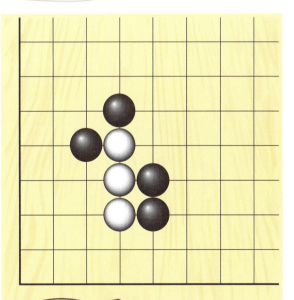

问题8

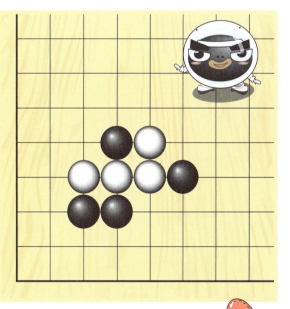

黑棋要攻击在哪个点呢？

问题9

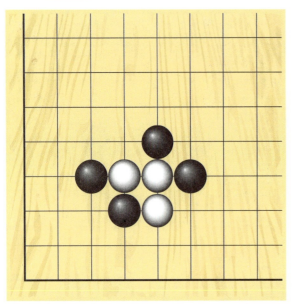

问题10

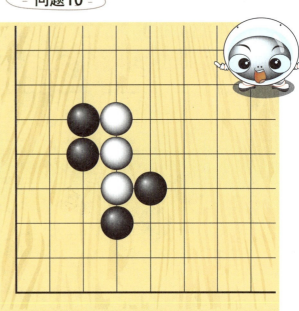

问题11

问题12

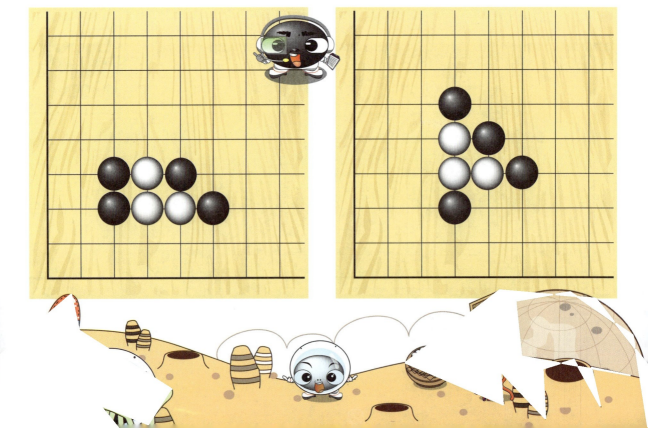

请攻击一下白棋的气。

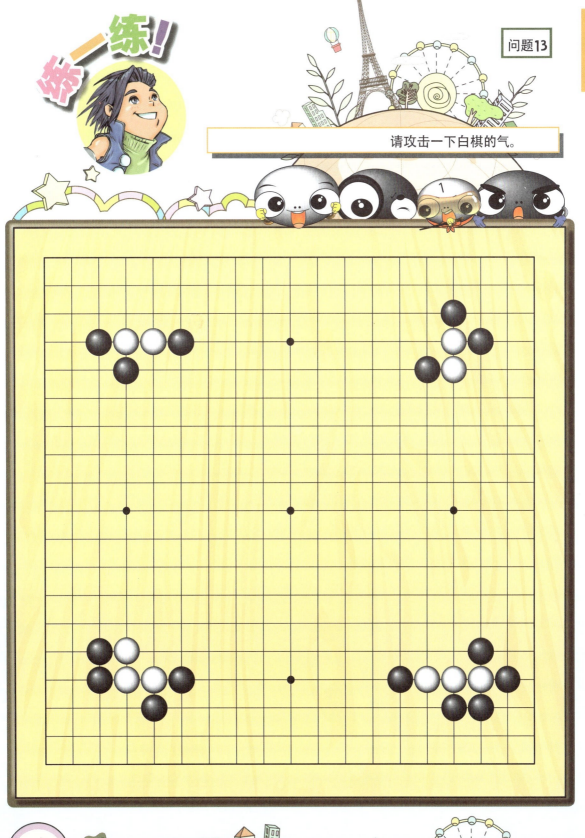

请攻击一下白棋的气。

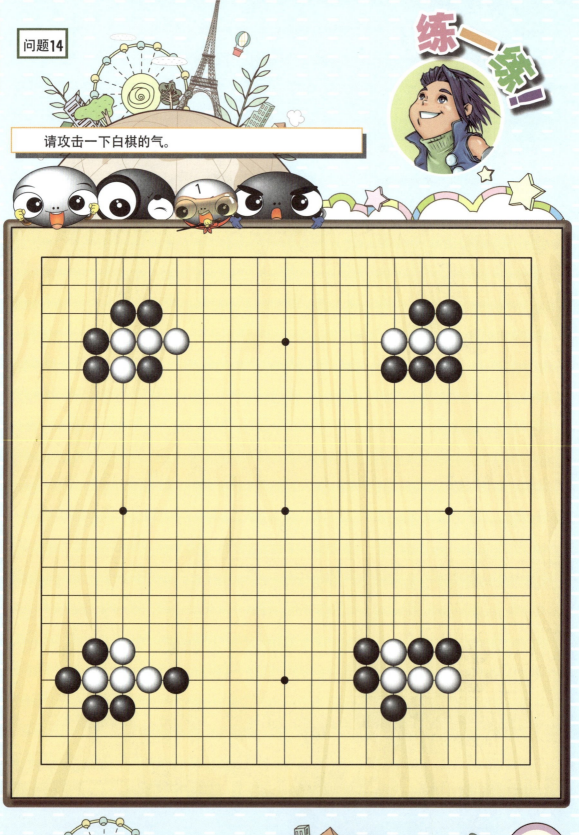

怎么阻止对方连接

Chapter.14

怎么阻止对方连接

哈哈哈哈哈哈

哈哈哈，
终于把白帅和他
朋友逼进困境了！

甭说二话，投降吧！

啪！

糟糕了！
因为掉以轻心，
我们处于危险境地了，
但不能那么早放弃！

啪！

好怕呀！
没有什么好办法吗？

呜呜

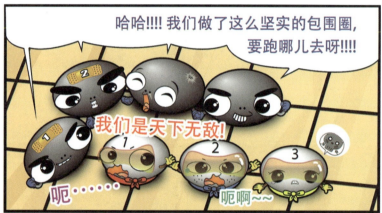

哈哈!!!! 我们做了这么坚实的包围圈，
要跑哪儿去呀!!!!

我们是天下无敌！

呃……

呃啊~~

甭说二话，投降吧！

包围圈渐渐缩紧，
很难呼吸！

嘻嘻嘻！
这样继续攻击的话，
他们应该很快就要投降！

等一下！

黑胖，
下次攻击由我来做吧！

到目前为止，我们被白帅欺负过很多次。
这次我们一定要欺负他们!!!

对，对!黑球，
由你来做吧~~

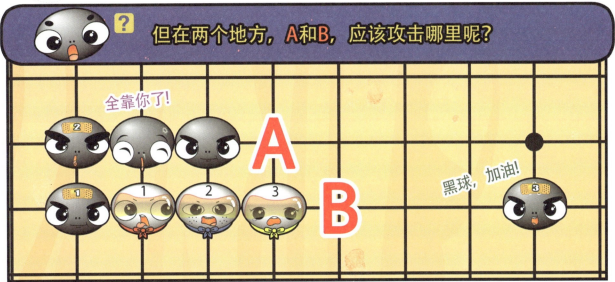

但在两个地方，A和B，应该攻击哪里呢?

全靠你了!

A

B

黑球，加油!

好哇! 因为那边是宽广的方向，
我来攻击这边!!!

啪!

黑球!

晕

哎哟!!!

黑球……你?!
应该要一边握着手，一边攻击对方!
你到底在干什么呀?
你忘了上次围棋魔王传给我们的秘诀吗?

嗯……
一边握着手，
一边攻击对方?
那是什么呀?
是好吃的吗?

怎么阻止对方连接

练习题

白1攻击。黑棋该怎么应对呢？

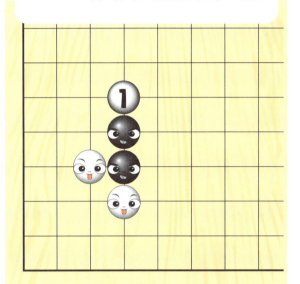

图1 （正解）

黑1是阻止白○两个子之间连接的好手。

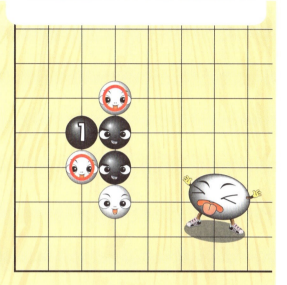

图2 （失败1）

黑1下这里，白2可以连接白○两个子，从而攻击黑棋，所以黑失败。

图3 （失败2）

黑1这样下的话，白棋可以用白2连接。

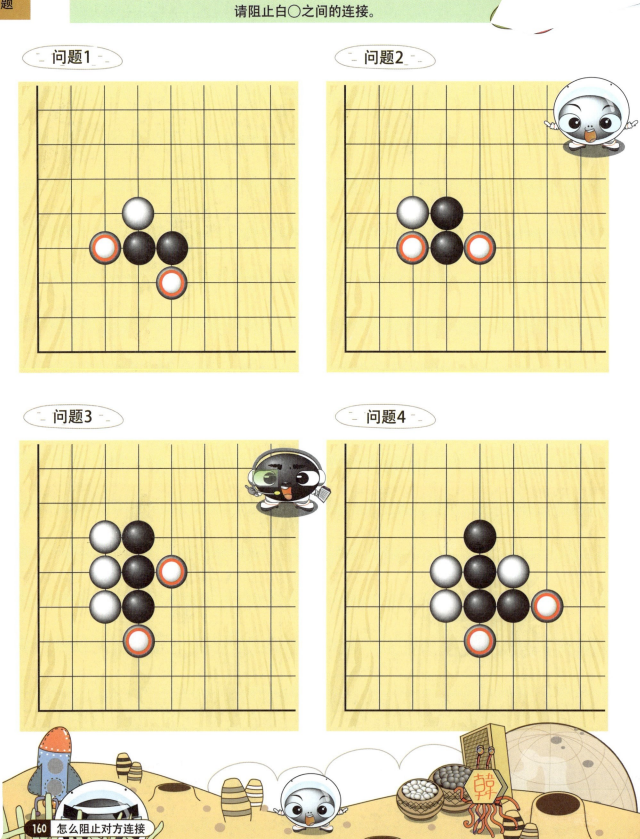

请阻止白○之间的连接。

问题1

问题2

问题3

问题4

请阻止白棋之间的连接。

问题5

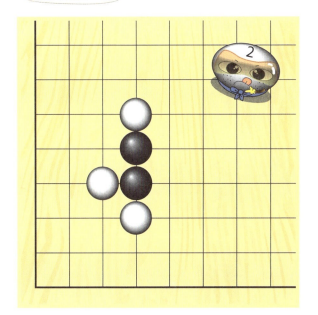

问题6

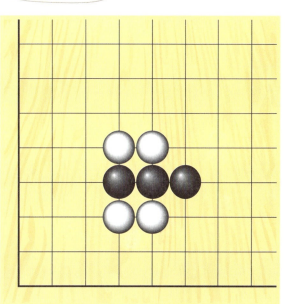

问题7

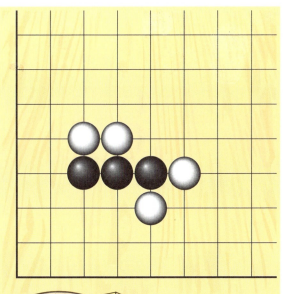

问题8

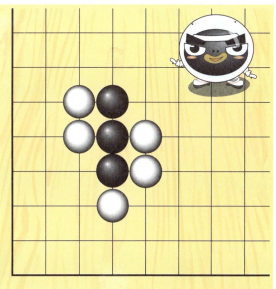

请阻止白棋之间的连接。

问题9

问题10

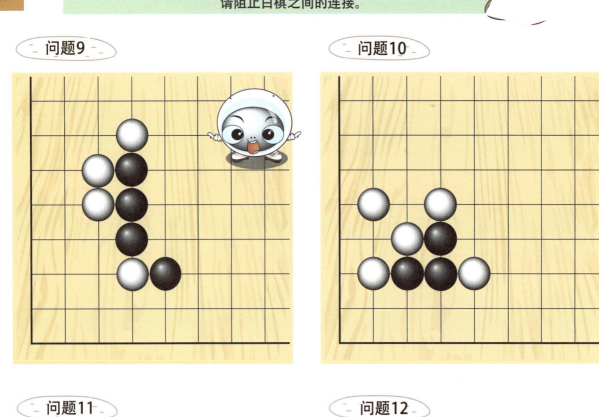

问题11

问题12

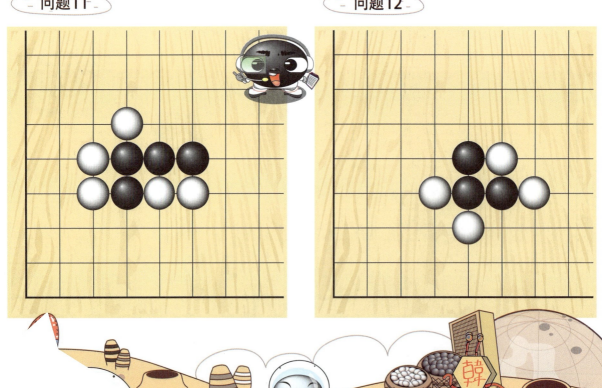

李世石
围棋教室
入门篇
（中册）

[韩]李世石◎编著
[韩]金敬东◎译

天津出版传媒集团

天津科学技术出版社

登场人物

白帅

作为白子的领袖人物，
他是总让黑胖和朋友们
吃苦头的主人公。
因心软，时而陷于困境，
但总能发挥卓越智慧，
取得胜利。

围棋精灵

给白帅和他的朋友们传授围棋技
巧的围棋精灵。白帅处于危机时，
给予适当的帮助，对白帅队的胜
利起决定性的作用。

黑胖

作为黑子的领袖人物，
为战胜白帅和他的朋友，
不懈努力的主人公。
生性勇敢，但因过于顽固
单纯，总被白帅和他的朋
友打败。

白棋三剑客(白红，白蓝，白黄)
围着红蓝黄色的披风。和白帅
一起经常使黑胖和他的朋友陷
于危机。

白哲
白帅的朋友，性格开朗。

聪儿
白帅的朋友，害羞腼腆。

白脸
白帅的朋友，害羞腼腆。

围棋魔王
给白帅和他的朋友们
传授围棋技巧的围棋
精灵。

围棒
围棋比赛的裁判，他是进行公平而
冷静的判定而受所有人尊敬的人物。

围棋老师
向白帅、黑胖，还有其他朋友
们传授知识的围棋学校老师。

黑球
黑胖的朋友，虽为黑胖最信赖的朋友，
但总在关键时刻犯错，使黑胖陷入困境。

黑曲
黑胖的朋友，只要是黑胖说的话，
就绝对听从。

黑胖的朋友黑一，黑二，黑三

黑峰
黑胖的朋友，经常做出出乎意料的行动，
让朋友陷入困境。

怎么完成围空

Chapter.1

怎么完成围空

今天去苹果农场！如果你们要拿走苹果，
两个朋友必须要手牵手，做成水泄不通的栅栏。
你们应该知道怎么牵手吧？

你过来一下~！

喔喔

救命啊！！

当然知道！
这样跟朋友手拉手就行吧？

哦，黑胖，
你怎么知道的？

嘿嘿嘿，
经常被帅帅欺负，
当然知道啊！

这样手拉手，
也可以吗？

对。原来帅帅也知道。
像帅帅那样斜对着手拉手也可以。

嘿嘿

那么,
每个队6个人出来,
做栅栏。

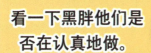

看一下黑胖他们是
否在认真地做。

这次给他们
看看我们的厉害~

嘿嘿, 这里

啪

我在这里

啪

走吧

来吧!

啪

朋友们,
大家一起手拉着手做
漂亮的栅栏吧!

加油啊

最后是由我来决定。
我要做更大的栅栏,
应该这样做。

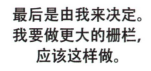

黑胖来了! 走开!

栅栏完成了!!!

啪!!

不行啊

晕

哎哟

嗯, 黑胖队其他人都握手, 就黑胖和黑球没握手。
所以不能把苹果放在里面了。
为了下次能把苹果放在栅栏里,
好好儿做栅栏吧。

哦，对了！
虽然黑胖队失败了，
还有帅帅队！

我来看一下帅帅
队怎么样啊！

一起

我们大家

朋友们

啪！

啪！

啪！

啪！

啪！

啪！

握手！

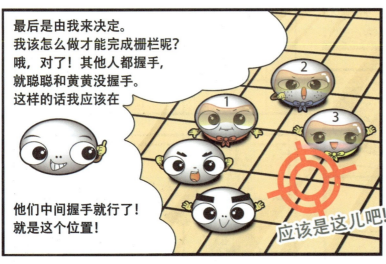

最后是由我来决定。
我该怎么做才能完成栅栏呢？
哦，对了！其他人都握手，
就聪聪和黄黄没握手。
这样的话我应该在

他们中间握手就行了！
就是这个位置！

应该是这儿吧！

我来吧！

啪！

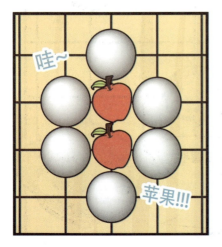

哇～

苹果!!!

帅帅队的所有朋友都握手成功了！
做得很好！
在你们栅栏里的苹果你们自己吃吧！

哇～好吃的苹果～谢谢啦～

怎么完成围空

练习题二

请完成黑棋的围空！

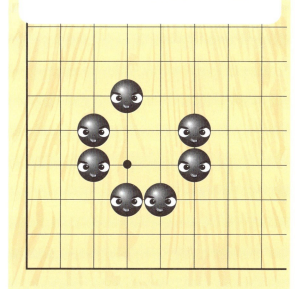

图1 (分析)

黑○全部都相连着。
但黑△两个子没有连接。

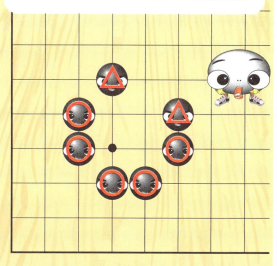

图2 (正解)

黑1时，黑棋都相连，完成围空！

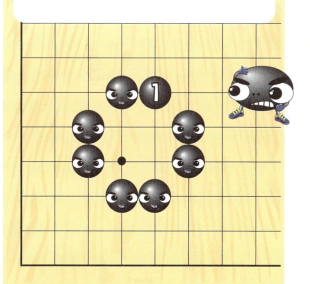

图3 (失败)

黑1(或A)不能完成黑○两个子之间的连接。

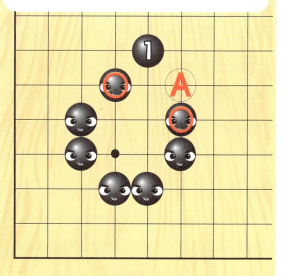

请完成黑棋的围空!

- 问题1 -

- 问题2 -

- 问题3 -

- 问题4 -

请完成黑棋的围空!

问题5

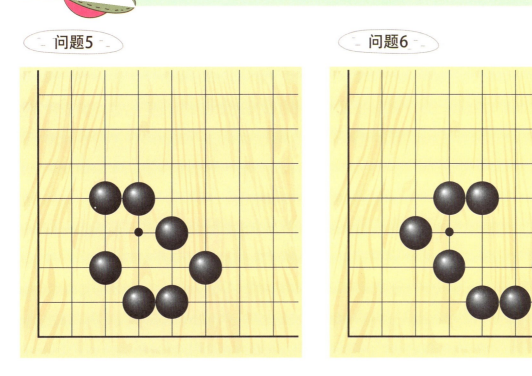

问题6

问题7

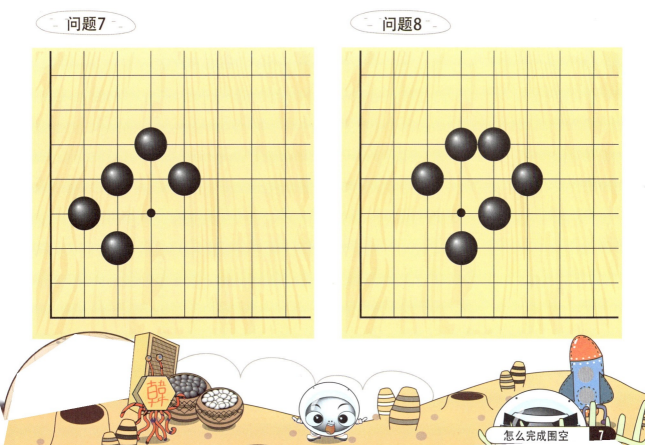

问题8

请完成黑棋的围空!

- 问题9 -

- 问题10 -

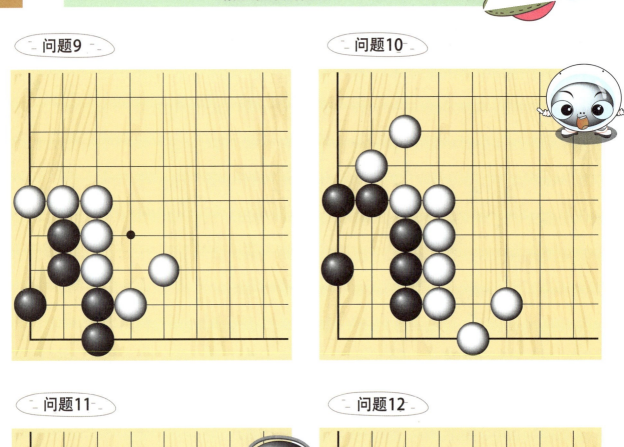

- 问题11 -

- 问题12 -

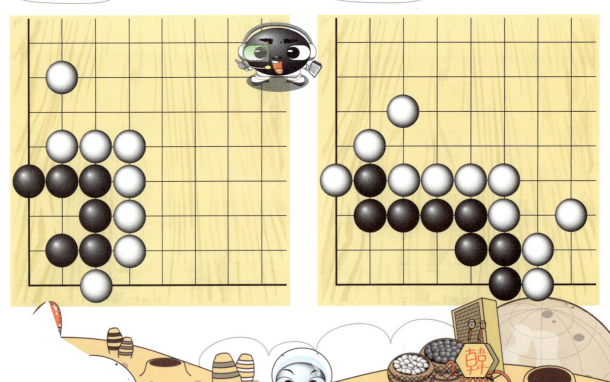

请完成黑棋的围空！

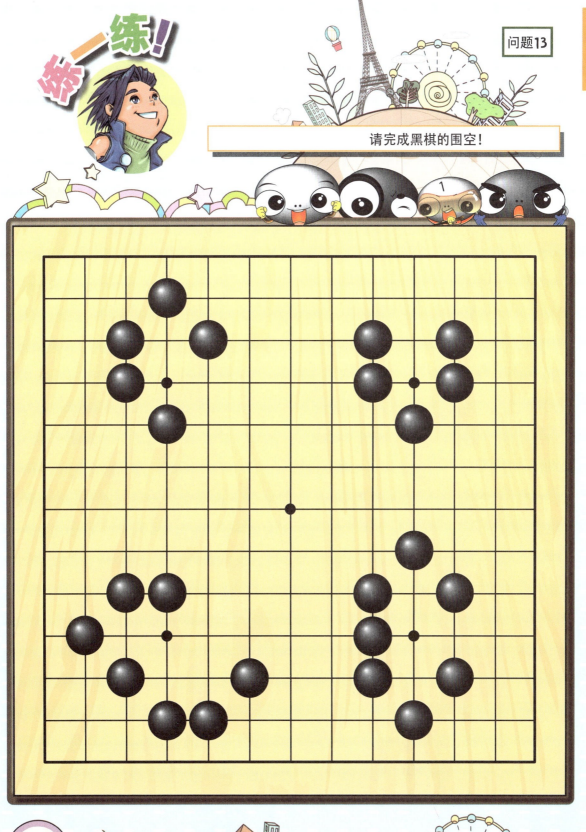

请完成黑棋的围空！

请完成黑棋的围空！

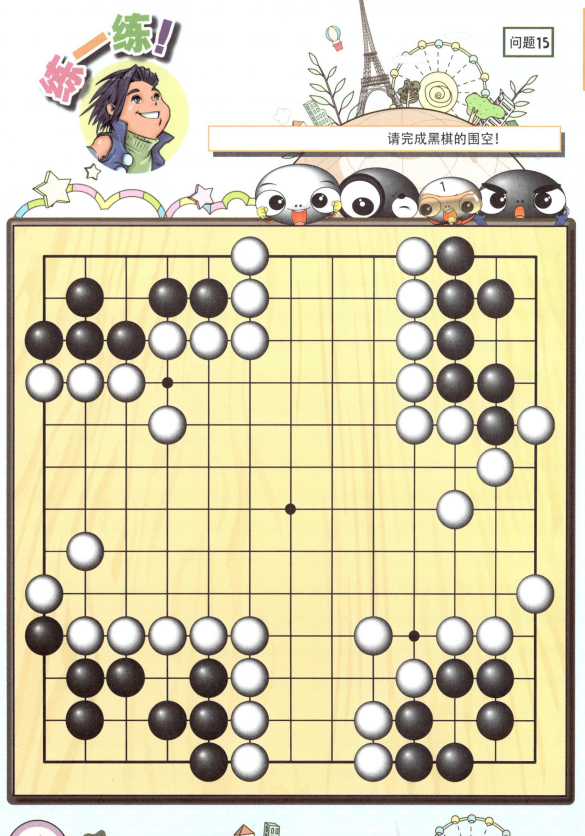

练一练!

请完成黑棋的围空！

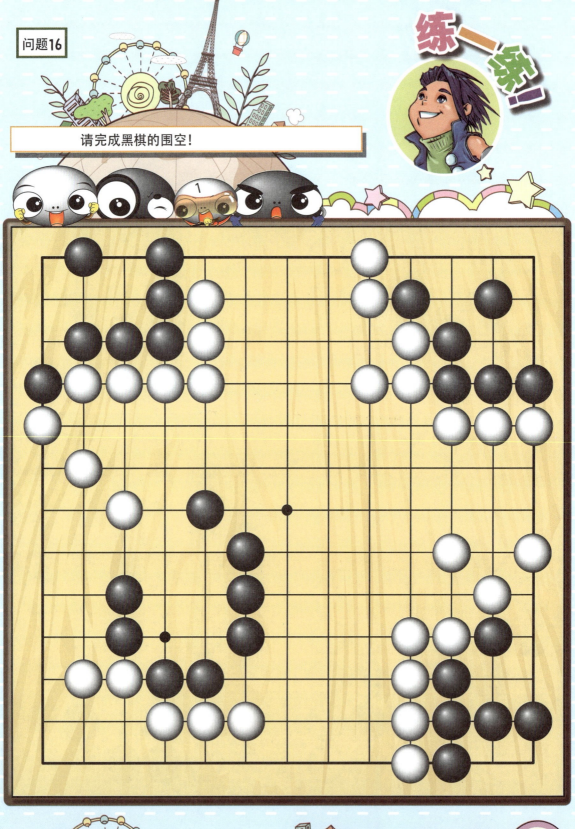

为了完成围空，哪些是不需要的棋子

Chapter.2

为了完成围空，哪些是不需要的棋子

今天也要玩做栅栏的游戏。

这次以七个人组成一个队，来做栅栏。那么从帅帅队开始！

朋友们，这次也做非常漂亮的栅栏吧。

最后还是轮到我了。所有的朋友都要一起握手，还是这个地方最合适。

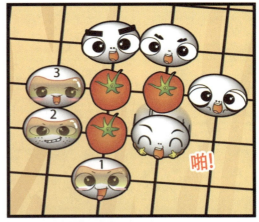

哦，很不错！你们完成了好漂亮的栅栏！也可以在里面放三个西红柿。

那么,
黑胖队开始吧!

上次做得不好,
这次应该好好儿做,
必须要成功!
加油! 加油!

朋友们,
这次我们坚实地握手做栅栏!千万不要忘记
"坚实"!!!
记住!!!
知道了~
放心吧!!!

啪!
我要占这儿~
接招!!
啪!
大概这样应
该可以吧!
啪!
啪!
快要
完成了!
啪!

终于轮到我了。
还是坚实的栅栏最好。
"坚实"!!!

那样的话, 还是这个地方最合适!!!
啪!
完成!!!好坚实!!!

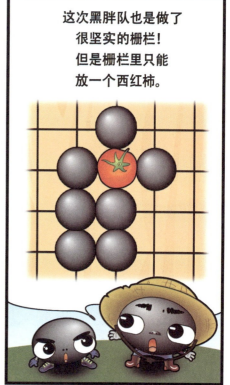
这次黑胖队也是做了
很坚实的栅栏!
但是栅栏里只能
放一个西红柿。

西红柿太少了!

黑胖队做栅栏做得太坚实。如果没有三个黑○,是什么样的棋形呢?一起看一下!

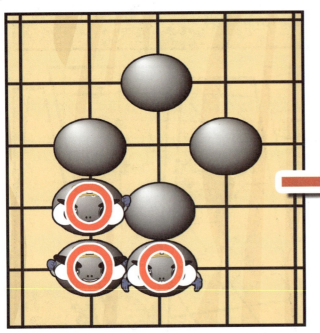

哦,那也可以放西红柿。

没有三个朋友也可以做栅栏啊!原来这样!

要好好儿做栅栏,不要成为没用的朋友!

那天晚上

做意大利面西红柿不够!好羡慕!

我们都是朋友,给你们一个!

好,谢谢啦~哈哈

为了完成围空，哪些是不需要的棋子

练一练

练习题

黑棋完成围空。
请找出黑棋完成围空时不需要的棋子，
用○表示！

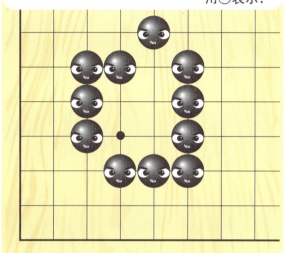

图1 (正解)

黑棋要完成围空时，
黑○两个子是不需要的棋子。

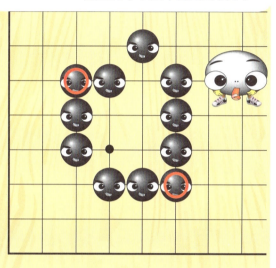

图2 (参考图1)

没有X位的两个棋子，也可以围住空！

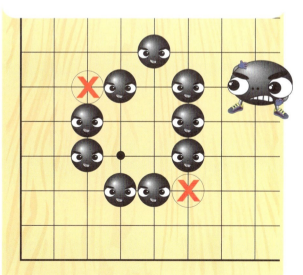

图3 (参考图2)

加上那两个棋子并没有增加空。

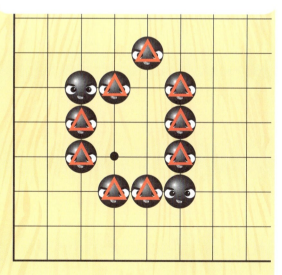

为了完成围空，哪些是不需要的棋子 **17**

请找出黑棋要完成围空时不需要的棋子，用〇表示！

- 问题1 -

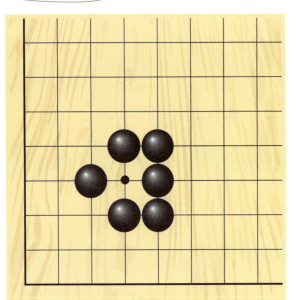

- 问题2 -

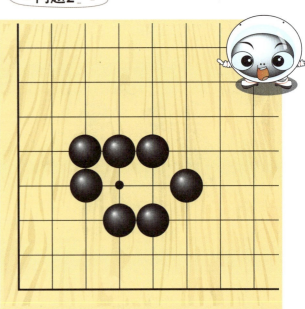

- 问题3 -

- 问题4 -

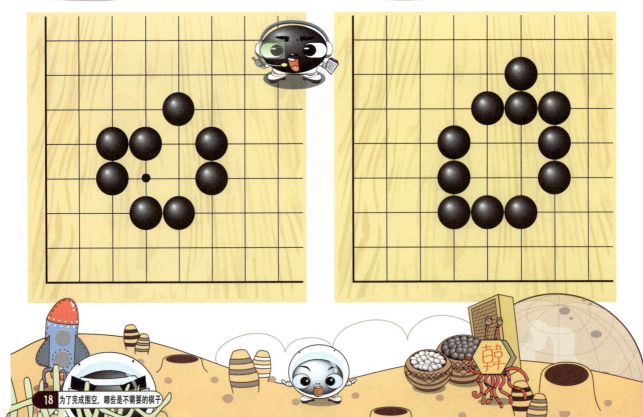

请找出黑棋要完成围空时不需要的棋子，用〇表示！

问题5

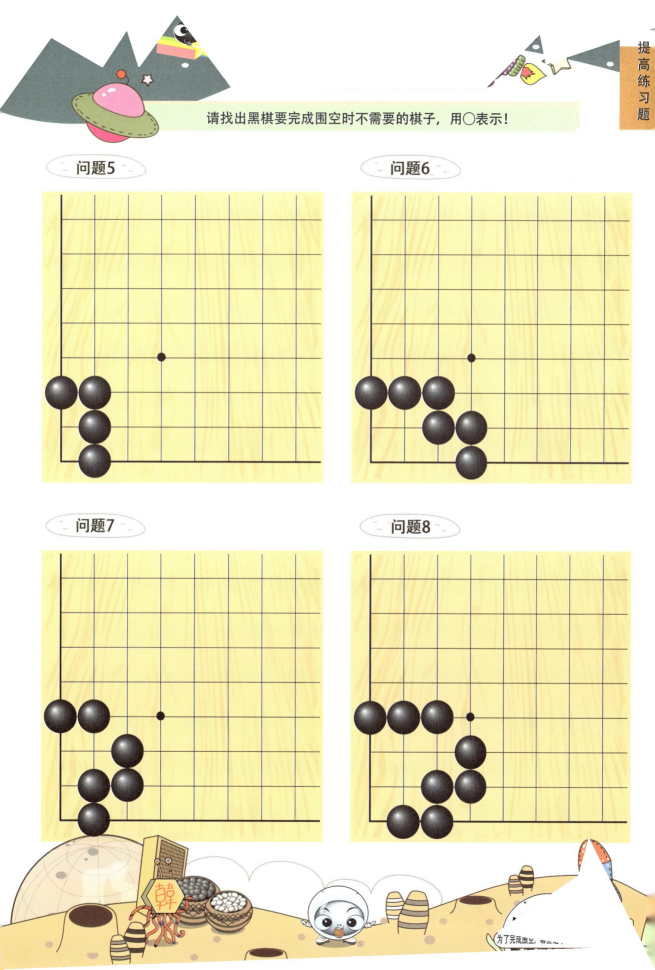

问题6

问题7

问题8

请找出黑棋要完成围空时不需要的棋子，用○表示！

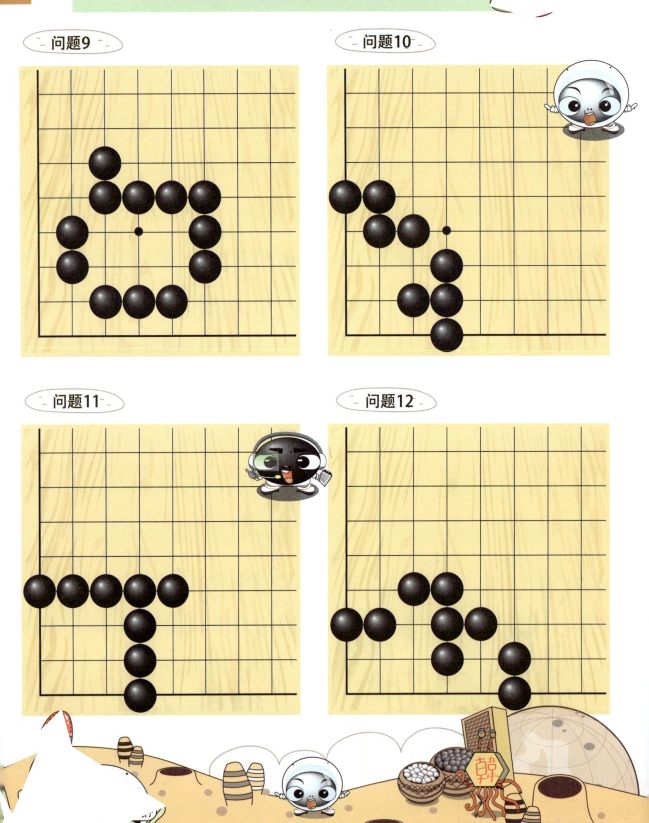

问题9

问题10

问题11

问题12

练一练!

请找出黑棋要完成围空时不需要的棋子，用○表示！

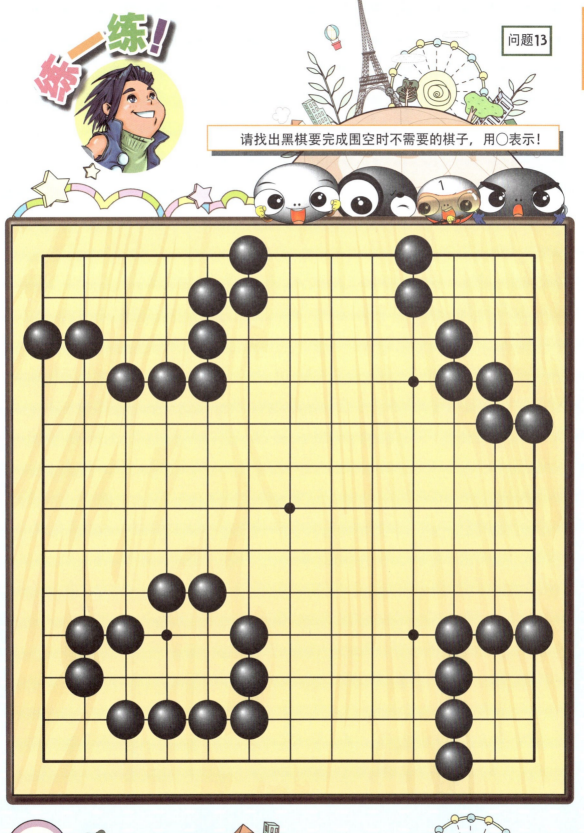

请找出黑棋要完成围空时不需要的棋子，用○表示！

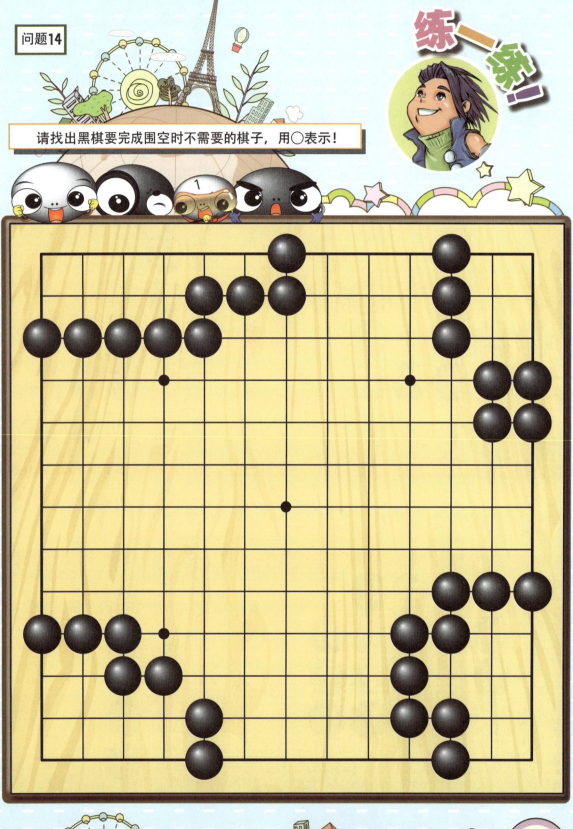

请找出黑棋要完成围空时不需要的棋子，用○表示！

问题16

练一练！

请找出黑棋要完成围空时不需要的棋子，用○表示！

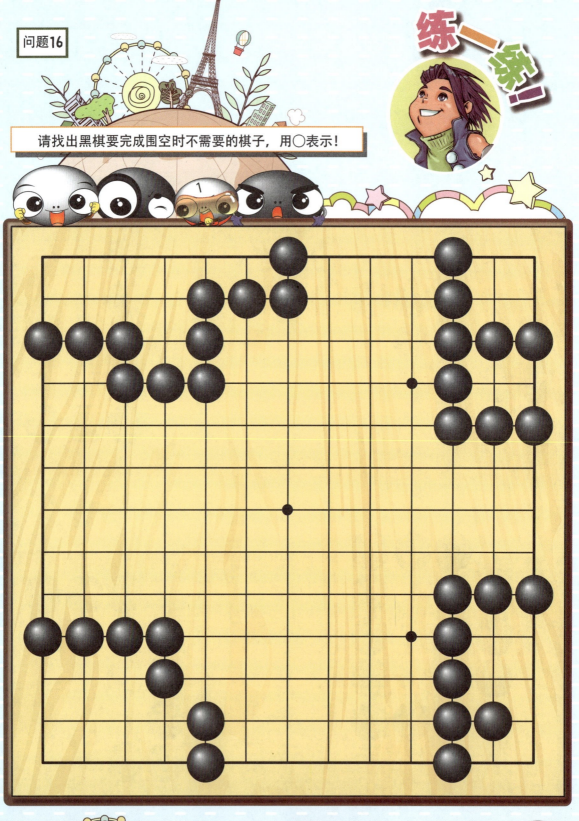

完成围空
有哪些办法

Chapter. 3

完成围空有哪些办法

 练一练

 练习题

黑〇两个子以"日"字形相离。在完成黑〇之间的连接的同时也完成围空，有几种方法呢？

图1 （正解）

小飞相离的棋子，可以如1、2用两种方法完成围空。

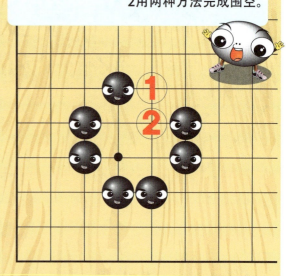

图2 （参考图1）

像黑〇这样隔一路的棋子，可以如1、2、3用三种方法完成围空。

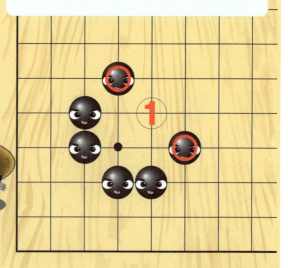

图3 （参考图2）

像黑〇这样以"田"字相离的棋子，可以如1用一种方法完成围空。

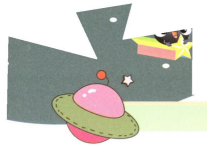

黑棋有几种方法完成围空呢？

问题1

问题2

□ 种

□ 种

问题3

问题4

□ 种

□ 种

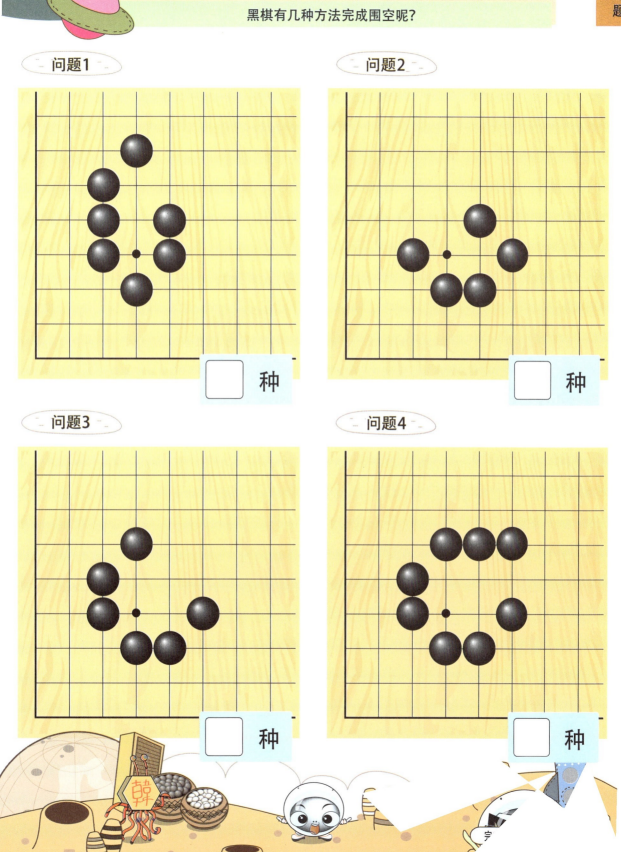

黑棋有几种方法完成围空呢？

问题5

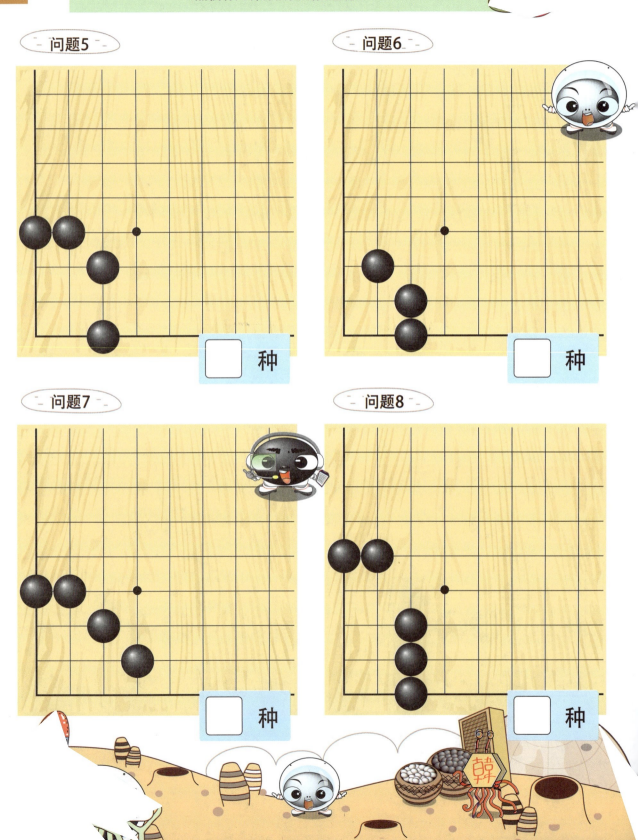

种

问题6

种

问题7

种

问题8

种

黑棋有几种方法完成围空呢?

问题9

问题10

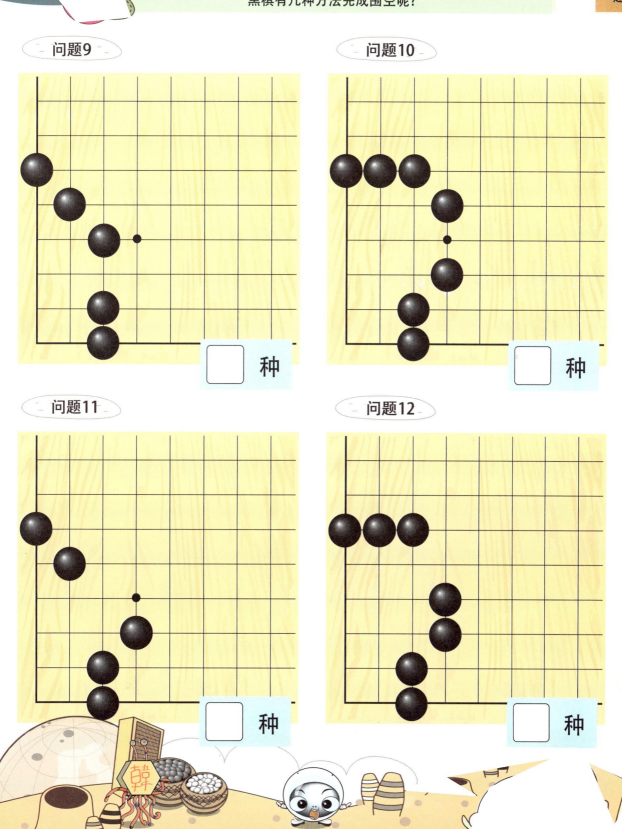

种

种

问题11

问题12

种

种

问题13

练一练!

黑棋有几种方法完成围空呢?

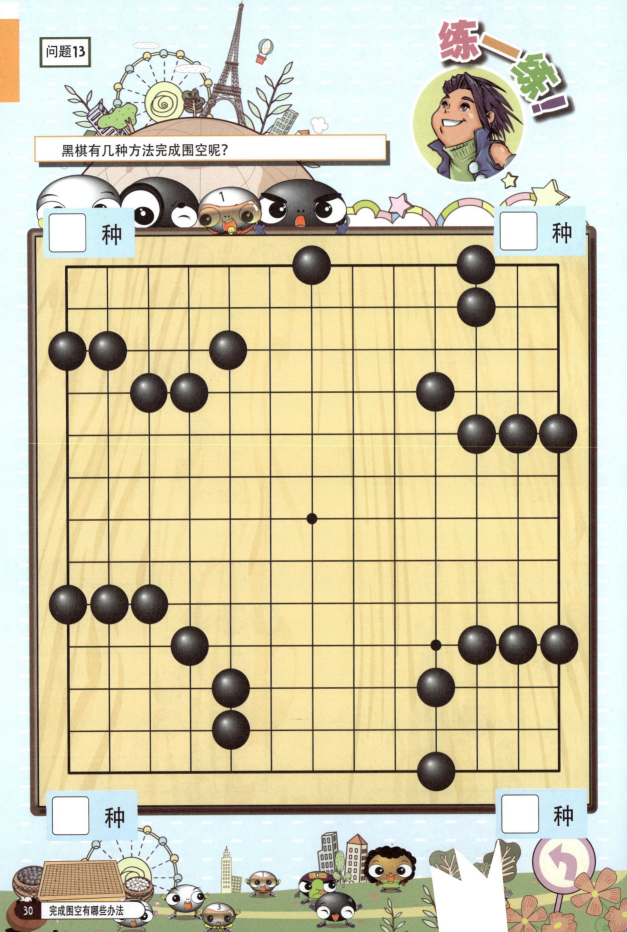

种

种

种

种

黑棋有几种方法完成围空呢？

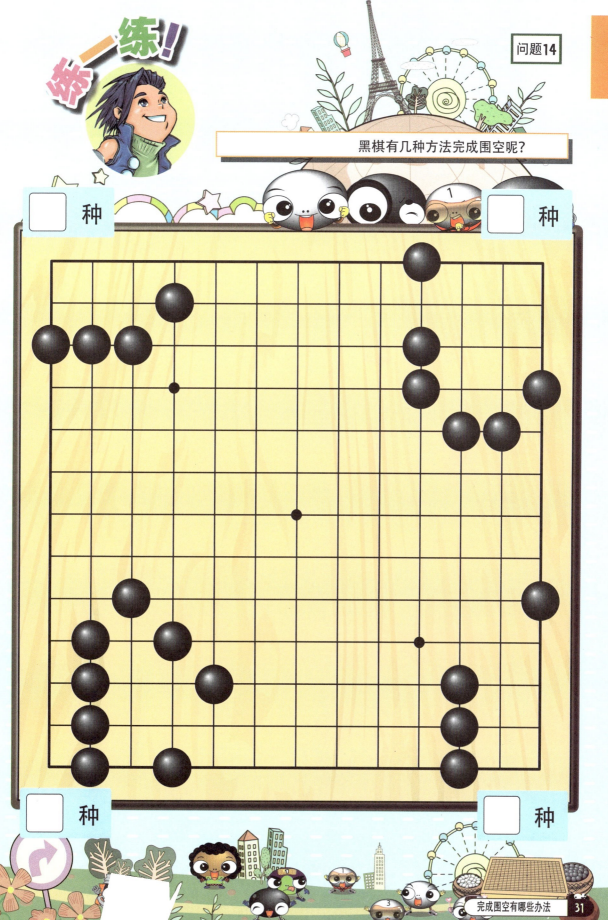

种

种

种

种

黑棋有几种方法完成围空呢?

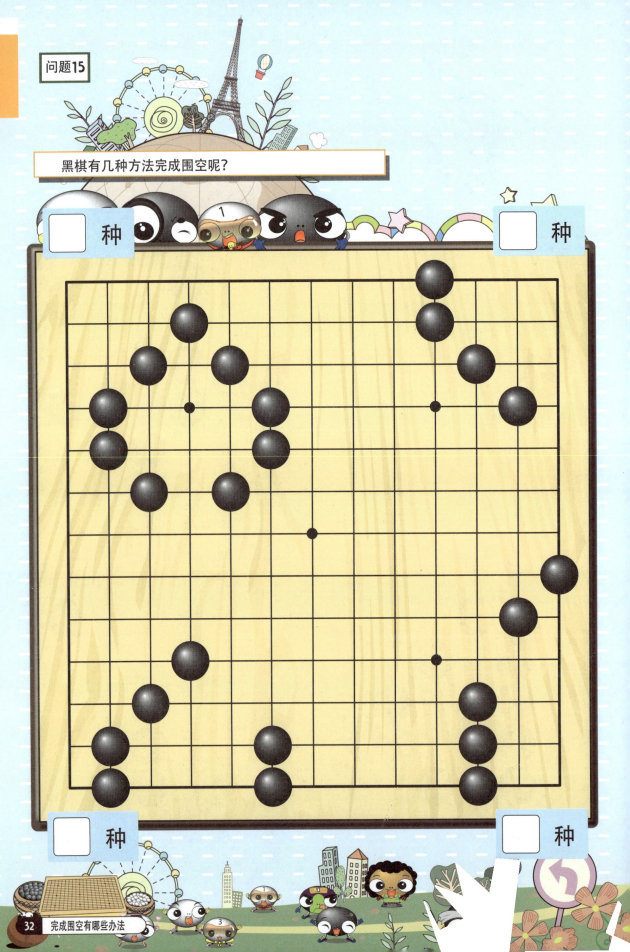

种　　　　　　　　　　种

种　　　　　　　　　　种

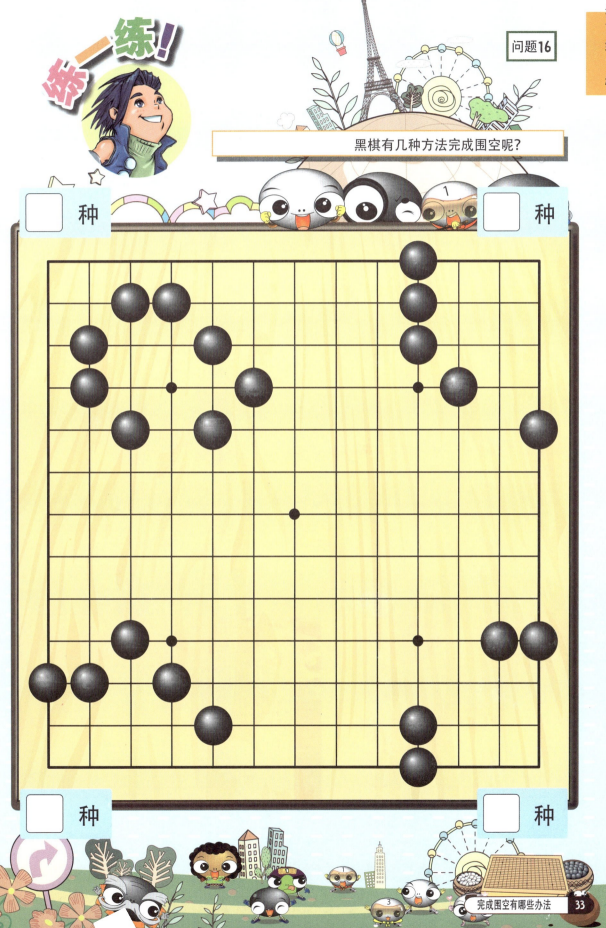

黑棋有几种方法完成围空呢？

种

种

种

种

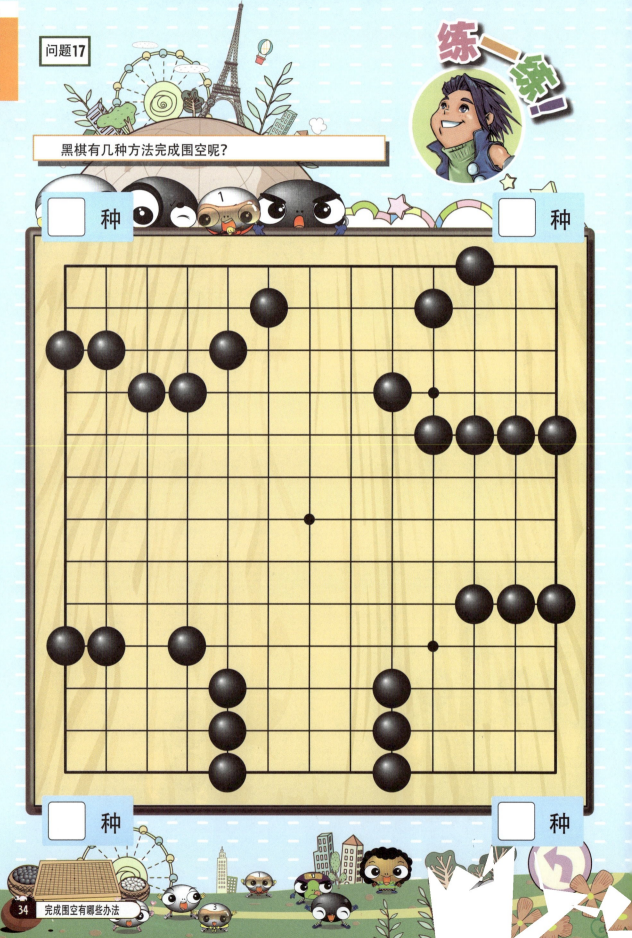

练一练!

黑棋有几种方法完成围空呢？

⬜ 种

⬜ 种

⬜ 种

⬜ 种

围出更大的空

围棋魔王！我们一起去拿土豆吧。

哦，黑胖，你会做栅栏吗？

当然！
要做装水果和蔬菜的栅栏很容易，算不了什么！

最后该我了。
我要完成栅栏，在什么地方牵着黑植和黑峰的手合适呢？！

啪！ 5
啪！ 4
3
啪！
6
啪！
2
1
啪！ 啪！

黑峰
黑植
啪！
我看这儿比较好！

你看我们七个人一起来做栅栏！
朋友们，我们手握手！
我们一起做漂亮的，大大的栅栏！

哈，栅栏完成了。

哇塞~~

哦！漂亮的栅栏完成了，可以装两个土豆。
干得好！来吧！给你们两个土豆！

哇~
谢谢啦~

我们去向帅帅炫耀吧，嘿嘿！

最后该我了。
跟（〇）和黄黄（△）握手完成栅栏的办法有A, B, C一共3种。
想要做更大的栅栏，该怎么办？

好了！
这儿比较好！

哇~ 已经完成了
好漂亮的栅栏。
来来! 给你们三个
红薯。

哇~红薯!

好吃! 红薯

啊，
怎么会这样!

帅帅和他的朋友做了
可以装三个
红薯的栅栏。
我们为什么只有两个？

那天晚上

啊，好烫啊!

啊，
好吃!

围出更大的空

练习题

黑要做更大的围空，请在A和B中选择。

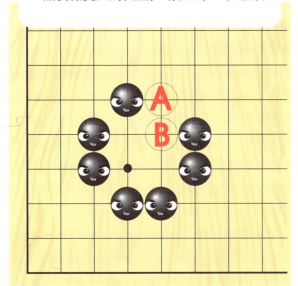

图1 （正解）

黑1即为正确答案。 黑完成4目。

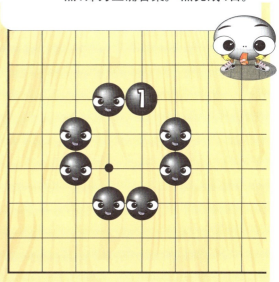

图2 （参考图1）

黑1失败。黑完成3目，
黑○变成没有用的棋子。

图3 （参考图2）

像黑○隔一路的话，
要用黑1完成围空才对。
如果走到A或B的话，会产生没用的棋子。

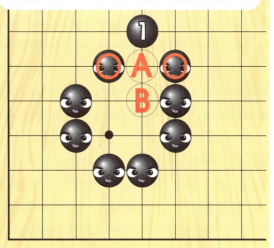

黑棋要围出最大的空，A和B应该下哪里？

问题1

问题2

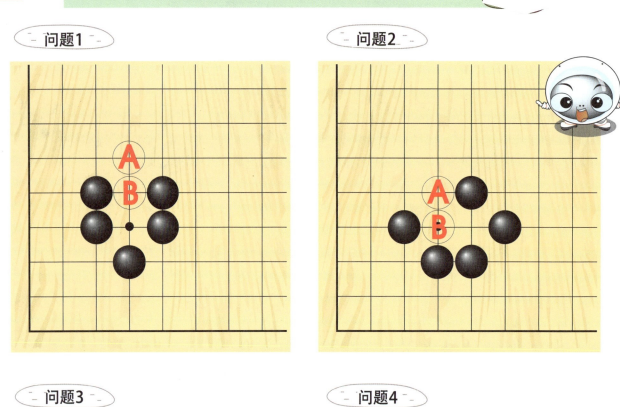

问题3

问题4

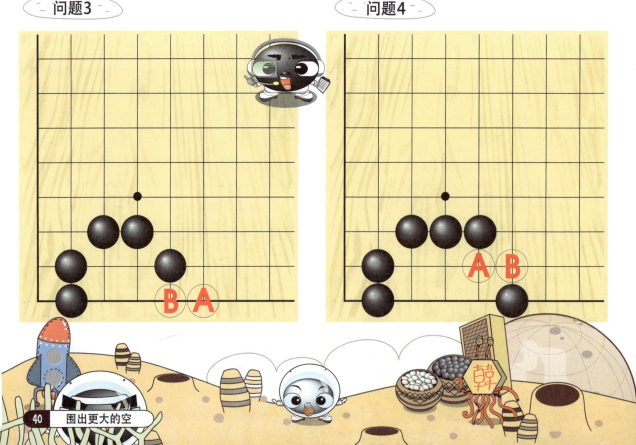

请帮助黑棋围出最大的空。

问题5

问题6

问题7

问题8

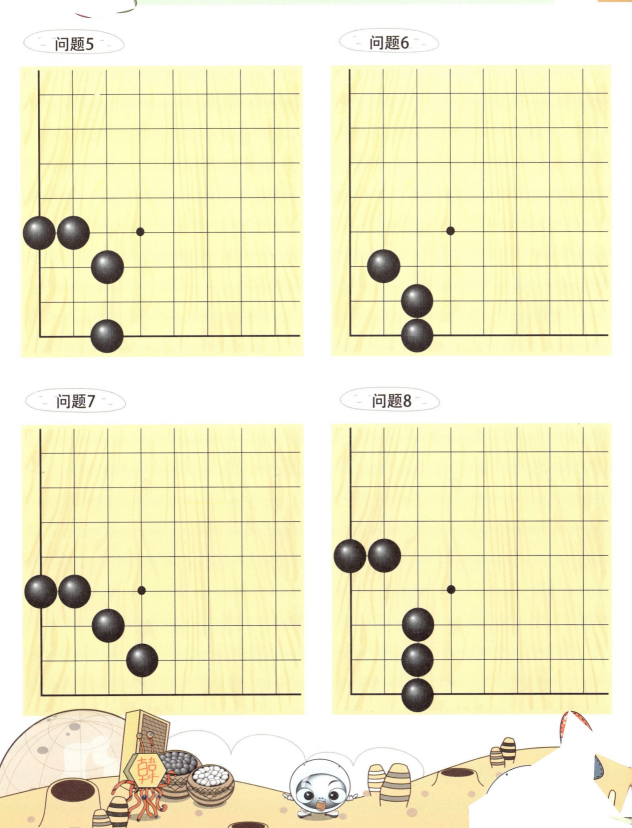

请帮助黑棋围出最大的空。

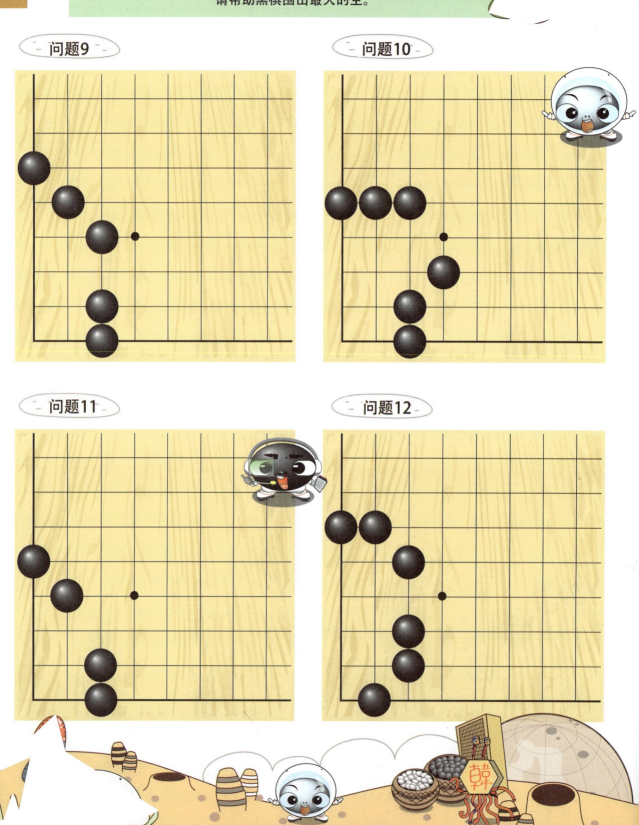

练一练！

请帮四处黑棋围出最大的空。

围出更大的空 43

问题14

请帮四处黑棋围出最大的空。

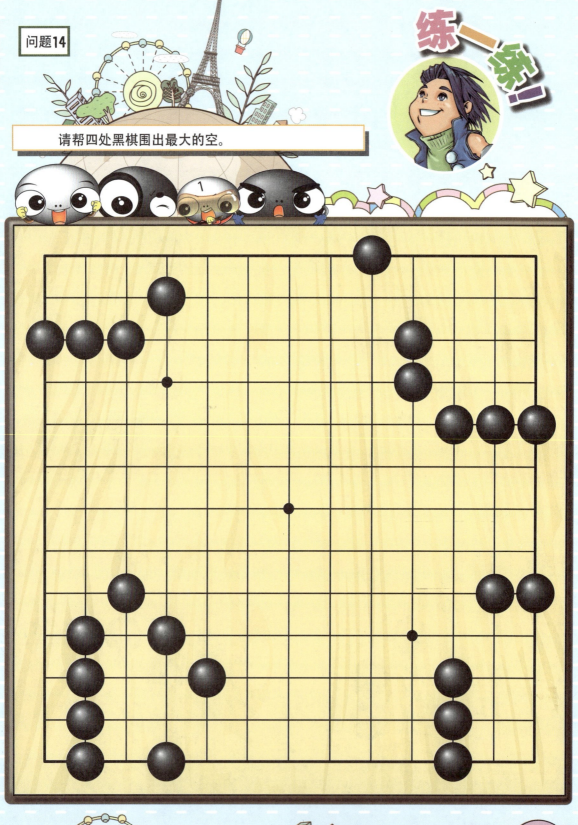

请帮四处黑棋围出最大的空。

请帮四处黑棋围出最大的空。

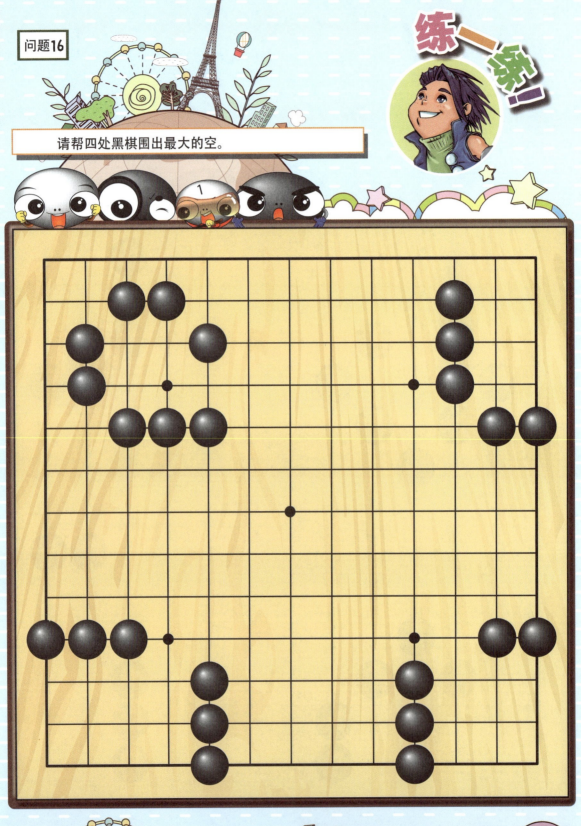

怎么围最大的空

Chapter. 5

Happy

怎么围最大的空

大家都来了吗?

到了~

你好~

是~~

今天我们玩儿的游戏是做可装桃儿的栅栏。

比赛规则跟以前一样。以七人为一队做桃儿栅栏。但其中两个人必须要占在指定的位置上!

那么,黑胖队先开始吧!

黑球~走吧!

好吧~

黑球和黑植赶快移动到我指定的位置!!!

我占一号位置!!!

我占二号位置!!!

其他五个人一起合作完成桃儿栅栏!比赛开始!

没问题!!!

朋友!!!我们这次一定要赢!!!

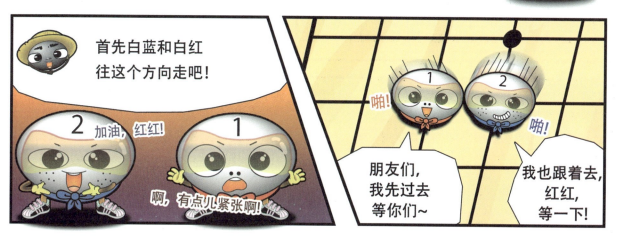

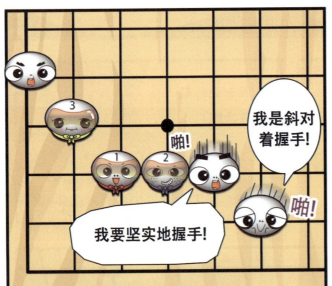

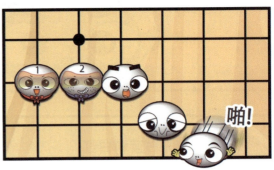

怎么围最大的空

练习题

用棋盘上的黑○和4个黑子，
围出最大的空。

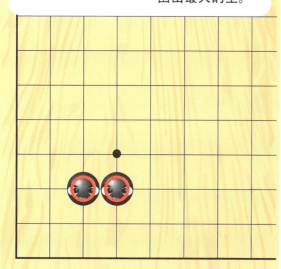

图1 （正解）

将黑1~4进行对角线方向连接的话，
可以完成黑空。

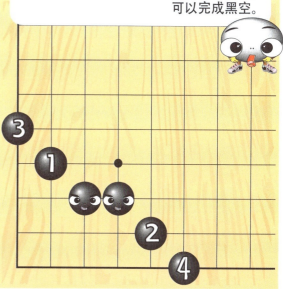

图2 （参考图1）

走黑1~4，也可以完成黑空。
但比图1少2目。

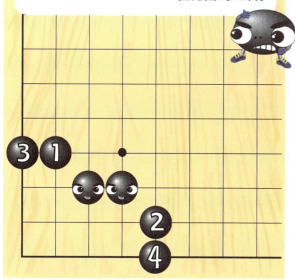

图3 （参考图2）

走黑1~4，也可以完成很坚实的黑空。
但比图1少4目。

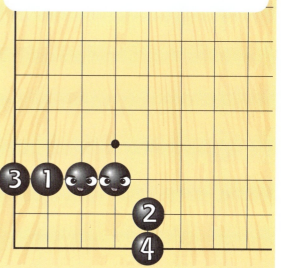

请再加上三个黑子，帮黑棋围出最大的空！

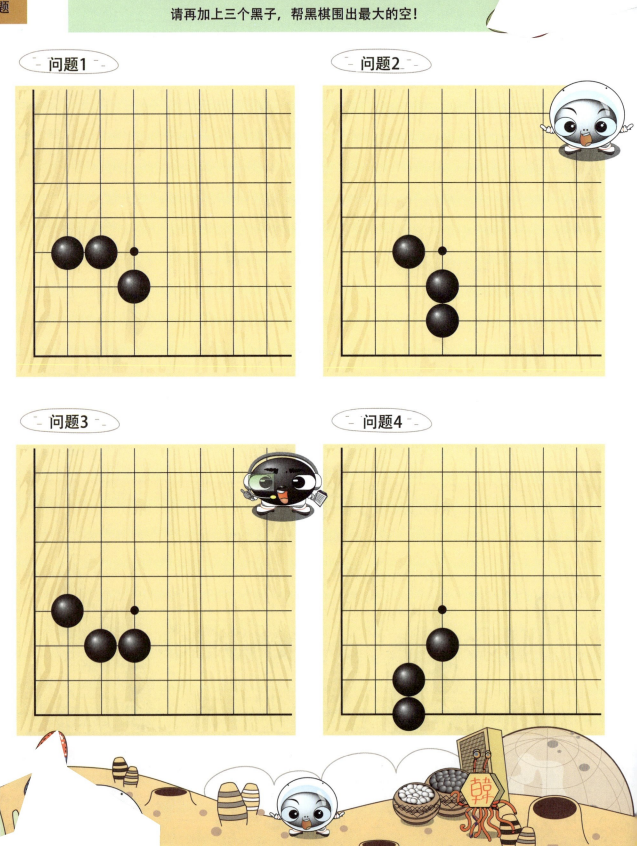

请再加上三个黑子，帮黑棋围出最大的空！

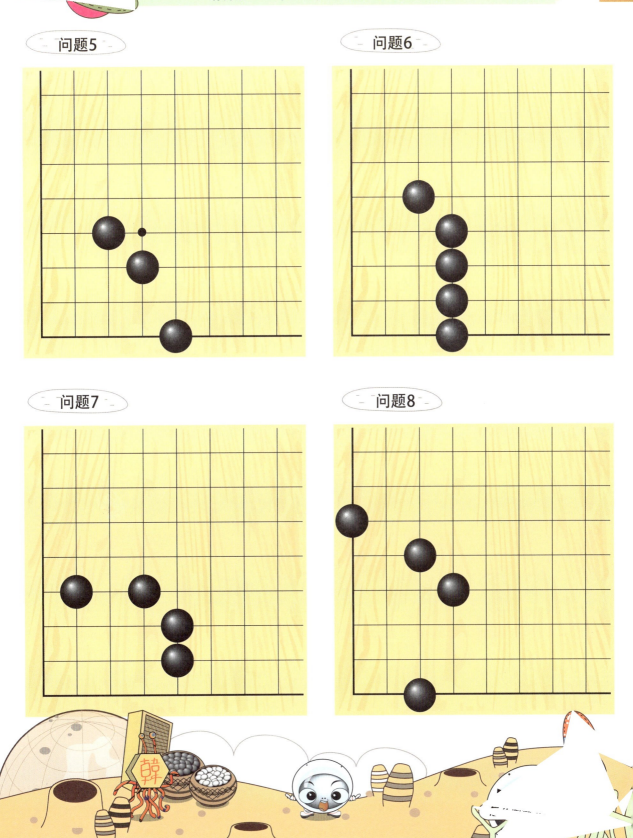

问题5

问题6

问题7

问题8

请再加上四个黑子，帮黑棋围出最大的空！

- 问题9 -

- 问题10 -

- 问题11 -

- 问题12 -

问题13

请再加上两个黑子，帮四角上的黑棋围出最大的空！

问题14

请再加上三个黑子，帮四角上的黑棋围出最大的空！

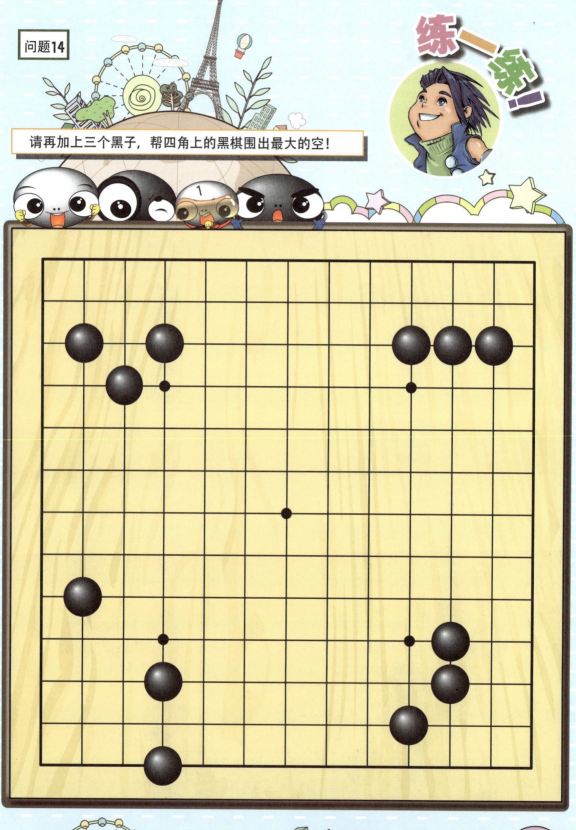

请再加上四个黑子，帮四角上的黑棋围出最大的空！

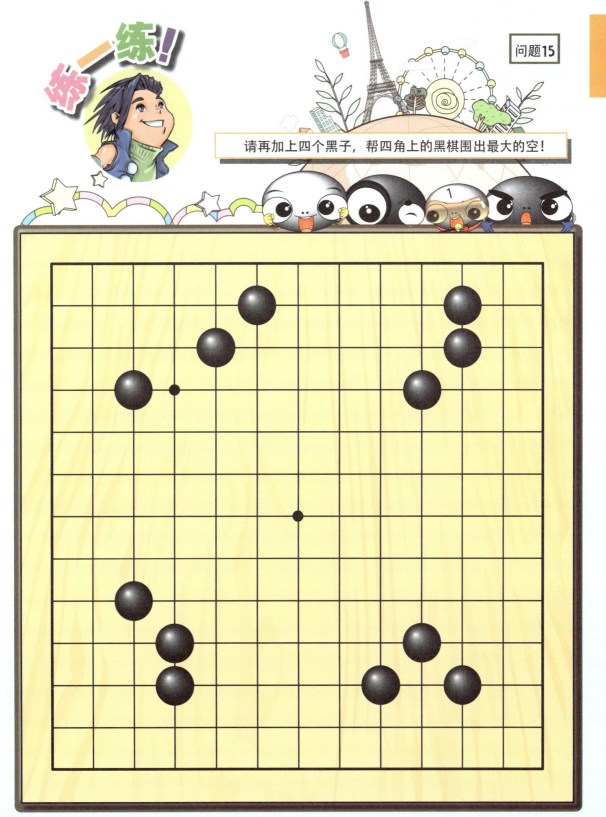

问题16

请再加上五个黑子，帮四角上的黑棋围出最大的空！

守空和破空

Chapter.6

守空和破空

接招，
我的打吃攻击！

啪！

我来应对
攻击！

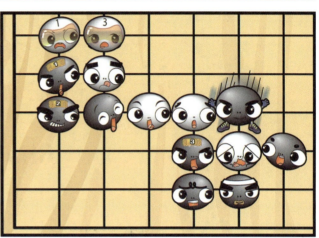

哎哟，
这是什么？

哈哈哈，
黑胖吃掉了
我设的诱饵。

我们的突破战术！

啪！

最后由我来吧！
哈哈

噢？ 我丢了我朋友黑●的手！
辛苦做的栅栏都被破坏了！
怎么会这样呢？

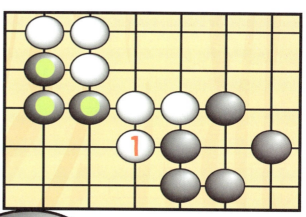

嘭！！

哐！

哎哟，疼啊！

你知不知道为什么
我要敲你的头？

不太清楚，
我有什么不对的？

BDTV

你看一下，
帅帅这样下时……

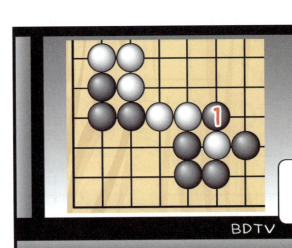

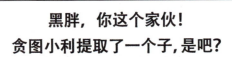
黑胖，你这个家伙！
贪图小利提取了一个子，是吧？

是啊。
结果辛苦做的栅栏
都被破坏了！

那么要
保护栅栏，
该怎么办呢？

用黑1连接的话，
可以跟黑〇和黑△朋友们
一起握手做栅栏吧？

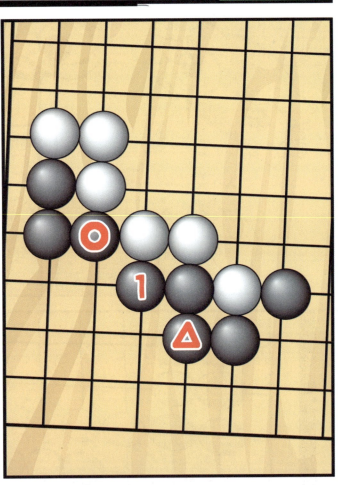

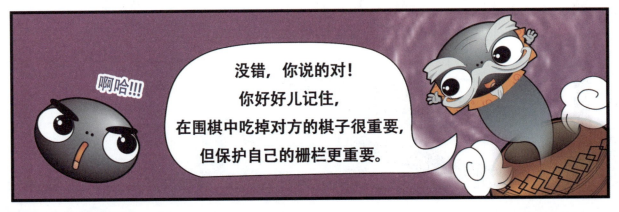
啊哈!!!
没错，你说的对！
你好好儿记住，
在围棋中吃掉对方的棋子很重要，
但保护自己的栅栏更重要。

守空和破空

练习题

不让白棋完成围空，该怎么下好呢？

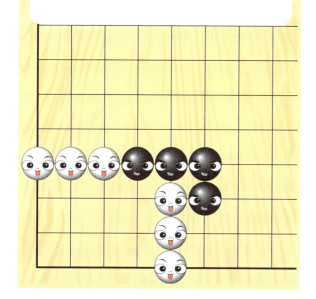

图1 （正解）

黑1正确，白◎两个子不能连接，
白空会被破坏！

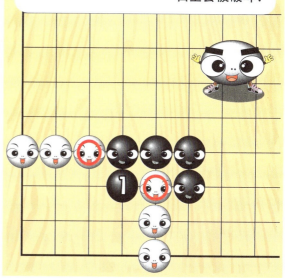

图2 （失败）

黑1错误，白下2，使白◎两个子之间相连，
白棋完成围空。

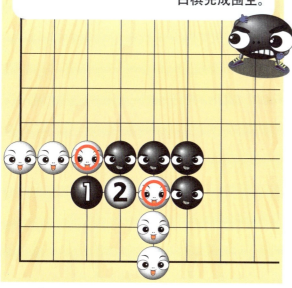

图3 （参考）

轮到白棋下，应该用白1守住围空。

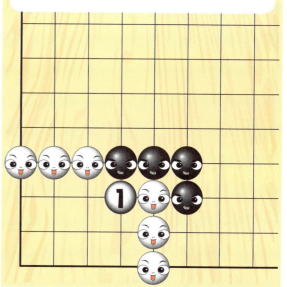

请破坏白空！

问题1

问题2

问题3

问题4

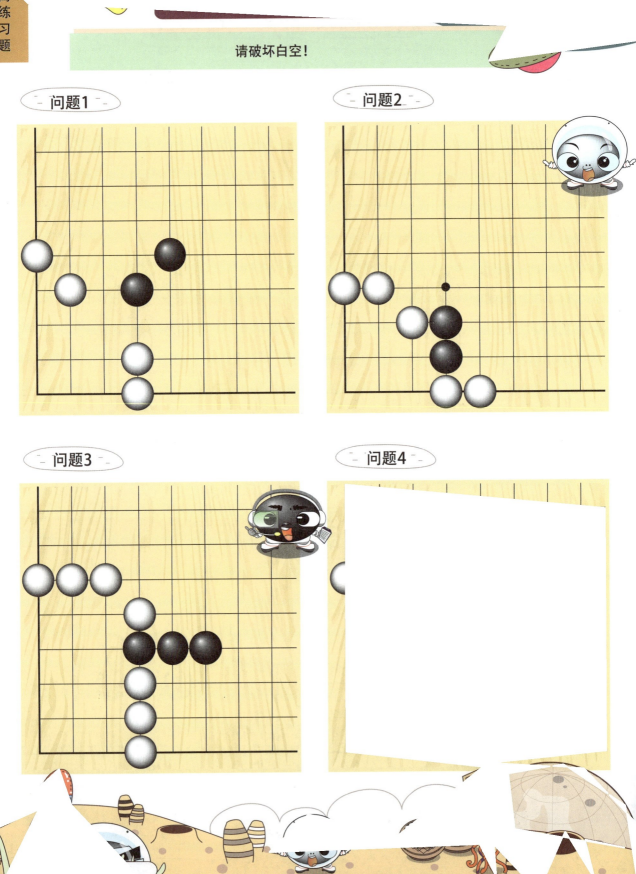

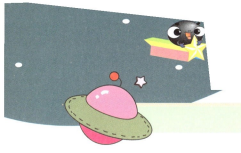

请破坏白空!

问题5

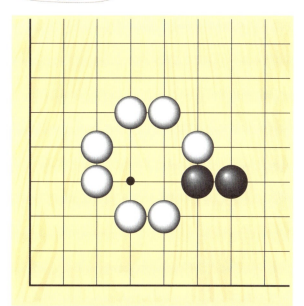

问题6

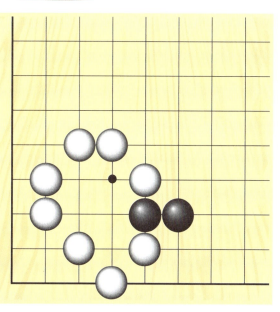

问题7

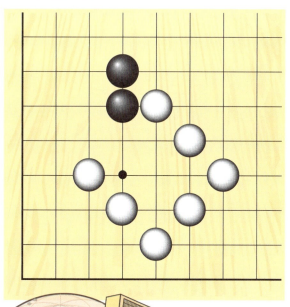

问题8

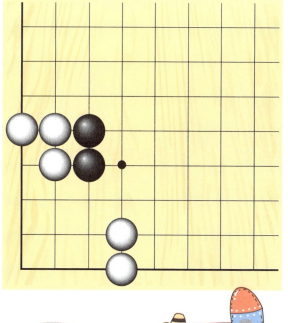

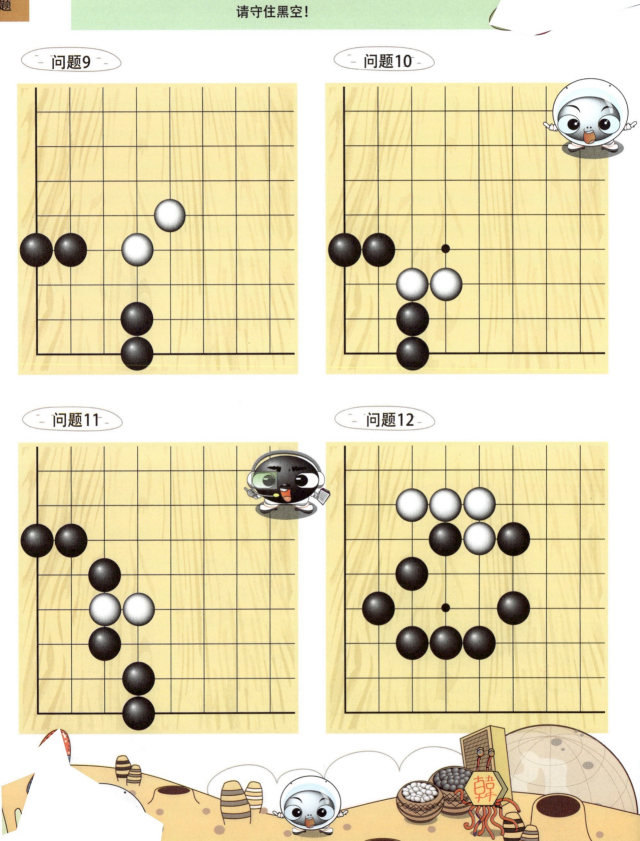

提高练习题

请守住黑空！

问题9

问题10

问题11

问题12

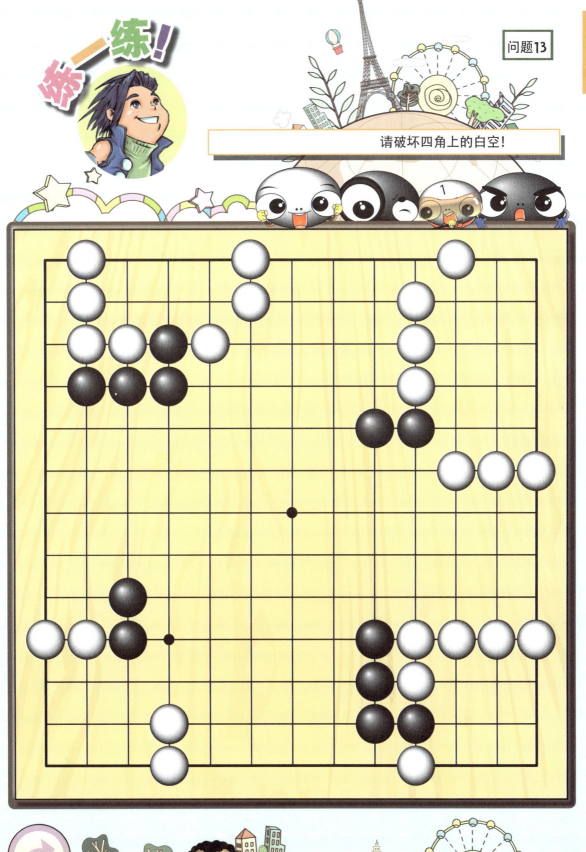

练一练！

请破坏四角上的白空！

请破坏四角上的白空!

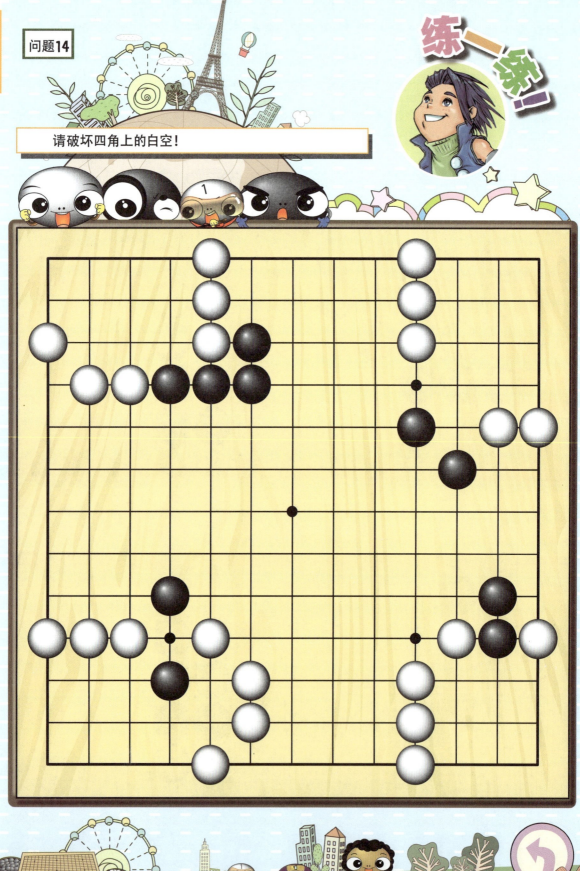

请守住四角上的黑空！

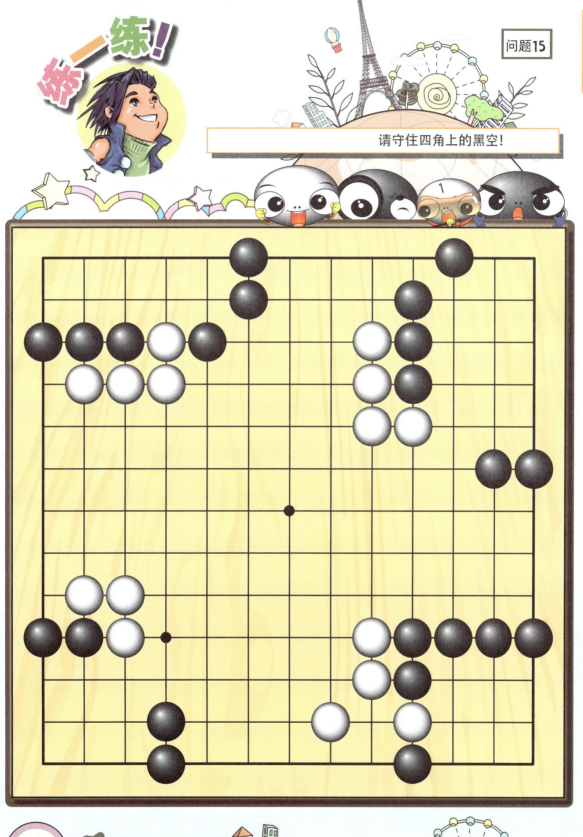

问题16

练一练！

请守住四角上的黑空！

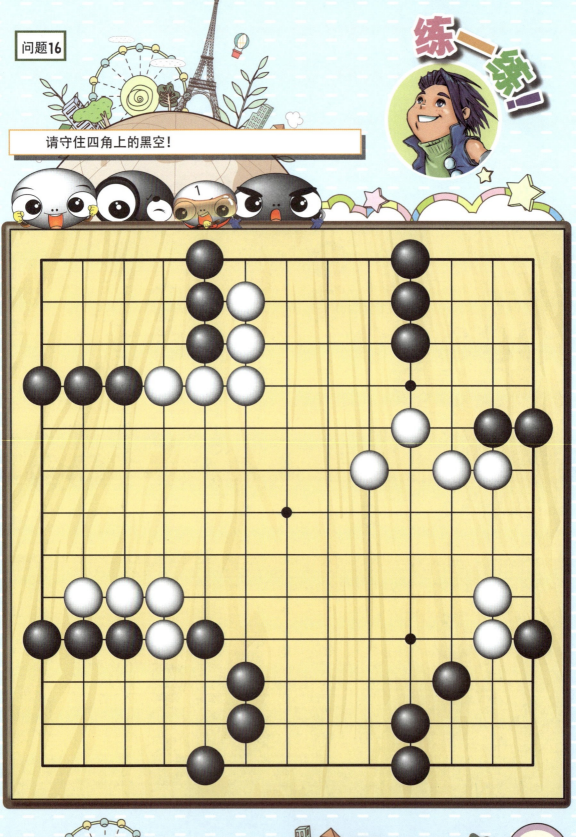

哪个地方应该先走

Chapter.7

哪个地方应该先走

帅帅，糟糕了！黑胖和他的朋友们要破坏我们做的香蕉栅栏。

是吗？？赶快过去看看。

哈哈哈。 没有得到我的允许，你敢做栅栏！

嘿嘿

啊，怎么办？

啪！

你看那边。 黑胖和他的朋友在两个地方妨碍我们做栅栏。
我看两个地方中一个会被破坏。怎么办呢？

嗯。。。

遇到这种情况，
必须要冷静一点！先看一看哪个地方更着急？

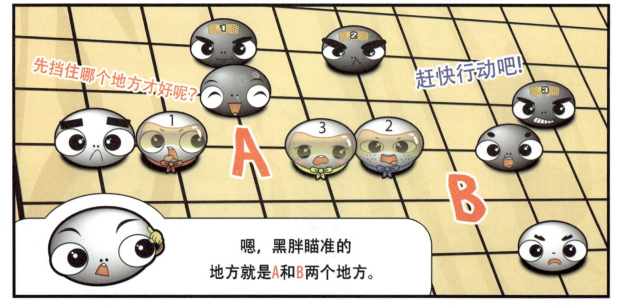

先挡住哪个地方才好呢？

赶快行动吧！

嗯，黑胖瞄准的地方就是A和B两个地方。

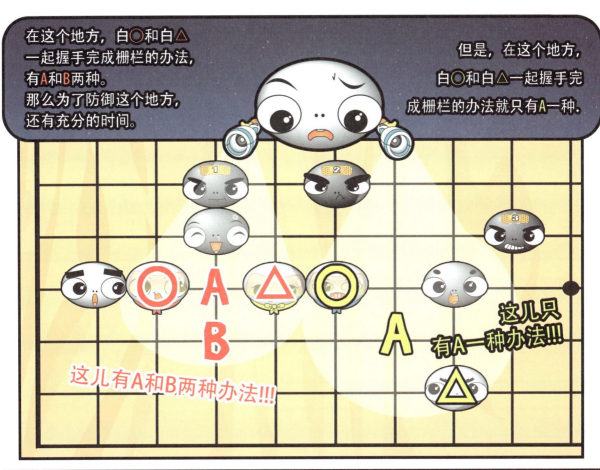

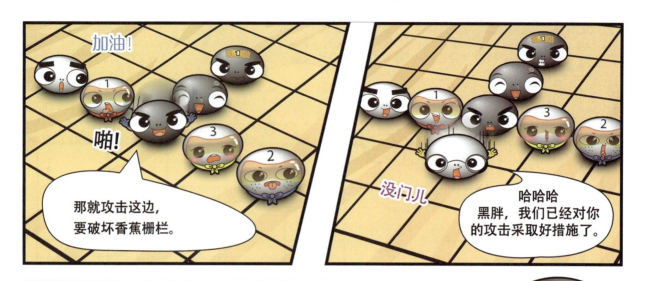

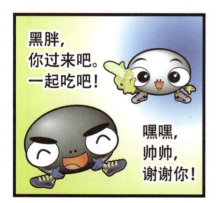

哪个地方应该先走

练习题

黑棋要完成围空，需要下在A和B处。
那黑棋应该先防守哪个地方呢？

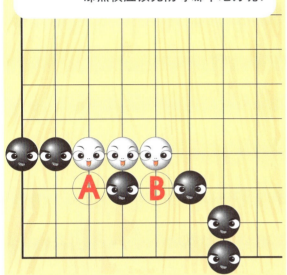

图1 （正解）

黑1守住就是正确答案。
因为只有一个方法可以连接黑○两个子。

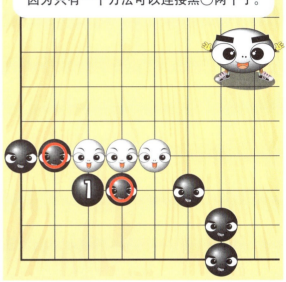

图2 （参考）

黑▲两个子连接的方法有A和B两种，
所以不急。

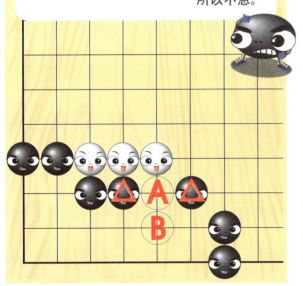

图3 （失败）

黑1失败。白走2时，
黑○两个子连不上，黑空被破坏。

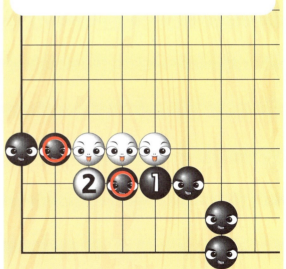

黑棋要完成围空，应在A和B中下在哪儿呢？

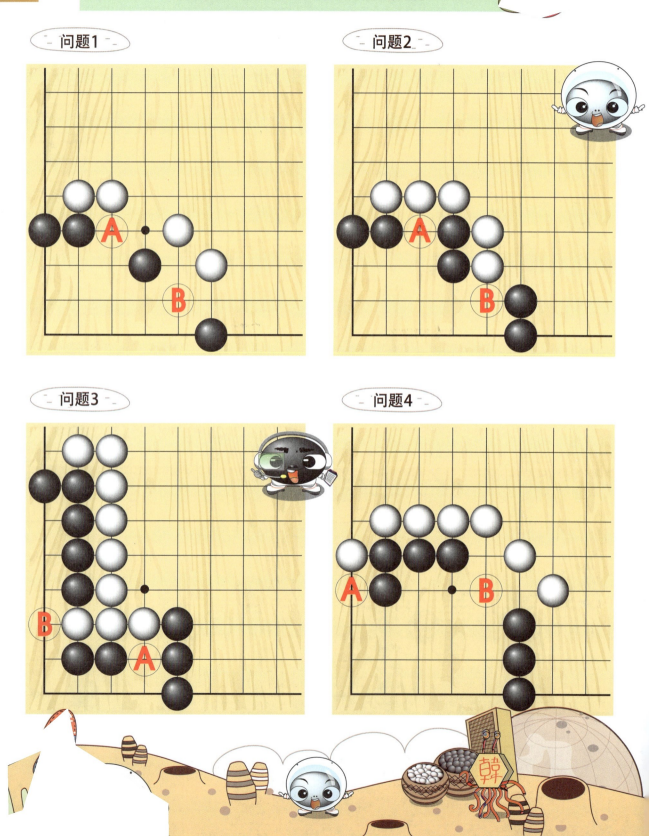

黑棋要完成围空，应在A和B中下在哪儿呢？

问题5

问题6

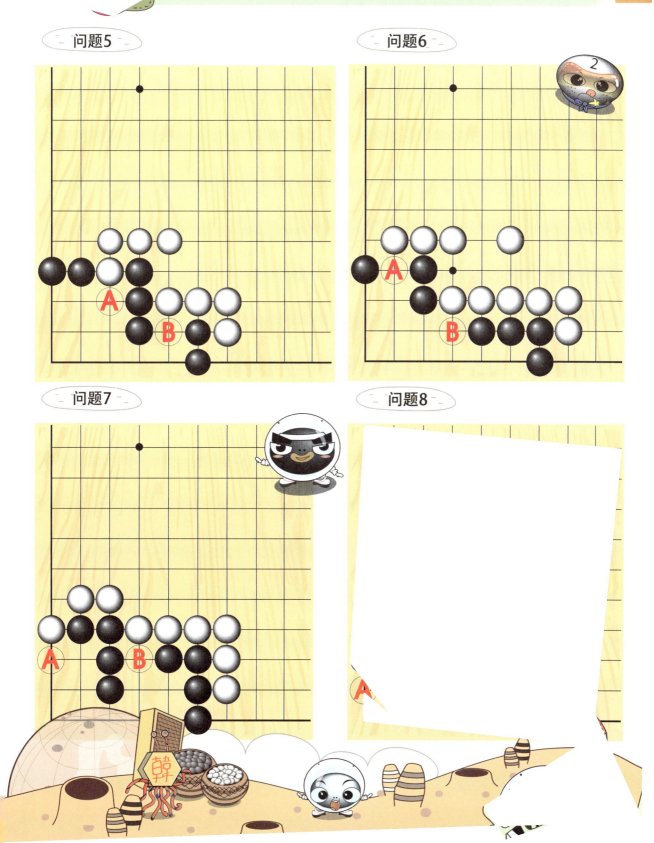

问题7

问题8

练一练！

黑棋要完成四角上的围空，应在A和B中下在哪儿呢？

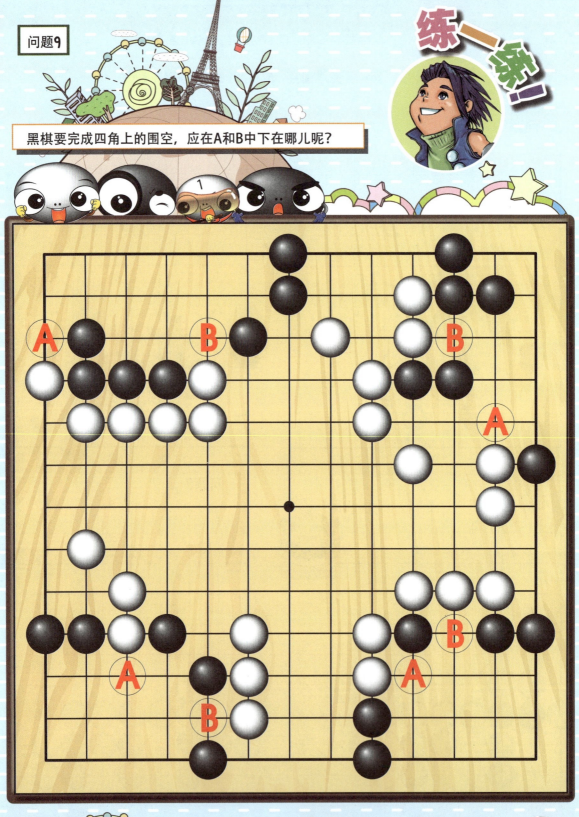

怎么完成一线的目

Chapter.8

怎么完成一线的目

练习题

黑棋要用什么手段完成一线的围空好呢?

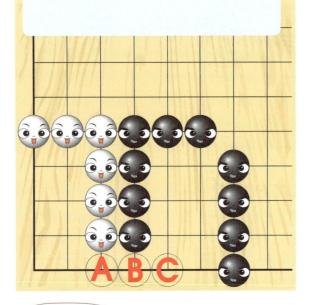

图1 (正解)

黑1扳完成围空就是正确答案。
之后白2打吃时,黑3连接完成围空。

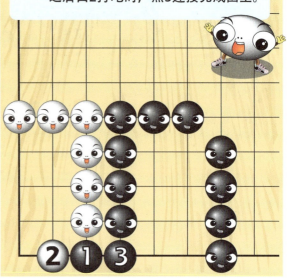

图2 (正解 继续)

图1之后,因白棋有A位的弱点,
白棋必须要在2位补棋。白棋围出了6目。

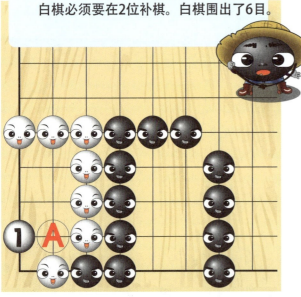

图3 (失败)

黑1立也可以完成围空。
但白2挡住后,白棋围出了8目。

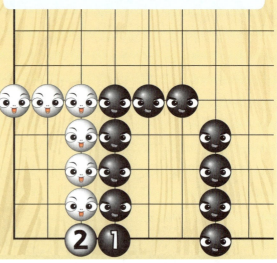

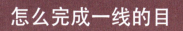

请在一线上完成黑棋的围空！

问题1

问题2

问题3

问题4

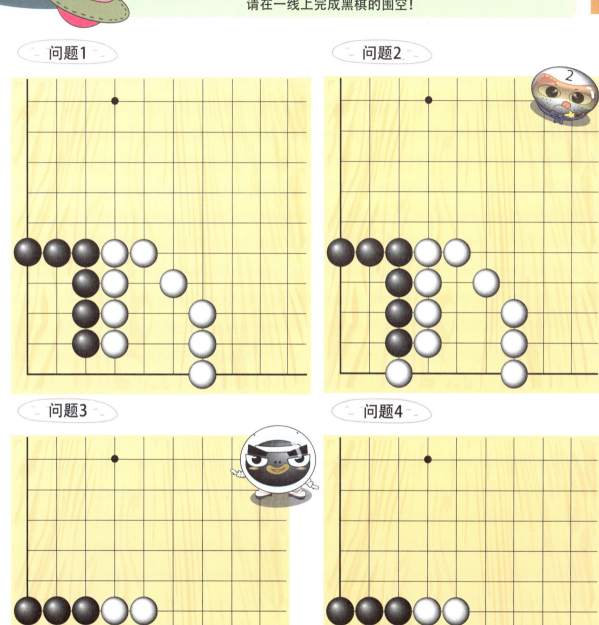

怎么完成一线的目

请在一线上完成黑棋的围空！

问题5

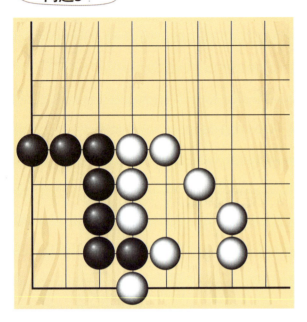

问题6

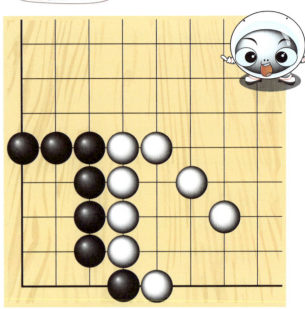

问题7

问题8

练一练！

请在四角的一线上完成黑棋的围空！

问题10

练一练！

请在四角的一线上完成黑棋的围空！

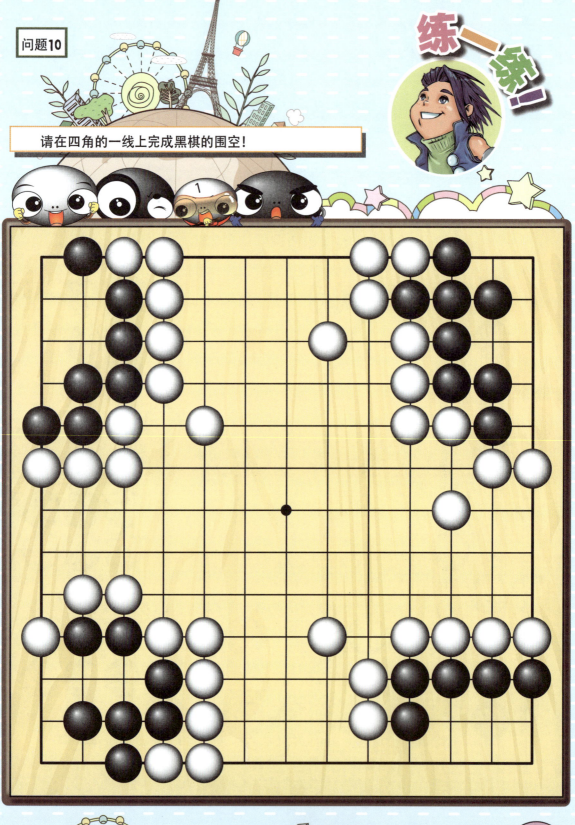

怎么完成一线的目

谁赢了，赢多少

今天每方以十五个人组织一个队，来做辣椒栅栏。今天给胜利队赠送儿童娱乐场的门票！

乖乖，儿童娱乐场！

我特别喜欢！

朋友们，今天必须要击败他们！

你放心吧，这次一定...

哈哈哈，你们以为真的能赢我们吗？

那么两队的队员都进去围棋盘，做辣椒栅栏吧。比赛开始！

我们一定要去儿童娱乐场！加油！

啪！

我先走！

啪！

我要跟黑植握手！

朋友们，我们分别在几个地方做栅栏吧！
大家都有信心吧！加油！

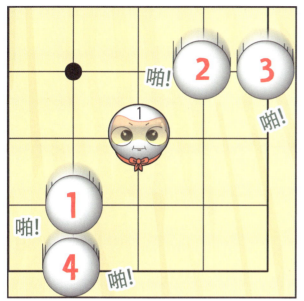

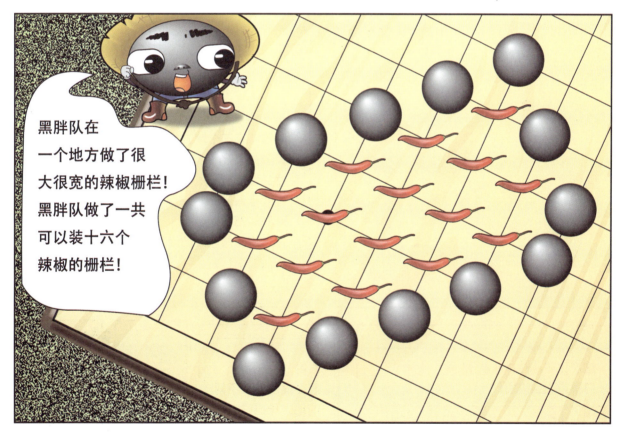

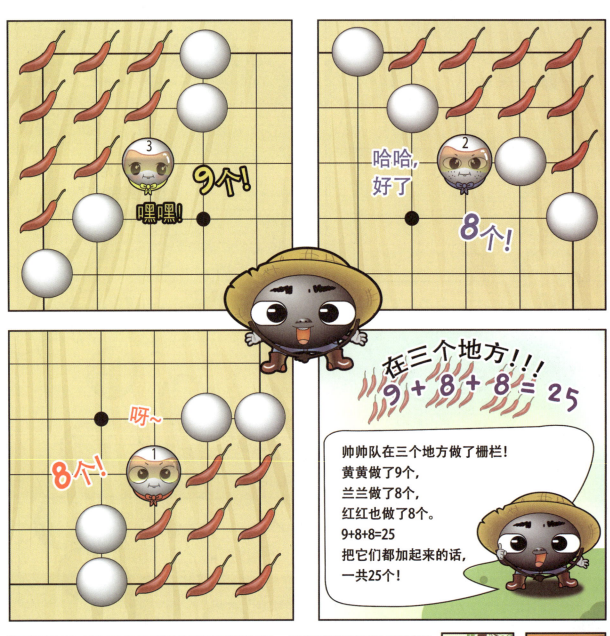

在三个地方!!!
9 + 8 + 8 = 25

帅帅队在三个地方做了栅栏！
黄黄做了9个，
兰兰做了8个，
红红也做了8个。
9+8+8=25
把它们都加起来的话，
一共25个！

这次比赛是帅帅队赢了9目！
门票赠送给你们！

哇！谢谢啦！

哎哟，
怎么没想到在不同的地方做栅栏呢？
我们队又输了！
太冤枉！

辣椒...

连这个也吃吧！

咀嚼声

哇！好辣呀！
水！
真辣！！！

谁赢了，赢多少

练习题

黑棋和白棋各围出了多少空？
谁赢了多少？

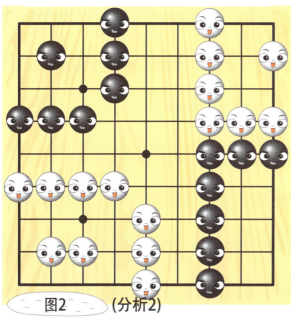

图1 （分析1）

用X表示的黑棋在左边完成了8目，
在右边完成了8目。一共完成了16目。

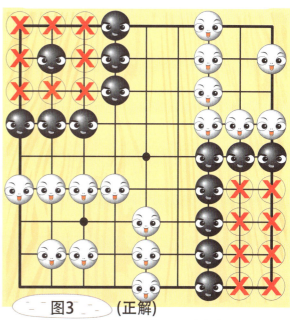

图2 （分析2）

用〇表示的白棋在左边完成了10目，
在右边完成了5目。一共完成了15目。

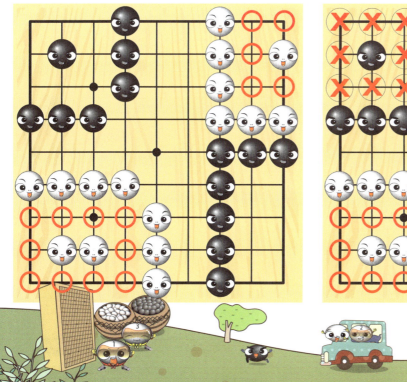

图3 （正解）

黑棋用X表示的地方有16目，
白棋用〇表示的地方有15目。
所以黑1目胜。

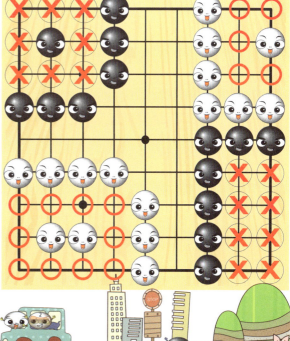

谁赢了，赢多少

黑棋和白棋各围出了多少空？谁赢了多少？

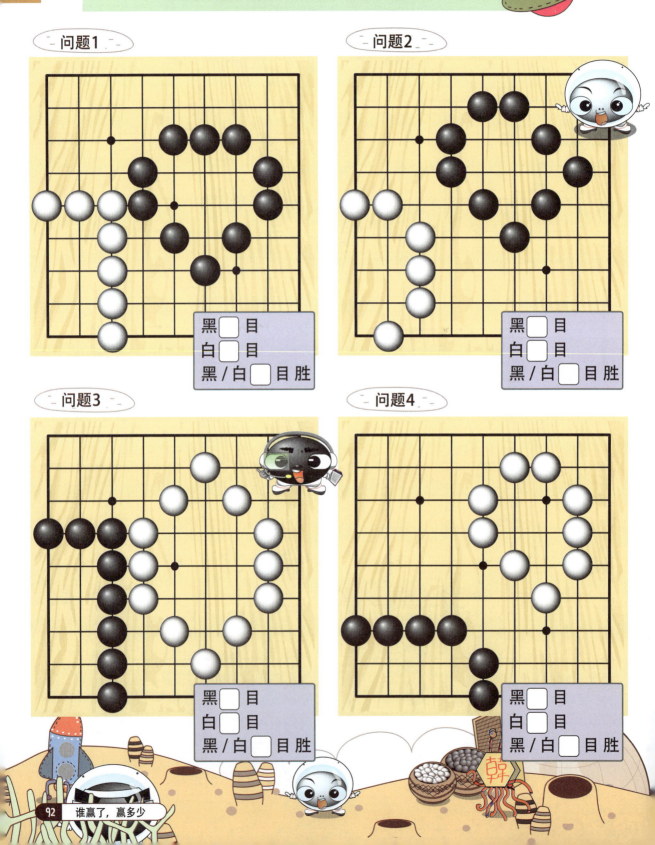

问题1

黑 ☐ 目
白 ☐ 目
黑／白 ☐ 目胜

问题2

黑 ☐ 目
白 ☐ 目
黑／白 ☐ 目胜

问题3

黑 ☐ 目
白 ☐ 目
黑／白 ☐ 目胜

问题4

黑 ☐ 目
白 ☐ 目
黑／白 ☐ 目胜

谁赢了，赢多少

黑棋和白棋各围出了多少空？谁赢了多少？

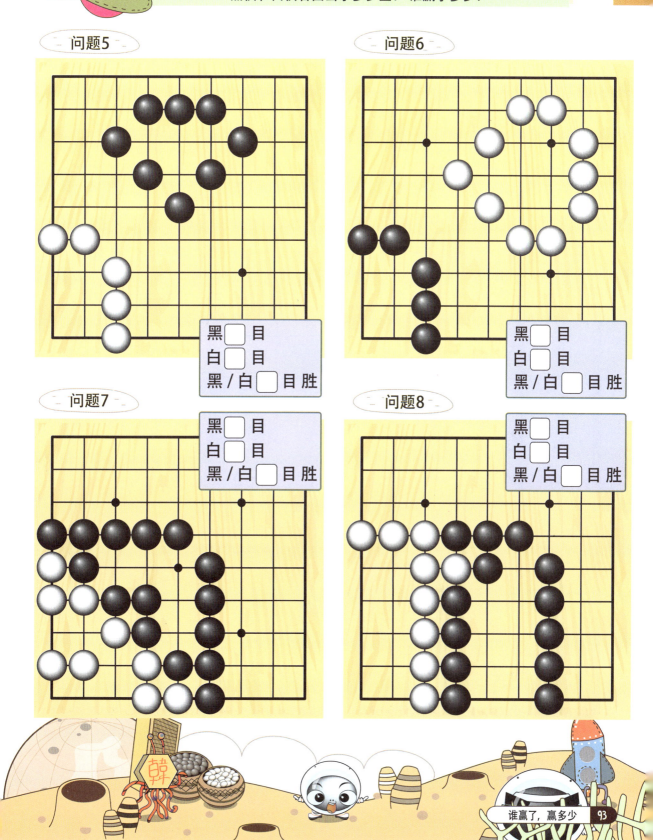

问题5

黑 ▢ 目
白 ▢ 目
黑/白 ▢ 目 胜

问题6

黑 ▢ 目
白 ▢ 目
黑/白 ▢ 目 胜

问题7

黑 ▢ 目
白 ▢ 目
黑/白 ▢ 目 胜

问题8

黑 ▢ 目
白 ▢ 目
黑/白 ▢ 目 胜

问题9

黑棋和白棋各围出了多少空？ 谁赢了多少？

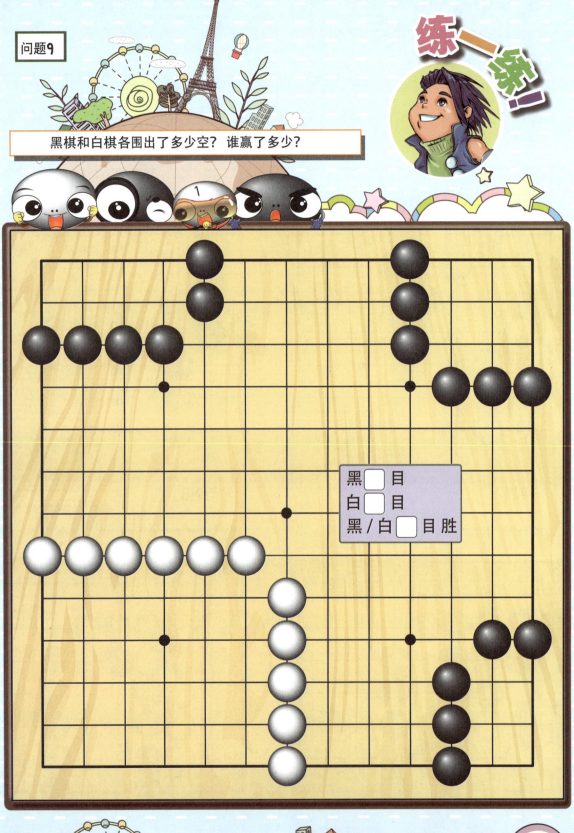

黑　　目
白　　目
黑／白　　目胜

黑棋和白棋各围出了多少空？谁赢了多少？

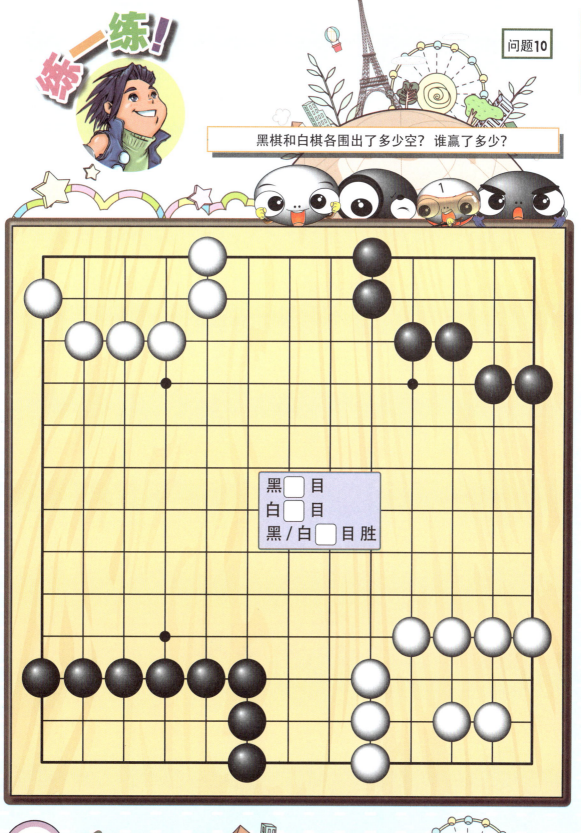

黑 ☐ 目
白 ☐ 目
黑／白 ☐ 目胜

黑棋和白棋各围出了多少空？谁赢了多少？

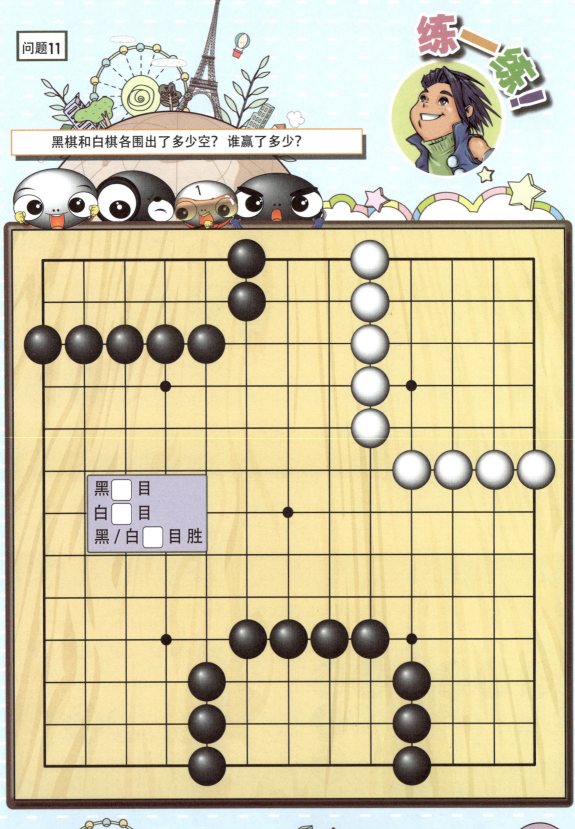

黑 ▢ 目
白 ▢ 目
黑 / 白 ▢ 目胜

练一练！

问题12

黑棋和白棋各围出了多少空？谁赢了多少？

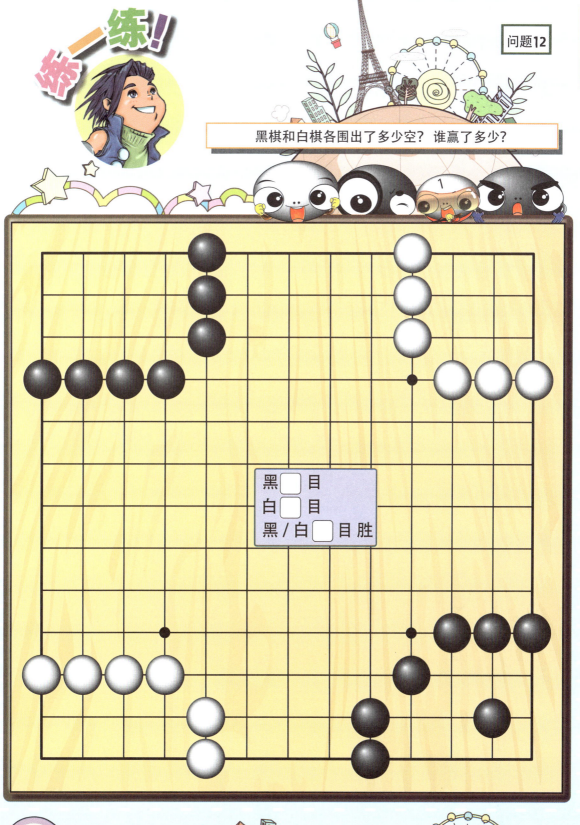

黑 ☐ 目
白 ☐ 目
黑／白 ☐ 目胜

问题13

黑棋和白棋各围出了多少空？谁赢了多少？

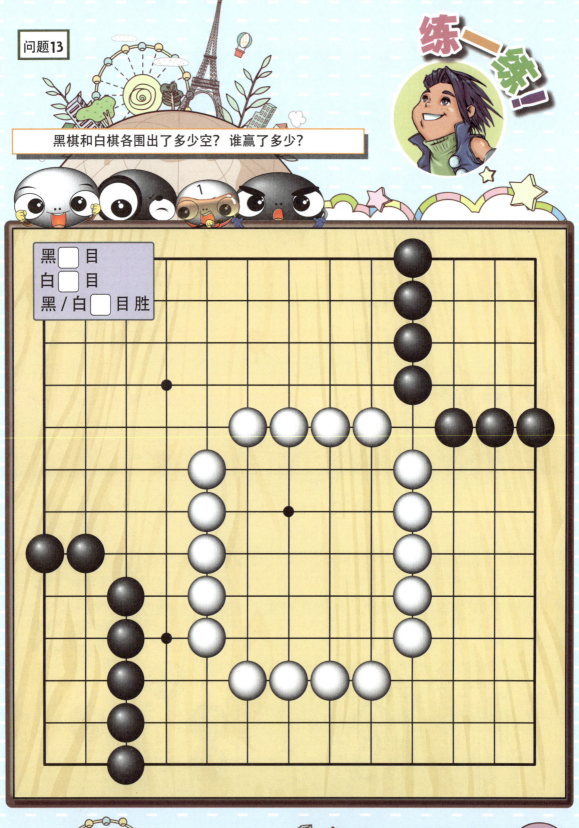

黑 ☐ 目
白 ☐ 目
黑／白 ☐ 目胜

活子和死子

Chapter.10

活子和死子

接招！攻击！

啪！

哈哈哈，终于把帅帅和他朋友逃出的路都包围了。用打吃攻击把它们吃掉吧！哈哈！

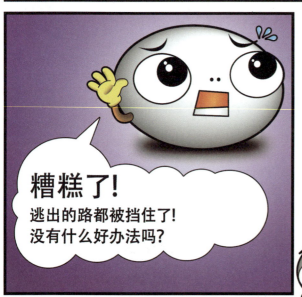

糟糕了！
逃出的路都被挡住了！
没有什么好办法吗？

哦，对了！！！
上次围棋精灵跟我们说，有风险时让我们看看这封信！把它拿出来看一下！

你被黑胖包围时，不要让他打吃，要做两个眼。

不要让他打吃，要做两个眼。这是什么意思呢？

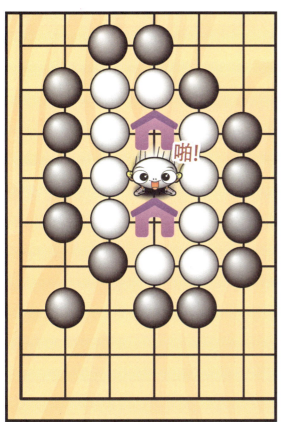

这样做可以做两个眼，但这样没事吗？

嘻嘻，已经包围他们，接下来进行打吃攻击把他们吃掉！我的攻击开始！

求求你，救救我吧！

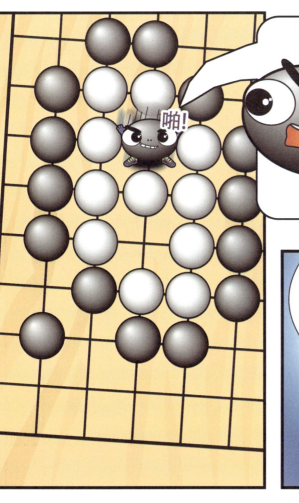

哎呀！这是什么呀？

帅帅在这里布设了陷阱？不能在这里打吃了。

那么用别的办法打吃攻击吧！

这次一定会成功的！

换个地方!!!

怎么了？

这又是什么呀？

在这里也布设了陷阱！

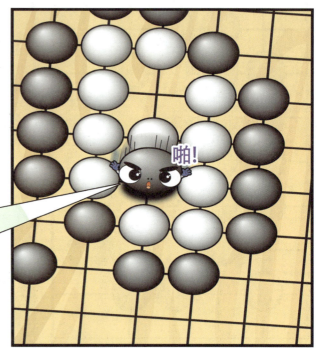

啪！

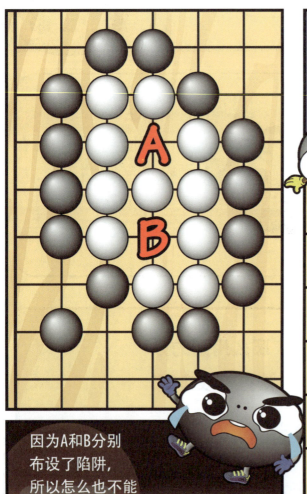

因为A和B分别
布设了陷阱，
所以怎么也不能
打吃攻击！不行！
我放弃攻击！

轮到我们攻击了！

红红动身！

终于封闭了黑胖
和他朋友的逃生门！嘻嘻！

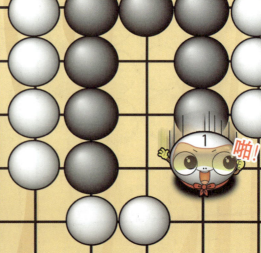

啪！

黑胖，我们完蛋了！我们被白帅和他朋友们包围了！

不要担心，我有经验。虽然被对方包围，可是做两个眼就没事儿了！

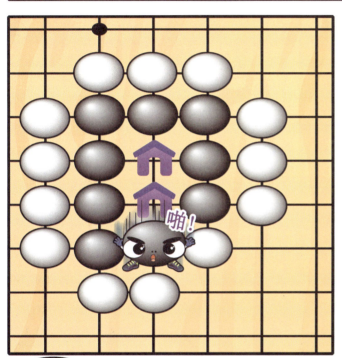

哈哈哈，你看，这样做两个眼就没事儿了！

嗯，黑胖做这样的两个眼，就真的没事了吗？好像他不知道，分开的两个眼不可以攻击，但是紧挨着的两个眼可以攻击！

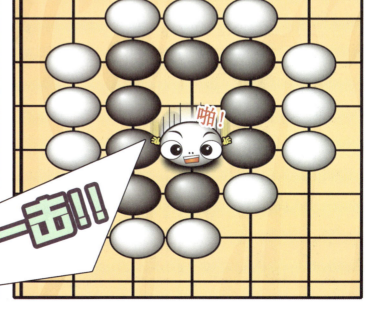

我来致命一击！！

哎哟，感觉不对劲儿！

已经做了两个眼，怎么还是被打吃攻击呢？
按照黑胖的话，先提取对方的一个子！

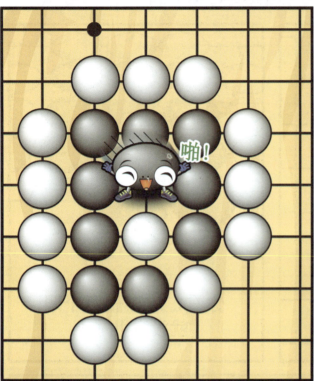

啪！

哈哈哈，
黑胖，你看看你们的棋形
变成什么样了？刚才的
两个眼
变成几个了？

哎哟，
怎么回事？
刚才明明
是有两个眼！

真奇怪！
怎么变成一个眼了？

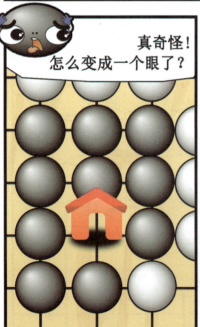

已经做好了
准备！接招！

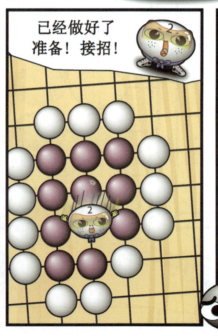

黑胖，怎么这么笨呢！
紧挨着的两个眼
不能活，你让我们陷
在危险之中！呜呜！

对不起大家！

活子和死子

练习题

被黑棋包围的白◎，
如是活棋的话用○表示，
是死棋的话用X表示。

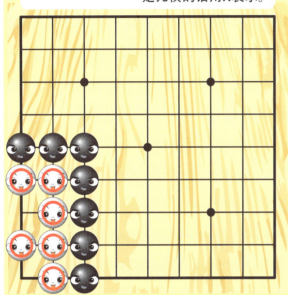

图1 (正解)

白棋在A和B各有真眼。
像这样有两个真眼的棋，
因黑棋不能打吃，为活棋。
故正确答案是○。

图2 (参考图1)

白棋有A和B相连接的两个眼。
这样的棋是死棋。

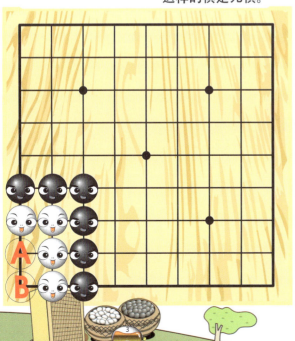

图3 (参考图2)

互相连接的两个眼可以用黑1打吃。
虽然白2可以提，
但黑3在1位也可以提取整个的白棋。

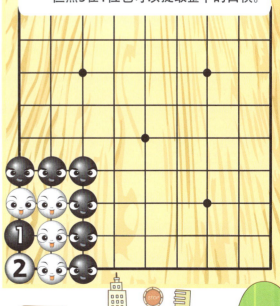

活子和死子

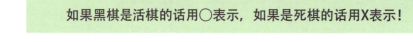

如果黑棋是活棋的话用○表示，如果是死棋的话用X表示！

问题1

问题2

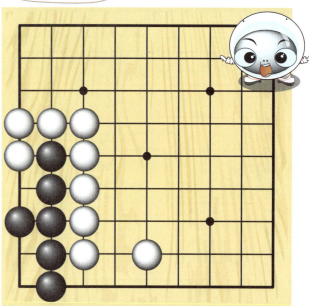

问题3

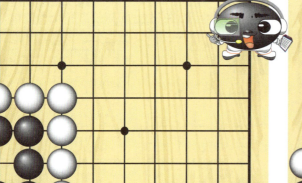

问题4

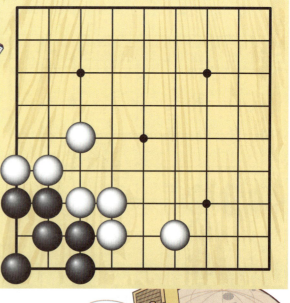

活子和死子

如果黑棋是活棋的话用○表示，如果是死棋的话用X表示！

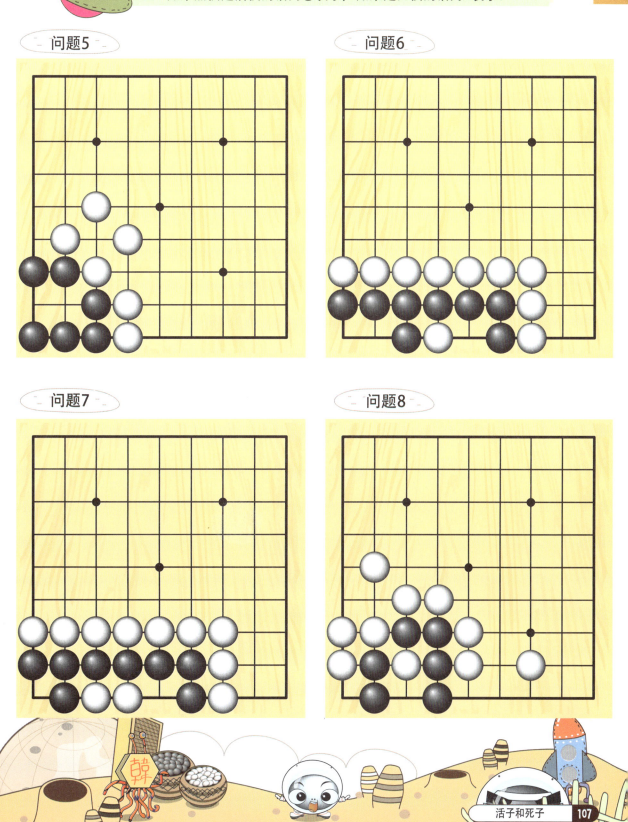

问题5

问题6

问题7

问题8

活子和死子

如果黑棋是活棋的话用〇表示，如果是死棋的话用X表示！

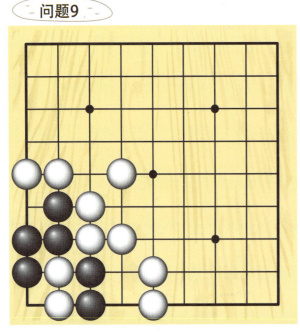

- 问题9 -

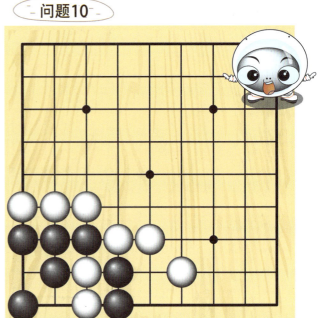

- 问题10 -

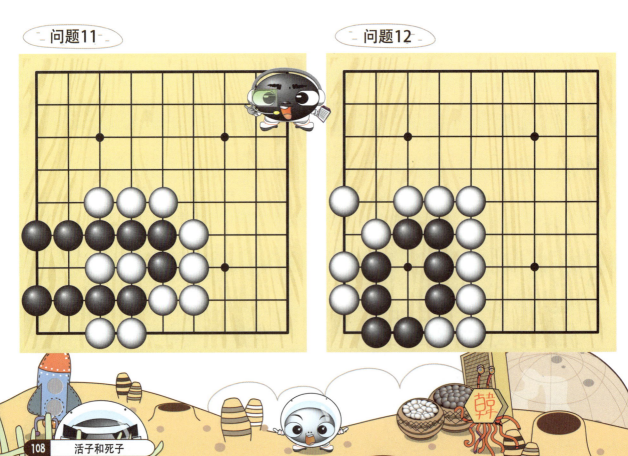

- 问题11 -

- 问题12 -

问题13

请找出活的黑棋，用〇表示！

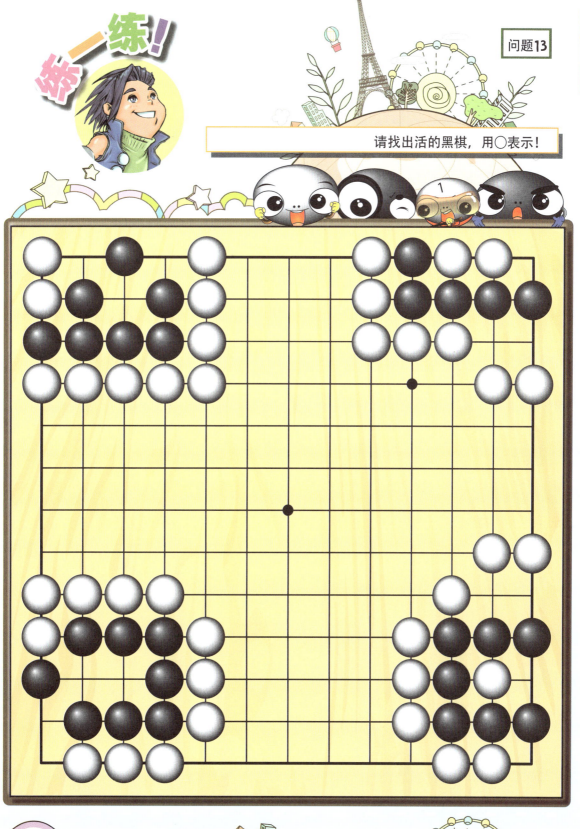

练一练！

请找出活的黑棋，用○表示！

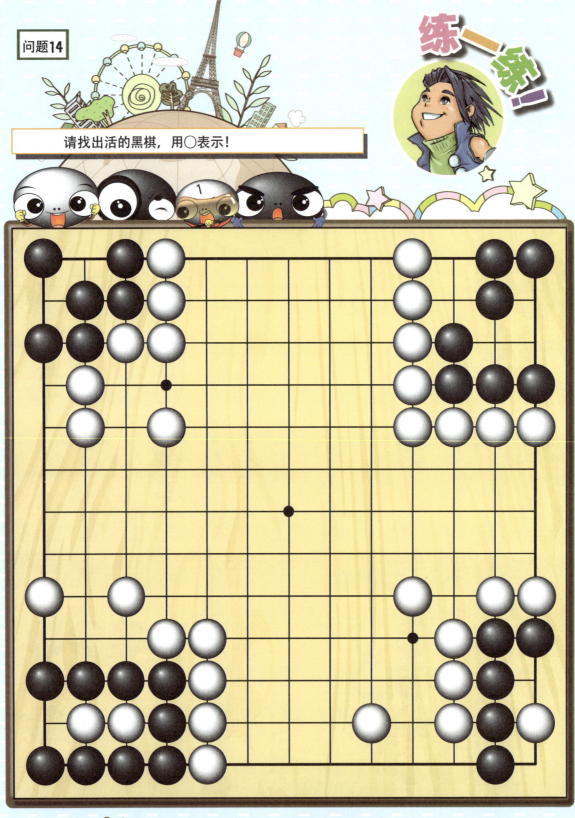

请找出活的黑棋，用○表示！

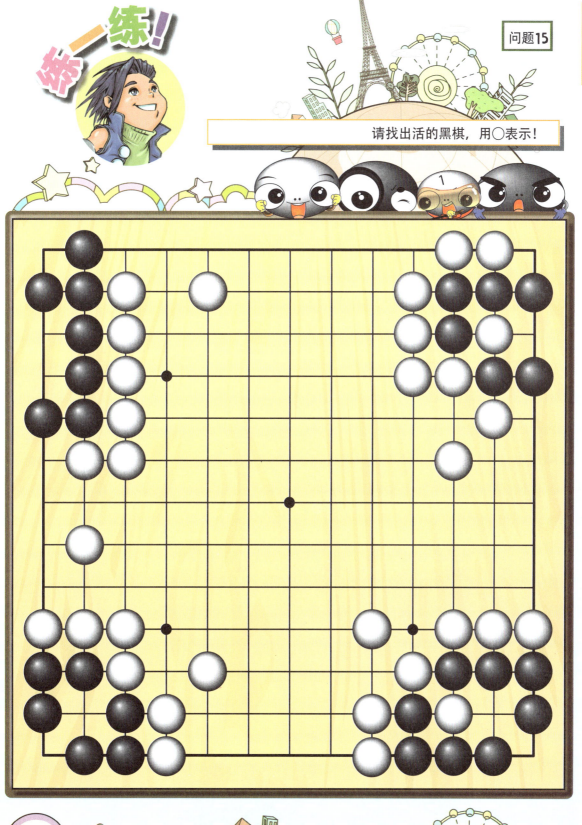

请找出活的黑棋，用○表示！

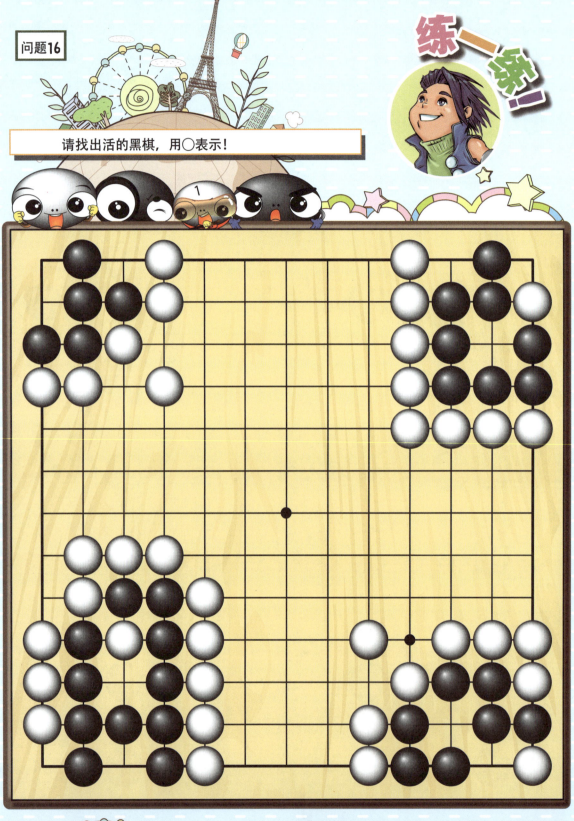

怎么数目

Chapter. 11

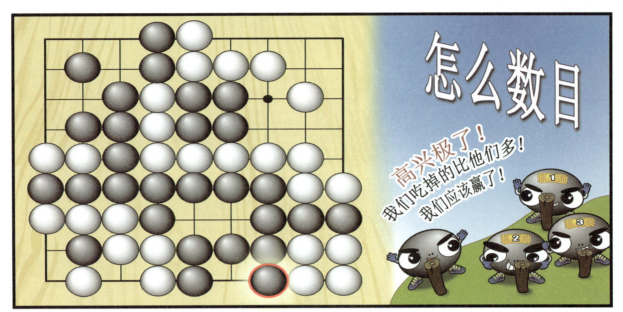

高兴极了！
我们吃掉的比他们多！
我们应该赢了！

我们肯定赢了，
快给我们美味的冰淇淋！

哇塞~~

我看一看，黑胖队真的赢了没有？
把对方空里的死子从棋盘上拿出来，数数空。

好~！

跟我们一起
看一看~

我们先不考虑贴子，
数一下目吧。首先
把对方的死子（V）从棋盘上拿下来！

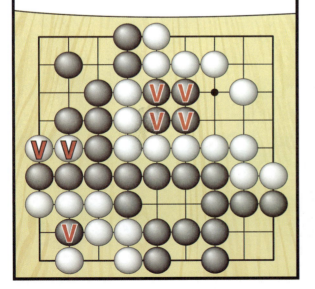

黑胖队在左边有10目空，
在下边有7目空。一共获得了
17目空！帅帅队在左边有4目空，
在上边有16目空。一共获得了19目空！

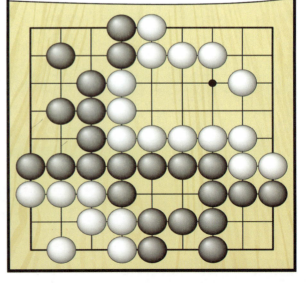

我们用数子法来计算一下。 数子法=围空的数目+棋盘上活的棋子数目。原来先走的黑方要贴给后走的白方三又四分之三子的贴子。但我说过，在这儿暂时不考虑贴子的概念。还有，因为我们用的围棋盘是9×9的，所以一共有81个交叉点，平均一半是40.5子。

那么，黑胖队在棋盘上生存的棋子一共是23个子。23+17=40。黑胖队总共获得了40子。40-40.5(一半)=-0.5子(负)。我们队在棋盘上生存的棋子一共是21个。21+20=41。我们队总共获得了41子。41-40.5=0.5子(胜)，我们赢了吧？

没错！最后结果，帅帅队在盘面上赢了1子。中国围棋规则采用数子法，按照"数子(子数)=围空的数目+棋盘上活的棋子数目-平均一半"来计算每方的最后结果！

哈哈哈，我们不考虑黑方的贴子也赢定了！

如果要考虑黑贴子的话，应该给白方再加上贴子，给黑方减去贴子。

即"白方=围空数目+棋盘上活的棋子+贴子"，"黑方=围空数目+棋盘上活的棋子-贴子"。如果要考虑贴子的话，那我们输得更惨！

按照中国围棋规则，19×19棋盘的分先情况下，执黑要贴子3又3/4子（日本规则6目半），也就是执黑棋185子就胜利，执白棋177子就胜利。19×19=361的平均一半是180.5子，故黑棋185子减去180.5子后，要再减去3.75(3又3/4子)的贴子，即，185-180.5-3.75=0.75。也就是赢3/4子。
反过来说，黑棋184子的话，184-180.5-3.75=-0.25(负1/4子)。

双方的死子个数

怎么数目

谁赢了多少？

问题1

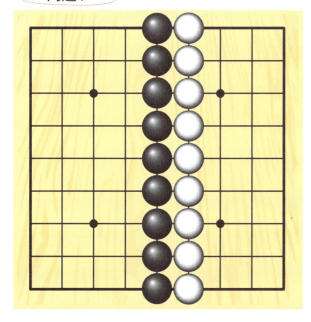

不考虑贴目(贴子)
数子法=围空的数目+棋盘上活的棋子数目
这是一块9X9的棋盘，双方一共下了18手棋，没有单官，终局。
请用数子法把每方占领的空和子都算一下。

胜负的结果呢？

黑棋=围空【　】目+活子【　】子=【　】子
白棋=围空【　】目+活子【　】子=【　】子
黑 / 白 【　】子胜

问题2

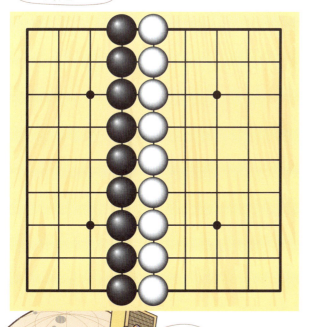

不考虑贴目(贴子)
数子法=围空的数目+棋盘上活的棋子数目
这是一块9X9的棋盘，双方一共下了18手棋，没有单官，终局。
请用数子法把每方占领的空和子都算一下。

胜负的结果呢？

黑棋=围空【　】目+活子【　】子=【　】子
白棋=围空【　】目+活子【　】子=【　】子
黑 / 白 【　】子胜

怎么数目

谁赢了多少?

问题3

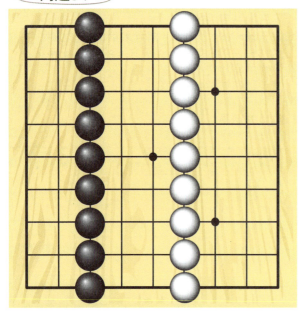

不考虑贴目(贴子)
单官的个数双方公算。

黑棋=围空【 】目+活子【 】子=【 】子
白棋=围空【 】目+活子【 】子=【 】子
黑 / 白 【 】子胜

问题4

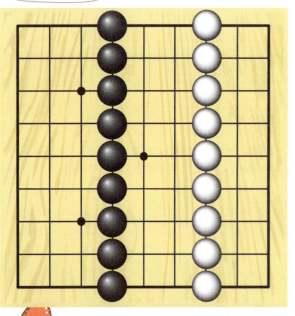

不考虑贴目(贴子)
单官的个数双方公算。

黑棋=围空【 】目+活子【 】子=【 】子
白棋=围空【 】目+活子【 】子=【 】子
黑 / 白 【 】子胜

谁赢了多少?

问题5

黑白双方围空的数目和棋盘上活的棋子
数目都一样。但，要注意看，
收官时最后一手由黑棋来收单官。

最后的结果有什么变化呢?

黑棋=围空【　】目+活子【　】子=【　】子
白棋=围空【　】目+活子【　】子=【　】子
黑／白 【　】子胜

问题6

双方一共下了28手棋。提出来死子后，
双方围空的数目和活的棋子数目和上题一样。
最后的结果有什么变化呢?

黑棋=围空【　】目+活子【　】子=【　】子
白棋=围空【　】目+活子【　】子=【　】子
黑／白 【　】子胜

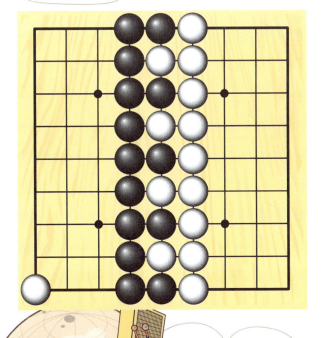

怎么数目

谁赢了多少？

问题7

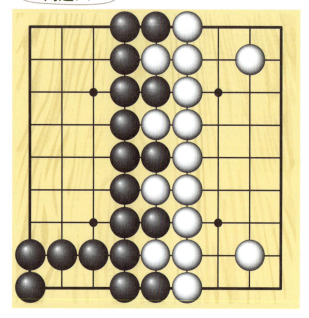

请分析一下。
要注意看双方一共下了几手棋，然后判断胜负。

黑棋手数＝【　】
白棋手数＝【　】

黑棋＝围空【　】目＋活子【　】子＝【　】子
白棋＝围空【　】目＋活子【　】子＝【　】子
黑／白 【　】子胜

问题8

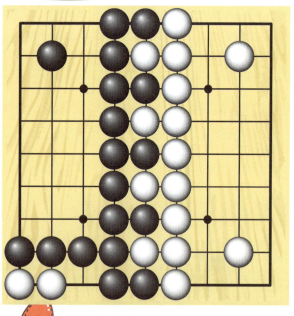

请分析一下。
要注意看双方一共下了几手棋，然后判断胜负。

黑棋手数＝【　】
白棋手数＝【　】

黑棋＝围空【　】目＋活子【　】子＝【　】子
白棋＝围空【　】目＋活子【　】子＝【　】子
黑／白 【　】子胜

谁赢了多少?

问题9

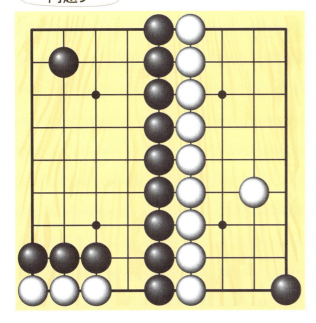

请分析一下。
要注意看双方一共下了几手棋，然后判断胜负。

白棋死了几个棋子=【 】
黑棋死了几个棋子=【 】

黑棋手数=【 】
白棋手数=【 】

黑棋=围空【 】目+活子【 】子=【 】子
白棋=围空【 】目+活子【 】子=【 】子
黑 / 白 【 】子胜

问题10

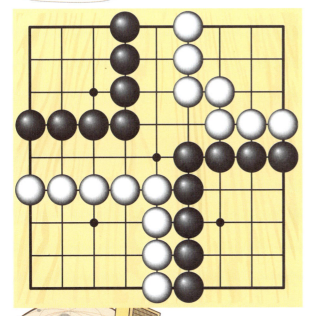

请分析一下。
要注意看双方一共下了几手棋，然后判断胜负。

黑棋手数=【 】
白棋手数=【 】

黑棋=围空【 】目+活子【 】子=【 】子
白棋=围空【 】目+活子【 】子=【 】子
黑白公有的点有几个=【 】点
黑棋分到几个点呢=【 】点
白棋分到几个点呢=【 】点

黑 / 白 【 】子胜

怎么数目

谁赢了多少?

问题11

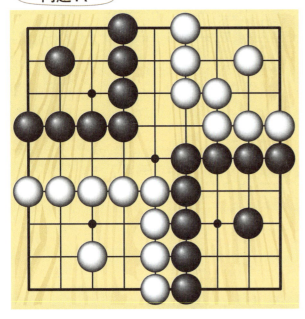

请分析一下。
不考虑贴目(贴子)
不算公共的点数，只算围的目数，
然后判断胜负。

黑棋目数=【 】
白棋目数=【 】

黑 / 白 【 】子胜

问题12

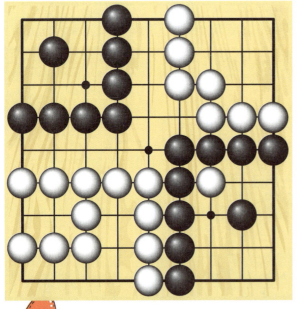

请分析一下。
不考虑贴目(贴子)
不算公共的点数，只算围的目数，
然后判断胜负。

黑棋目数=【 】
白棋目数=【 】

黑 / 白 【 】子胜

怎么数目

谁赢了多少？

问题13

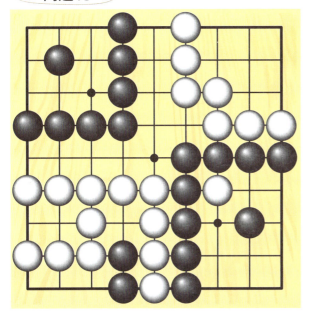

请分析一下。
不考虑贴目(贴子)
不算公共的点数，只算围的目数，
然后判断胜负。
注意一个死子算2目
黑棋目数=【 】
白棋目数=【 】

黑 / 白 【 】子胜

问题14

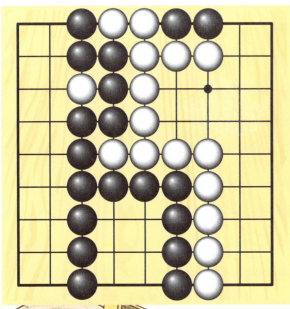

请分析一下。
不考虑贴目(贴子)
不算公共的点数，只算围的目数，
然后判断胜负。
注意一个死子算2目
黑棋目数=【 】
白棋目数=【 】

黑 / 白 【 】子胜

怎么数目

谁赢了多少？

问题15

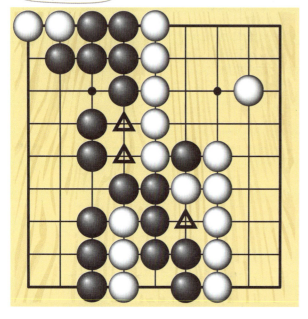

请分析一下。
不考虑贴目(贴子)
不算公共的点数，只算围的目数，然后判断胜负。
注意一个死子算2目
黑棋目数=【 】
白棋目数=【 】

黑／白 【 】子胜

请再分析一下。
不考虑贴目(贴子)
算△子单官的点数，加围的实地，然后判断胜负。
现在该【 】棋先下
黑棋能占到△单官【 】个
白棋能占到△单官【 】个
黑棋实地=【 】+单官【 】个=【 】子
白棋实地=【 】+单官【 】个=【 】子

黑／白 【 】子胜

问题16

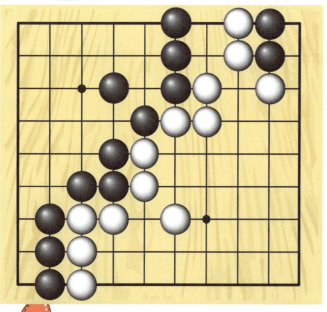

请分析一下。
不考虑贴目(贴子)
不算公活的点数，只算围的目数，
然后判断胜负。
注意一个死子算2目
黑棋目数=【 】
白棋目数=【 】

黑／白 【 】子胜

不要提取
已经死掉的死子

Chapter.12

不要提取已经死掉的死子

今天是装西瓜的日子，看谁把西瓜装得更多！

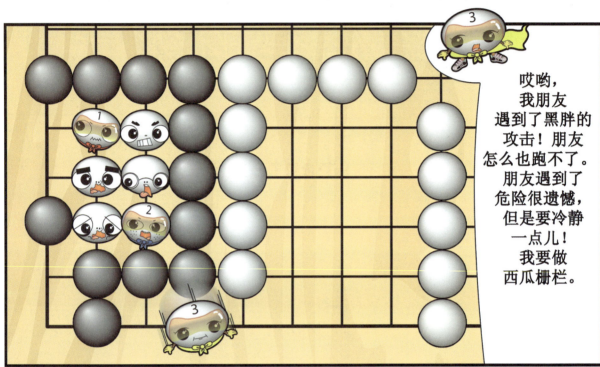

哎哟，我朋友遇到了黑胖的攻击！朋友怎么也跑不了。朋友遇到了危险很遗憾，但是要冷静一点儿！我要做西瓜栅栏。

嘻嘻，我可以抓住这么多的白帅朋友，高兴极了~

哈哈，你怎么还在继续攻击我那些跑不出去的朋友们呢？黑球，你应该是笨蛋吧？我要继续做西瓜栅栏~

最后的一击，终于抓住了6个白帅的朋友。哈哈哈~

好了，做西瓜栅栏已经结束了。
哪个队做西瓜栅栏装得多？比一比！

黑胖队做好了可以装8个西瓜的栅栏。还有，抓住了6个俘虏。

白帅队做好了可以装15个西瓜的栅栏，但是连1个俘虏都没抓住。

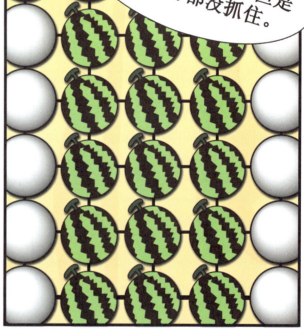

按照"数子(子数)=围地的数目+棋盘上活的棋子数目"的算法计算一下！

我们肯定赢了！

太好了~

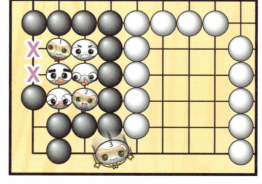

光看这个局部，黑胖队不用下到×位，6个白子早就死了。黑胖浪费了两手棋。应该下到别的地方才对。

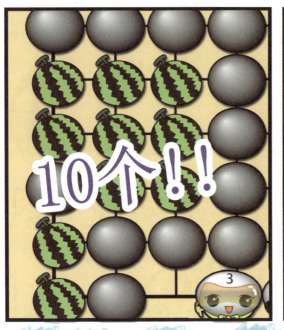

10个!!

8个!!

按中国规则下到×位或不下到×位，其实数目完全一样。但是黑胖队下到两步×位时，白帅队占了更好的地方。

黑胖队下到×位毫无影响！差别就是没下到×位时，可以装10个西瓜，下到×位后，只能装8个西瓜。但是，最后数目时，对于结果一点也没有影响。

怎么会这样呢？这太不公平了！何况他们一个俘虏也没抓住！我们抓住的俘虏比他们更多，还输了！

围棋的每步棋都很重要。有时候因为差一手，棋子会死的。所以着手要慎重。不要光喜欢提子，这样的话不能提高围棋水平。有的时候需要牺牲自己的棋子，有的时候也不用提掉对方的棋子。

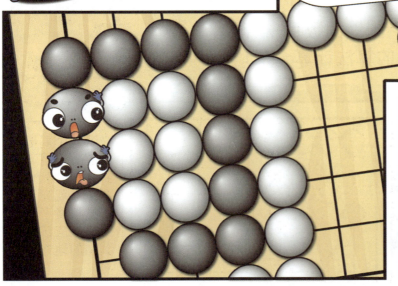

我们队就知道吃掉对方，一点儿也没考虑围地！

应该不要下到×位才对！

不要提取已经死掉的死子

练习题

在黑1~黑4的过程中，找出下错的棋，用○表示。

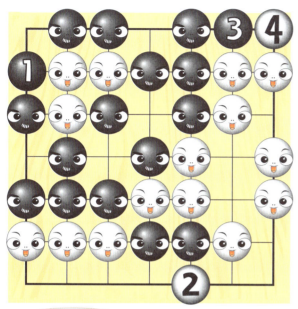

图1 （正解1）

黑○是填自己空的坏手，浪费了宝贵的一步棋。
白△三个子是根本不能逃走的棋子。

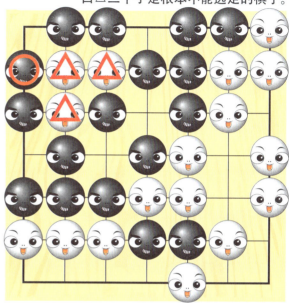

图2 （正解2）

白◎也是填自己空的坏手。

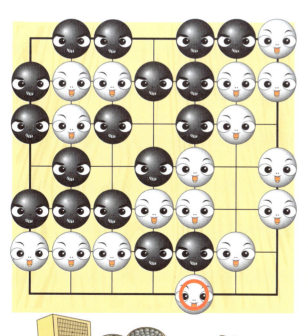

图3 （参考）

黑▲和白△没填自己的空，不是坏手。

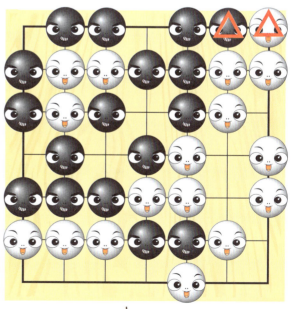

不要提取已经死掉的死子

请找出下错的棋，用○表示。

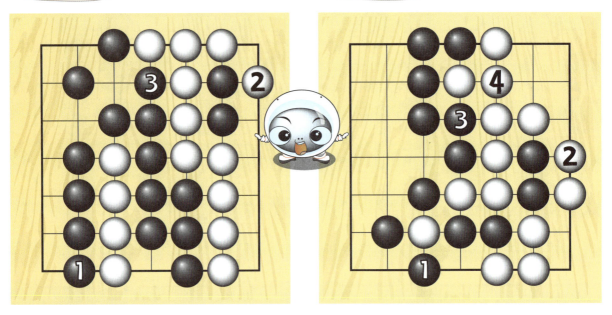

问题1

问题2

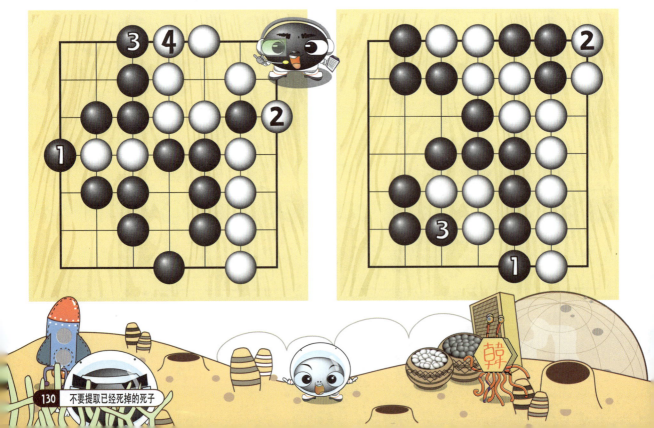

问题3

问题4

请找出下错的棋，用〇表示。

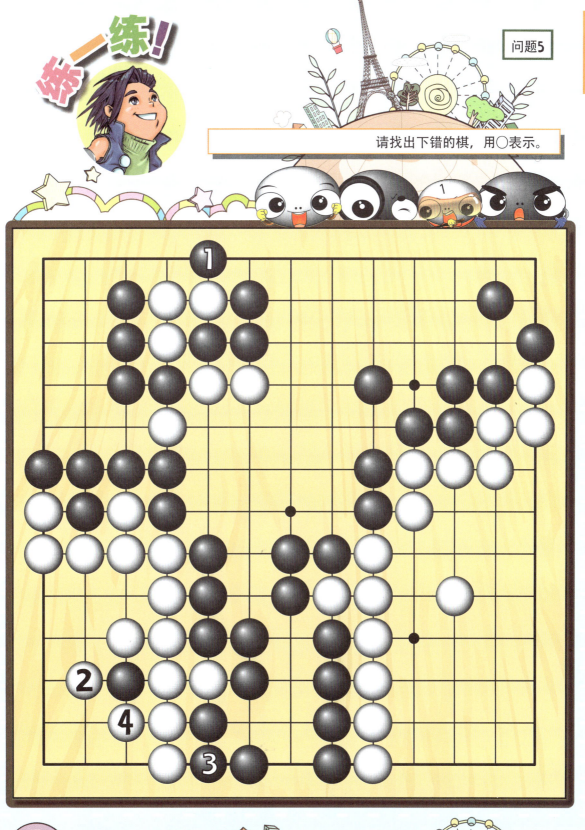

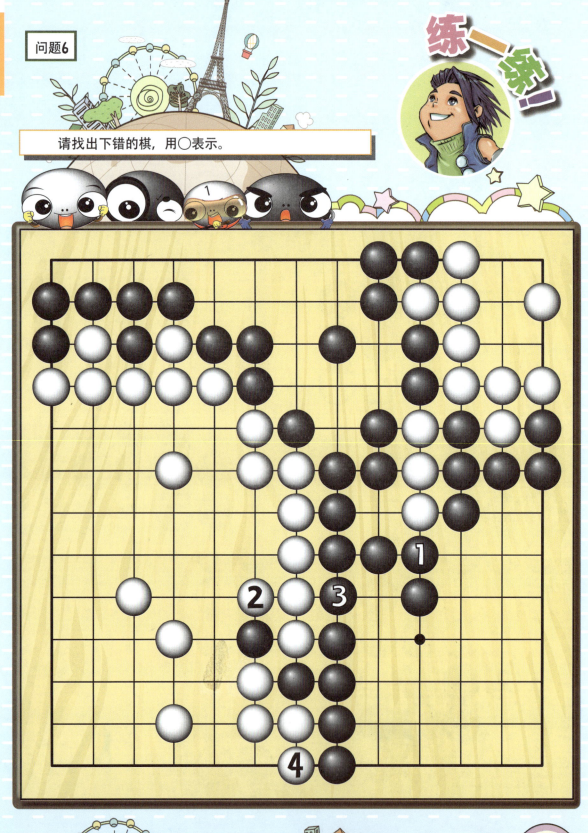

请找出下错的棋，用〇表示。

单官

Chapter.13

单官

请找出单官，用X表示，找出空用○表示。
单官，是指占不到"目"的一手棋，
只是用棋子占据棋盘上的一个交叉点。

图1 (正解)

用X标记的地方就是单官

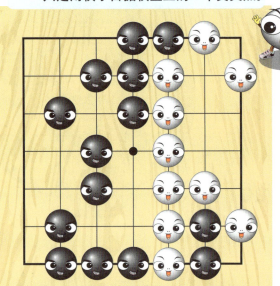

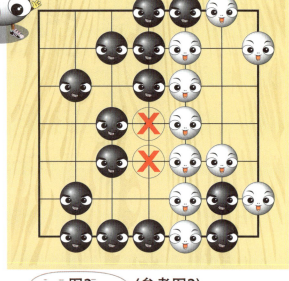

图2 (参考图1)

如果黑棋先走黑1的话，
用○标记的地方可以成为目。

图3 (参考图2)

如果白棋先走白1的话，
用X标记的地方不可以成为目。

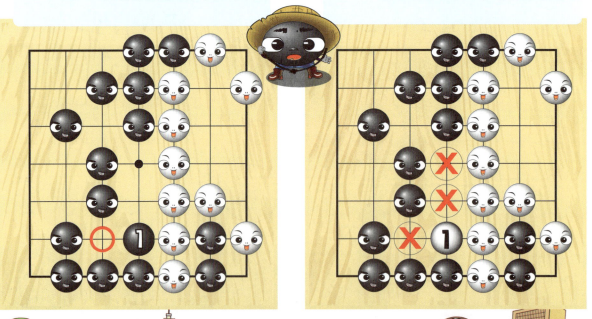

单官

请找出单官，用X表示。

问题1

问题2

问题3

问题4

单官

请找出单官，用X表示。

问题5

问题6

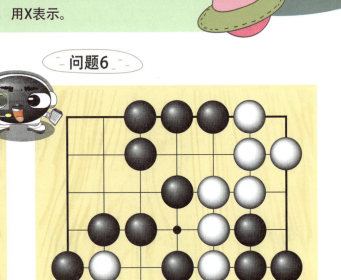

问题7

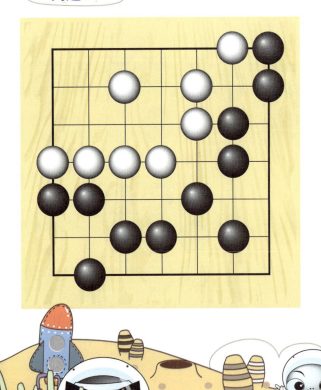

问题8

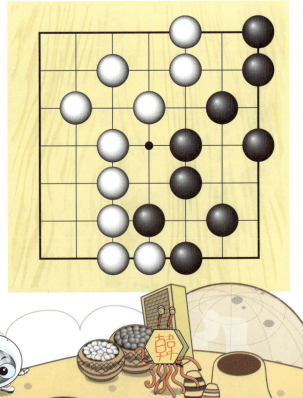

要做两只真眼

Chapter.14

练一练！

要做出两个真眼黑棋才能活棋，该怎么下好呢？

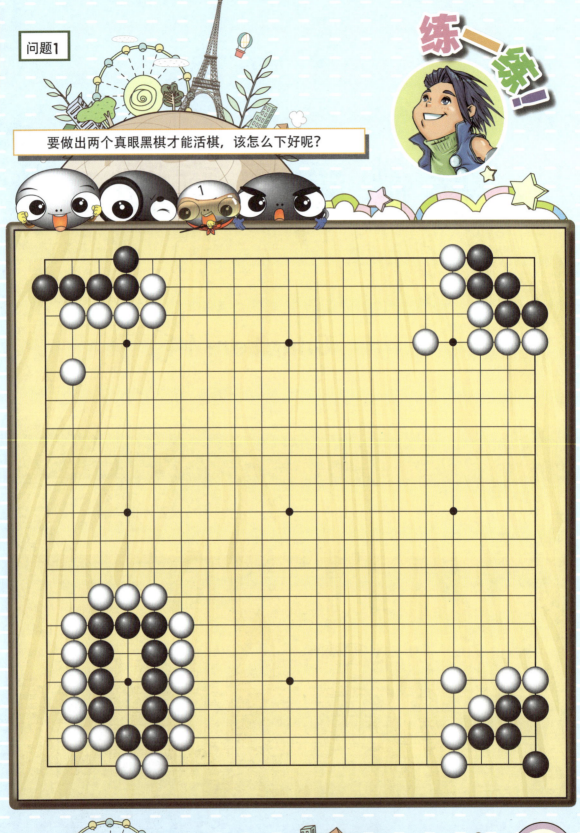

要做两只真眼

要做出两个真眼黑棋才能活棋，该怎么下好呢？

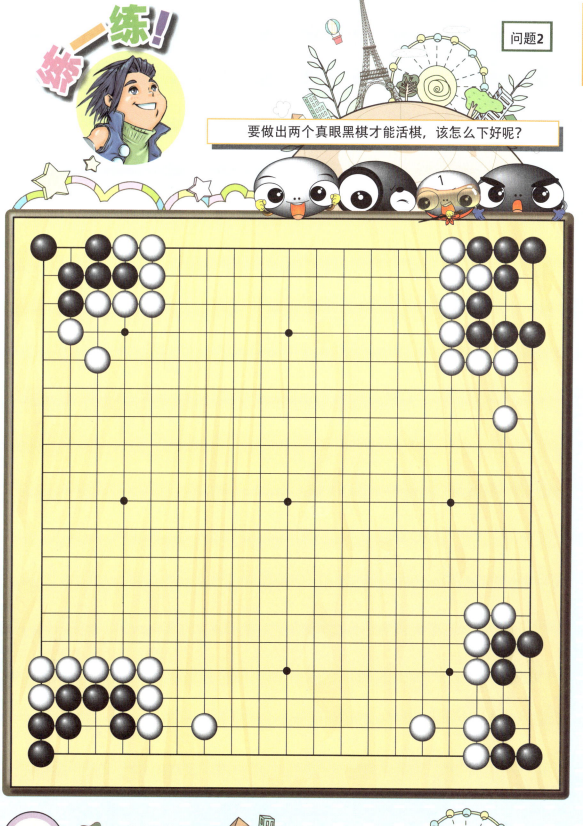

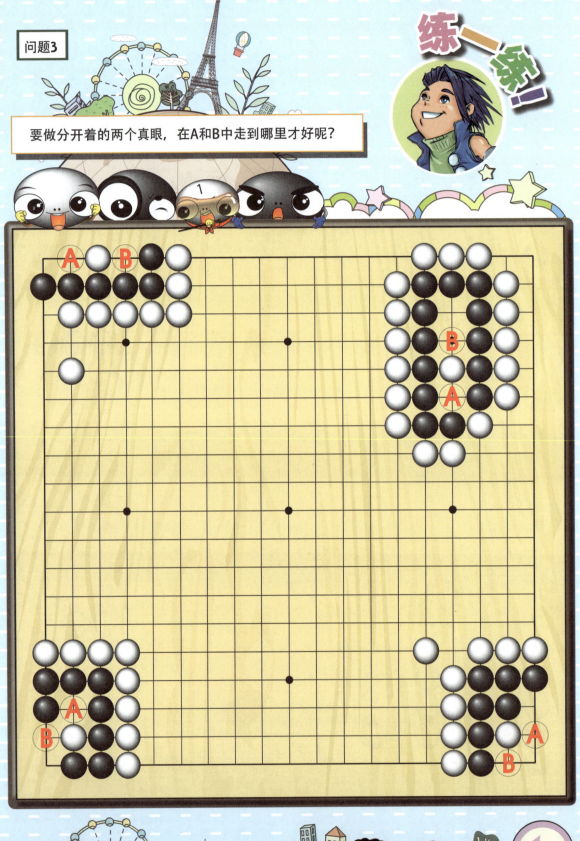

问题3

要做分开着的两个真眼，在A和B中走到哪里才好呢？

练一练!

要做分开着的两个真眼，在A和B中走到哪里才好呢？

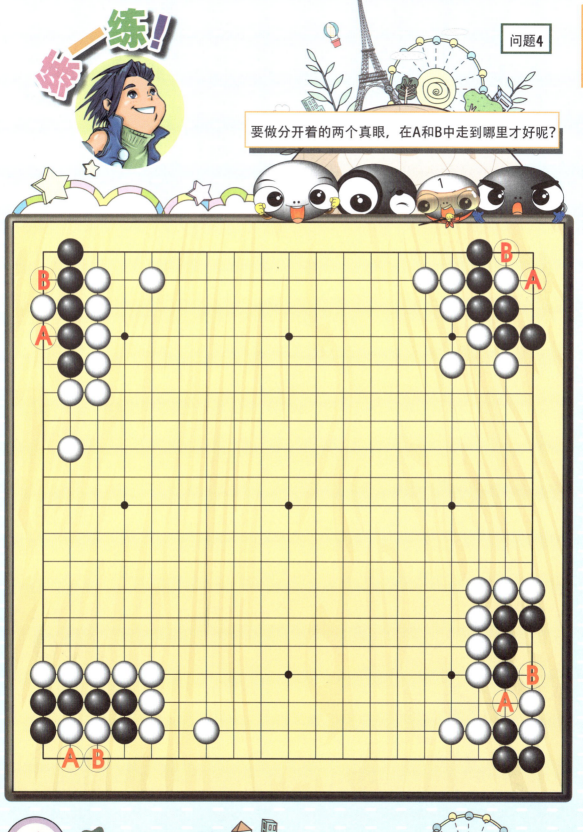

要做分开着的两个真眼，黑棋怎么下才能活棋呢？

要做分开着的两个真眼，黑棋怎么下才能活棋呢？

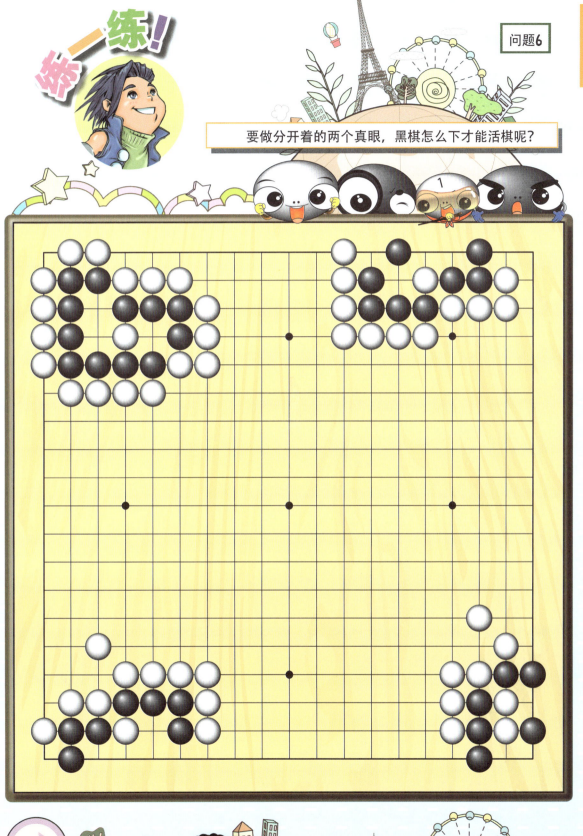

练一练！

要做分开着的两个真眼，黑棋怎么下才能活棋呢？

要做分开着的两个真眼，黑棋怎么下才能活棋呢？

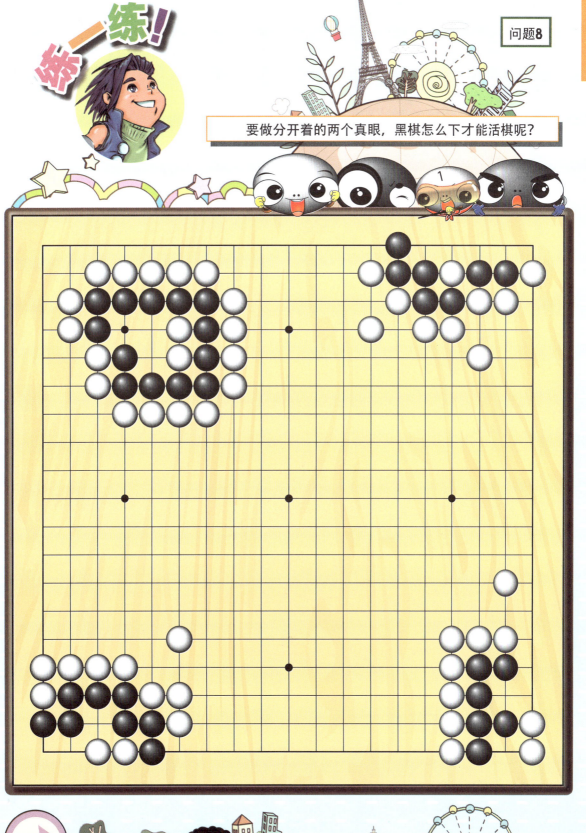

要做分开着的两个真眼，黑棋怎么下才能活棋呢？

已经做活了吗

Chapter. 15

已经做活了吗

练习题

黑棋还没做完分开着的两个真眼。
那么黑棋该怎么下才能活呢？

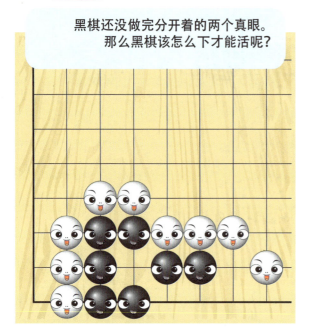

图1 (不满意)

黑1时，黑棋可以活。
但不是很满意的一手。

图2 (未完善)

黑1时，也可以活。
但黑1也有点不满意。

图3 (正解)

黑1就是正确答案。
白2要补棋，黑棋拿到宝贵的先手。
以后白棋以A位攻击，
黑棋也可以B位挡住做活。

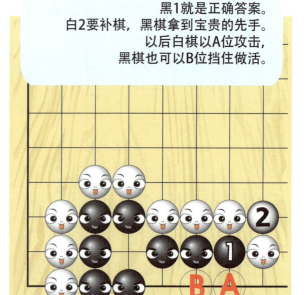

黑棋脱先可净活用○表示，脱先是死棋用X表示！

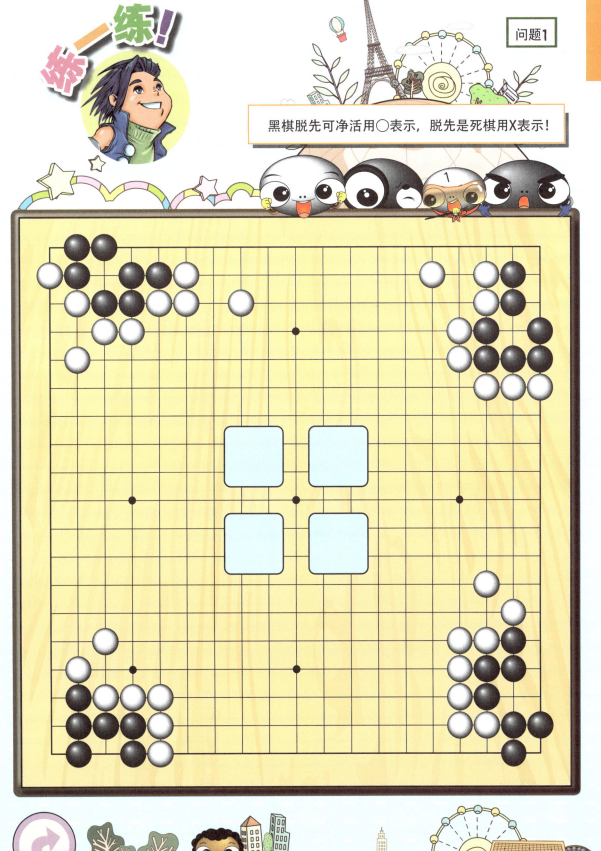

问题2

练一练！

黑棋脱先可净活用〇表示，脱先是死棋用X表示！

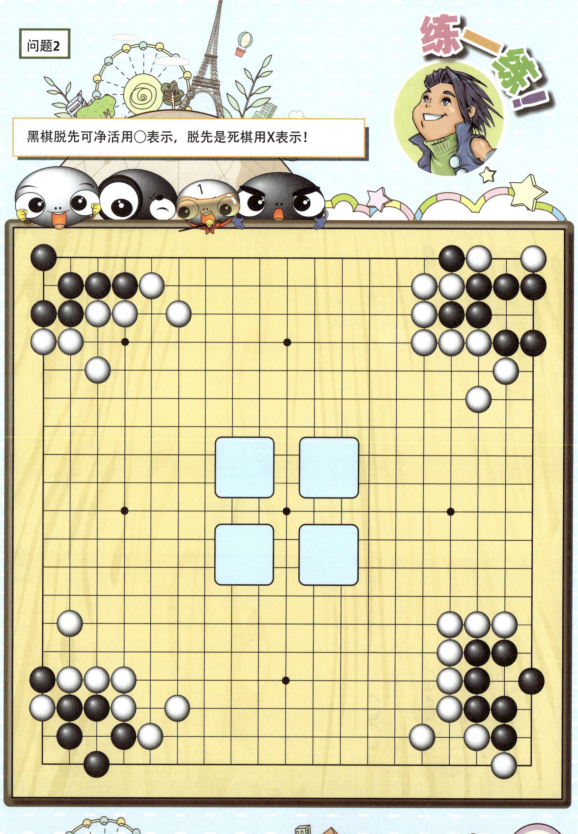

黑棋脱先可净活用○表示，脱先是死棋用X表示！

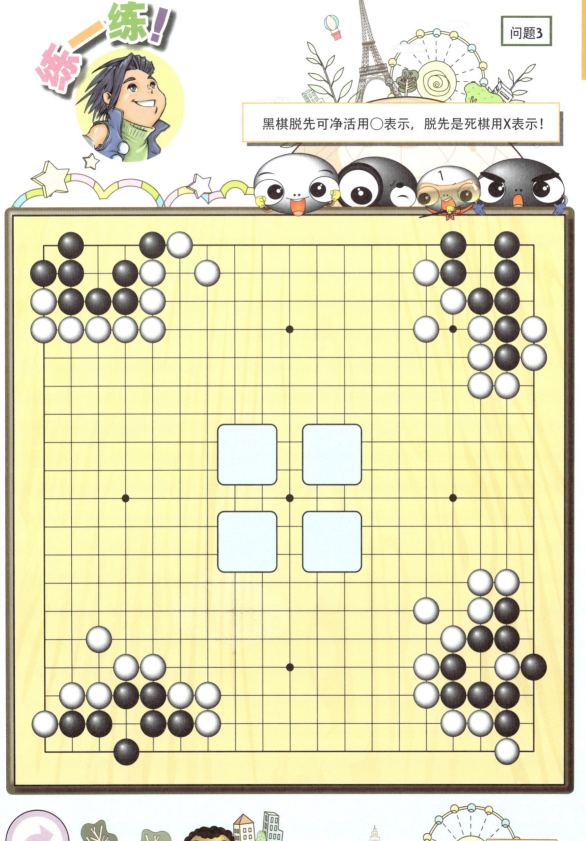

问题4

黑棋脱先可净活用○表示，脱先是死棋用X表示！

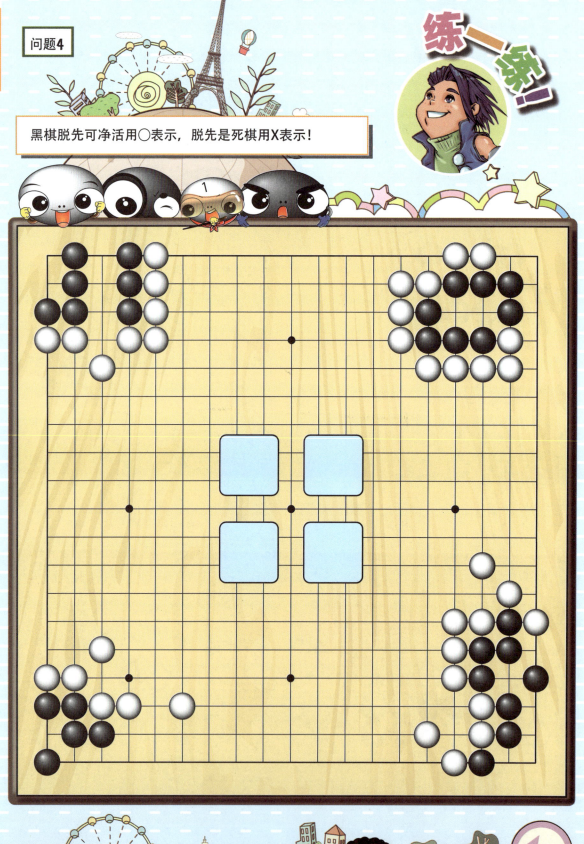

世界冠军李世石亲自教你下围棋

李世石

围棋教室

入门篇

（下册）

[韩]李世石◎编著
[韩]金敬东◎译

天津出版传媒集团

天津科学技术出版社

登场人物

白帅

作为白子的领袖人物，
他是总让黑胖和朋友们
吃苦头的主人公。
因心软，时而陷于困境，
但总能发挥卓越智慧，
取得胜利。

白棋三剑客（白红，白蓝，白黄）
围着红蓝黄色的披风。和白帅
一起经常使黑胖和他的朋友陷
于危机。

白哲
白帅的朋友，性格开朗。

聪儿
白帅的朋友，害羞腼腆。

白脸
白帅的朋友，害羞腼腆。

围棋精灵
给白帅和他的朋友们传授围棋技
巧的围棋精灵。白帅处于危机时，
给予适当的帮助，对白帅队的胜
利起决定性的作用。

围棋魔王
给白帅和他的朋友们
传授围棋技巧的围棋
精灵。

围棒
围棋比赛的裁判，他是进行公平而
冷静的判定而受所有人尊敬的人物。

围棋老师
向白帅、黑胖，还有其他朋友
们传授知识的围棋学校老师。

黑胖

作为黑子的领袖人物，
为战胜白帅和他的朋友，
不懈努力的主人公。
生性勇敢，但因过于顽固
单纯，总被白帅和他的朋
友打败。

黑球
黑胖的朋友，虽为黑胖最信赖的朋友，
但总在关键时刻犯错，使黑胖陷入困境。

黑曲
黑胖的朋友，只要是黑胖说的话，
就绝对听从。

黑胖的朋友黑一，黑二，黑三

黑峰
黑胖的朋友，经常做出出乎意料的行动，
让朋友陷入困境。

三线和四线
是容易围地的地方

Chapter. 1

三线和四线是容易围地的地方
今天比赛项目就是建立柱石。
给冠军的奖励是宝石做的奖杯！
砰！
要赢得围地比赛的话，先要好好建立柱石。
什么是柱石呢？
是不是这个??
뽕!
呼哧
乱哄哄
乱哄哄
不见了...
放在原地!!!
呼哧
他干什么呀...
呼呼呼...
NO! 不是那个~~
恢复了！
乱哄哄
乱哄哄
柱石就是围地时最初下的棋子。
柱石也可以说是最核心的棋子。
那么，请黑胖队和白帅队各出两个人建立柱石！

要建立柱石，还是力气最大的我最适合！

右盼~　左顾~~

嗯，看看哪个地方好？

但是，到底在哪儿建立柱石呢？

黑峰！你看那边！在那边宽广的地方比较好！

啪！！

知道了，黑胖！！谢谢啦~

柱石还是安全最重要。我要在角落建立柱石！

好吧！我决定了！

哇塞，是我的地方！

啪！！

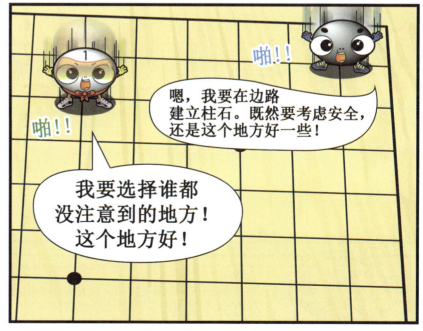

啪！！

嗯，我要在边路建立柱石。既然要考虑安全，还是这个地方好一些！

啪！！

我要选择谁都没注意到的地方！这个地方好！

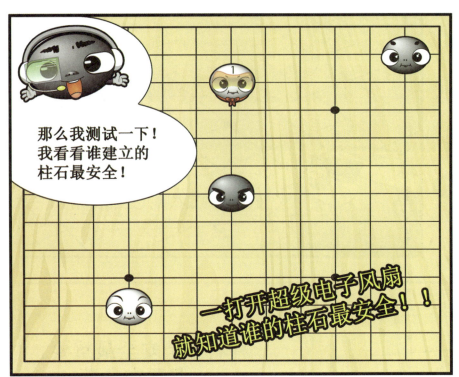

那么我测试一下！我看看谁建立的柱石最安全！

一打开超级电子风扇就知道谁的柱石最安全！！

准

备

好

了

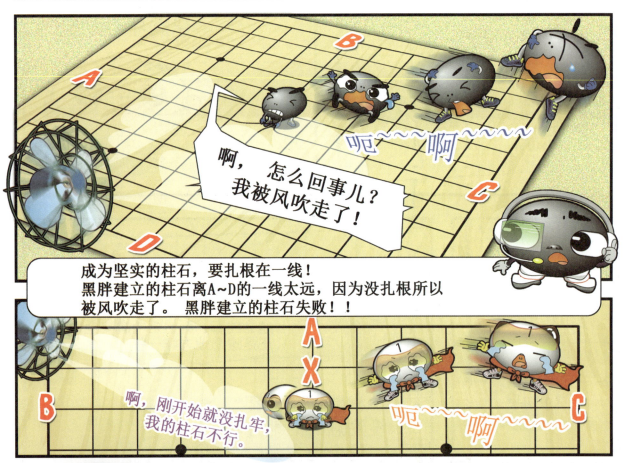

啊，怎么回事儿？我被风吹走了！

呃~~~啊~~~

成为坚实的柱石，要扎根在一线！黑胖建立的柱石离A~D的一线太远，因为没扎根所以被风吹走了。黑胖建立的柱石失败！！

啊，刚开始就没扎牢，我的柱石不行。

呃~~~啊~~~

红红离A位的一线隔一路下子，所以他扎根还可以。但是，离B位和C位的一线太远，只扎根到A位这一个地方，也没有完全扎牢。

白帅离A位的一线隔一路落子，离B位的一线隔二路落子，他扎根到A和B两个地方，可以说很坚实了！

哈哈哈，刮很大的风也很稳固！！

哈哈哈，我也像白帅一样在角落建立柱石，刮很大的风也没事儿！

现在，再把风扇的风量加大试一试！！

好，重新开始！

这样的水平不费吹灰之力~

哇~ 好凉快！

哎哟？ 风有点儿大了~

那也还可以吧~

呃啊~~~撑不住了..！

黑球，你怎么了？

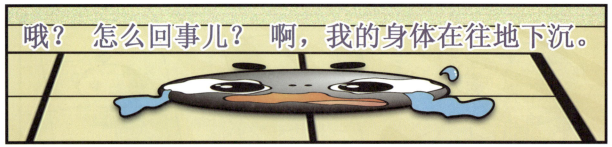

哦？ 怎么回事儿？ 啊，我的身体在往地下沉。

扎根得太深了

我们帮你！

像黑球一样在二线建立柱石的话，刮大风时，会埋在地下。所以黑球的柱石也失败！

今天建立柱石的冠军就是白帅！颁奖，给你奖杯！

哇~

谢谢啦，裁判！

哎哟，它怎么那么重啊！

啊，不好意思~

加油！

嘿嘿，游戏结束了，赶快回去吧！

回去吧，天快黑了！

朋友们，我来了！一起回去吧~！

别人都······去哪儿了呢？

冷~

三线和四线是容易围地的地方

练习题

请找出围空的好位置上的棋子，
用○表示！

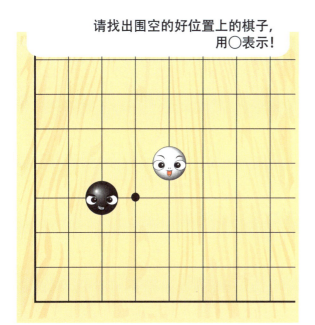

图1 （参考图1）

黑○在离A的一线隔一路，
离B的一线隔二路的位置上。
黑○是在3线和4线的交叉点上的棋子。

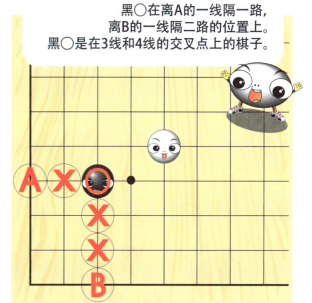

图2 （参考图2）

白◎在离A的一线隔三路，
离B的一线隔三路的位置上。
白◎是在5线和5线的交叉点上的棋子。

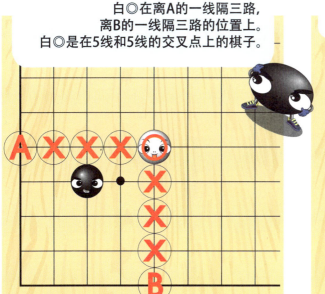

图3 （正解）

因为黑○在3线和4线的交叉点上，
是围空的好棋。

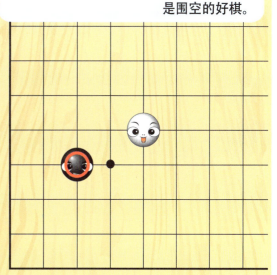

三线和四线是容易围地的地方

请找出围空的好位置上的棋子，用○表示！

问题1

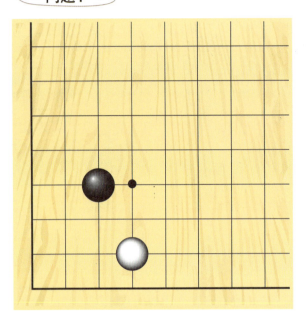

问题2

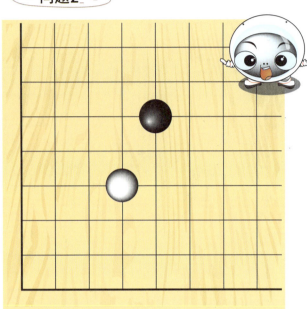

问题3

问题4

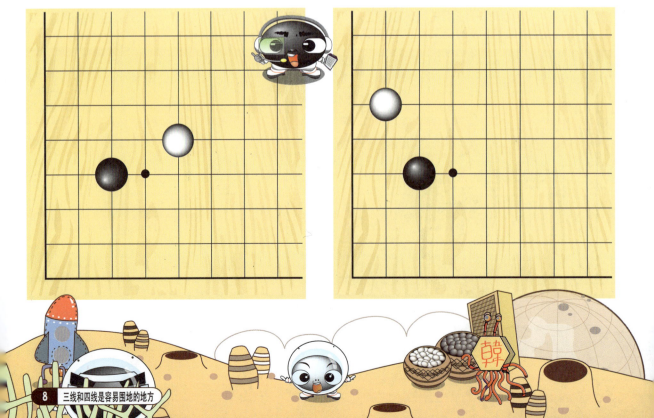

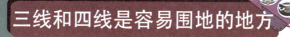

三线和四线是容易围地的地方

请找出围空的好位置上的棋子，用〇表示！

提高练习题

问题5

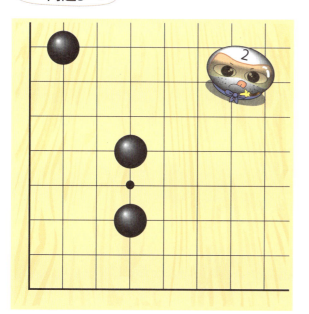

问题6

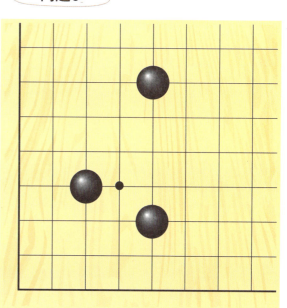

问题7

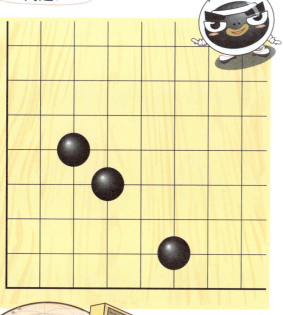

问题8

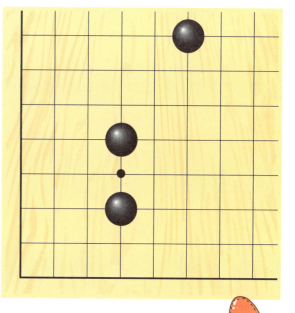

三线和四线是容易围地的地方 9

三线和四线是容易围地的地方

请找出围空的好位置上的棋子，用○表示！

- 问题9 -

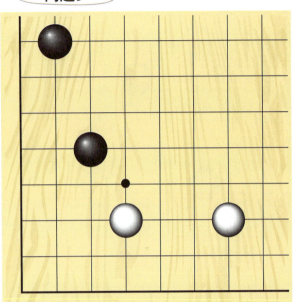

- 问题10 -

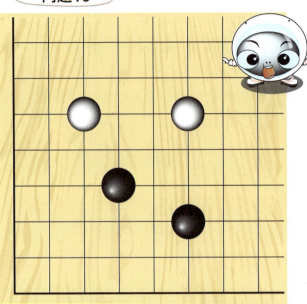

- 问题11 -

- 问题12 -

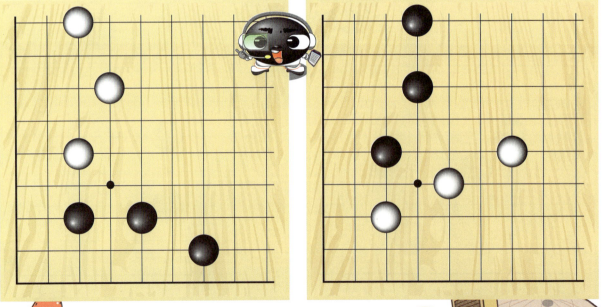

用分开着的棋子围地

Chapter.2

甪分开着的棋子围地

我们今天玩儿用分开着的棋子围地的游戏！当然要给冠军赠送漂亮的礼物。

用分开着的棋子围地？那是什么呀？

为了完美地围地，我们一直认为朋友们之间要紧紧握手，你们也知道吧？

这样坚实地握手或斜对着握手连接的话，可以完成围地吧？

没错！！但是，用分开着的棋子围地的游戏规则有点不一样！

用"小飞"的棋形分开着，也可以围地。

这样棋子和棋子之间隔一路分开着或

但是，连接的棋子必须要保持跟一线间隔一路的距离，才算成功！

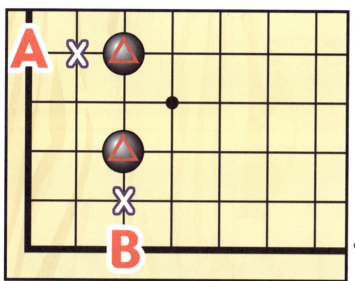

这样的棋形是棋子和棋子之间隔一路连接着，也保持离A和B隔一路，所以围地成功！

这样的棋形是棋子和棋子之间用"小飞"的棋形连接着，也维持与一线间隔一路。所以成功！

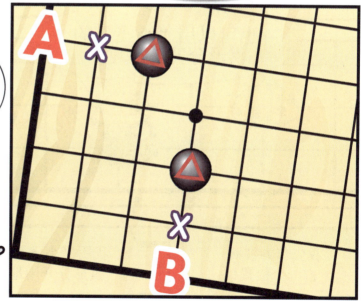

现在，每个队选拔三个选手出战，开始用分开着的棋子围地。

从黑胖队开始！！！

这次我们一定要围很大的地，要拿到礼物！

我先作为柱石占一个位置！！

啪！

啪！

我要离黑胖隔一路占一个置！

也可以用"小飞"的棋形分开着围吧？

啪！

黑胖队都下完了！现在白帅队要围地看一看！白帅队围地开始！

我先作为柱石占一个位置！

啪！

我用"小飞"的棋形分开围地！

啪！

我也用"小飞"的棋形分开围地！

啪！

那么，比一比哪个队围的地更大！

放心，我们会赢！

有点儿不安..

这次我们肯定会赢了！嘻嘻

啊，有点儿紧张！

我们真的会赢吗？

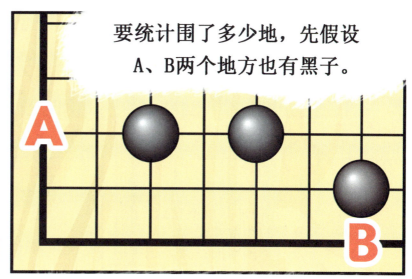

要统计围了多少地，先假设A、B两个地方也有黑子。

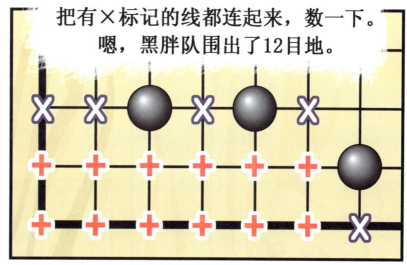

把有×标记的线都连起来，数一下。嗯，黑胖队围出了12目地。

接下来看看白帅队围了多少目！

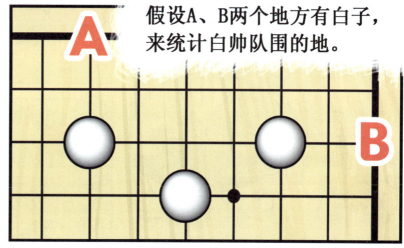

假设A、B两个地方有白子，来统计白帅队围的地。

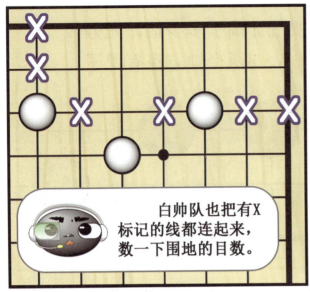

白帅队也把有X标记的线都连起来，数一下围地的目数。

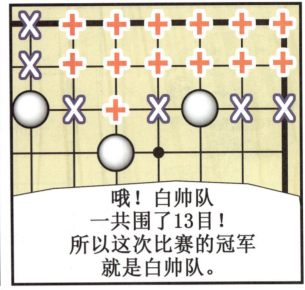

哦！白帅队一共围了13目！所以这次比赛的冠军就是白帅队。

来，冠军礼物在这儿！

嗖~~~

呜哇！！谢谢啦，裁判~~

是什么呢？

碎~

哎哟！！

嘻嘻嘻

想一想今天为什么输了，以后一定要赢！更要努力！

我们为什么输了呢？真搞不懂。

哈哈哈

碎~

黑胖，今天你们把礼物拿走吧！

嘻嘻！

真的？谢谢！

哎呀！这是什么呀？你这个坏蛋！

用分开着的棋子围地

练习题

要用分开着的棋子围空，
在A~C中哪里好呢？

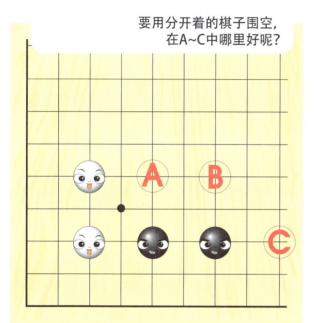

图1 (失败1)

黑1不是围空的恰当的地方。

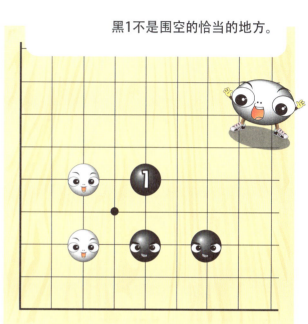

图2 (失败2)

黑1也不是围空的恰当的地方。

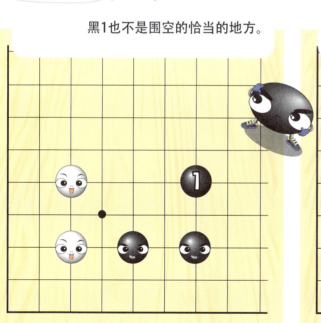

图3 (正解)

黑1就是正确答案。
黑1在三线，有利于围空。

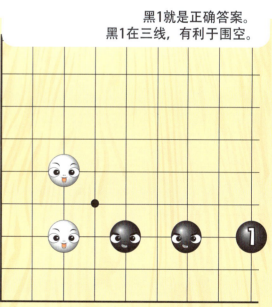

用分开着的棋子围地

要用分开着的棋子围空，在A~B中哪里好呢？

问题1

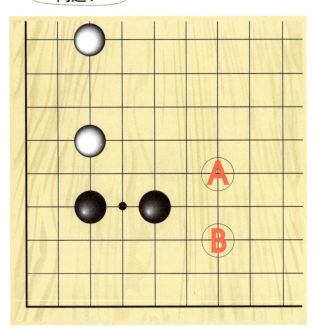

问题2

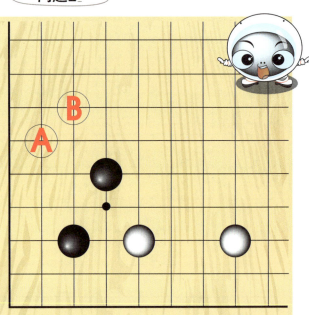

问题3

问题4

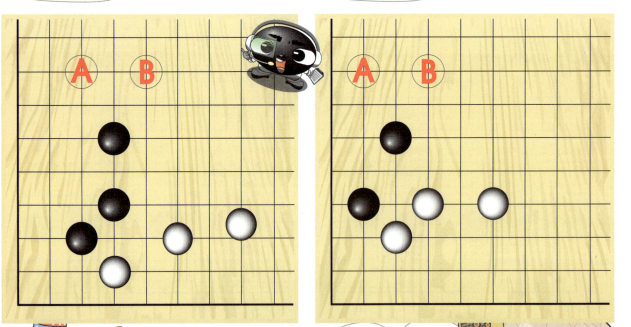

用分开着的棋子围地

在离黑○隔一路的位置上围空。

问题5

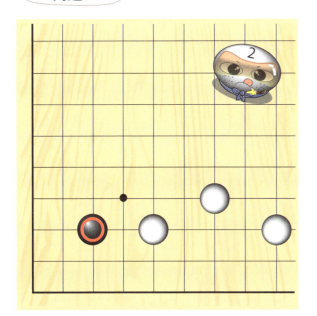

问题6

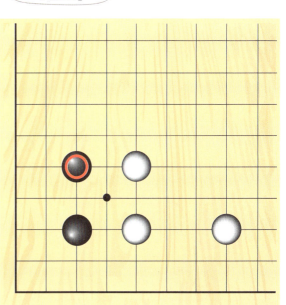

问题7

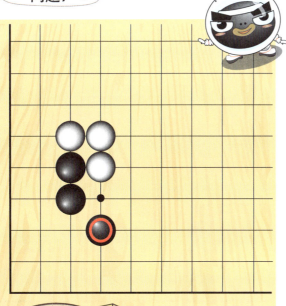

问题8

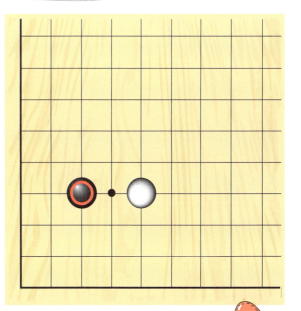

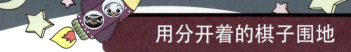

用分开着的棋子围地

在离黑○小飞的位置上围空。

问题9

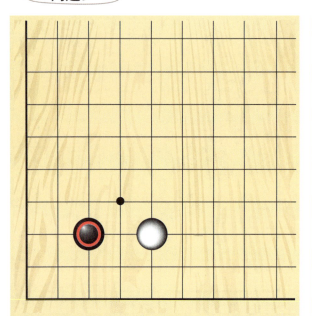

问题10

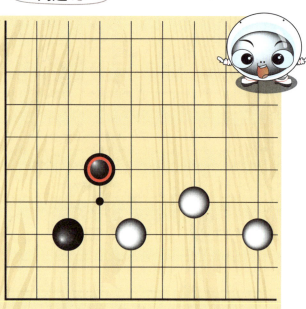

问题11

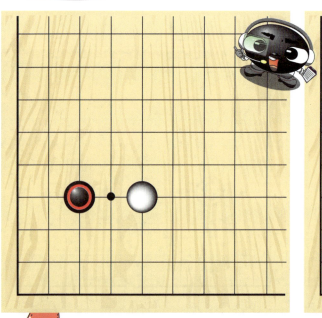

问题12

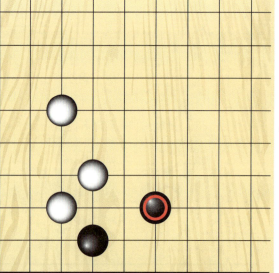

找出对围空不起作用的棋子

Chapter.3

找出对围空
不起作用的棋子

哈哈哈~

把棋子拿出来
的游戏？
好像我做得
最好的感觉……

今天我们玩儿把棋子拿出来的游戏。

哦~

怎么玩儿
这个游戏？

玩儿法就是：
把分开围地的时候
不需要的棋子
拿出来！

嗯！

黑胖队和白帅队在已经
完成的围地中，每个队轮流
拿出来一颗棋子，最后还保持着
围空状态的队拿冠军！

在这样已经
完成的围地中

嗖~~

我们来了~~

嗖~

白帅（△）和蓝蓝（〇）
走出去的话，
有什么变化呢？

哎哟，太远了。呜呜……

红红…

红红（○）和黄黄（△）
分开得太远了，
不能围地了！

真的不行了！

对！ 以隔一路或小飞
分开着才能围地。
因为他们两个人的距离太远，
所以围地失败！

明白吗？

嗯！
围地围得很好！！

我们走出去了~

拜拜~~

在这样已经
完成的围地中

我（△）和黑球（○）、黑
峰（□）三个人走出去的
话，有什么变化呢？

唢~

唢~唢~

岂有此理

哎呀，
太远了！！

因为黑○离A隔着二
路（✕），所以围地失
败！应该离A间
隔一路落子
才能围地。

刚才是练习题，现在开始真正的比赛，两个队分别用6颗棋子完成围地！
比赛开始！

加油加油！

加油～！ 我们会做得到！！

嗖～～～

啪！！！

朋友们，我们也要围地了！

啪！！！

啪！！！

啪！！！

啪！！！

啪！！！

啪！！！

好了！！我们来了！！

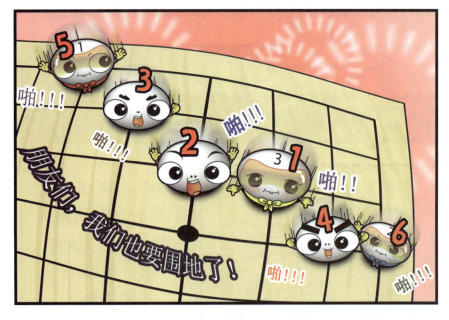
啪！！！

啪！！！

啪！！！

啪！！！

啪！！！

啪！！！

朋友们，我们也要围地了！

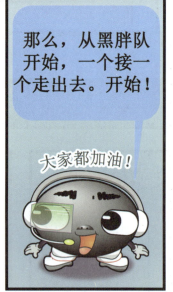
那么，从黑胖队开始，一个接一个走出去。开始！

大家都加油！

黑胖。加油！

好了～

我先走出去吧！

我走出去!!

嗖~!!

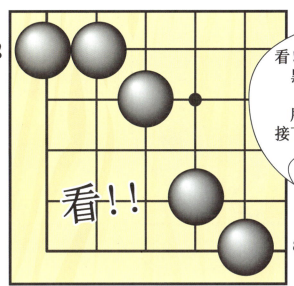

看!!

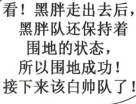

看！黑胖走出去后，
黑胖队还保持着
围地的状态，
所以围地成功！
接下来该白帅队了！

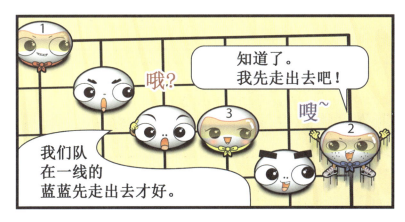

哦?

知道了。
我先走出去吧！

嗖~

我们队
在一线的
蓝蓝先走出去才好。

蓝蓝走出去后，
白望队还保持着围地的状态，
所以围地成功！

以后一直
这样做的话，
我们应该会赢。

哇塞!!

真棒~~

很好~

下次
该黑胖队！
开始！

我的好朋友
黑胖走出去了，
那么，我也赶快
走出去
跟他一起
玩儿。

嗖~~

啊,他
怎么了？

哎哟！！！黑球，你不能这样！！！！

哦？怎么了？我已经走出来了，我们一起玩儿吧！嘿嘿！

哎哟？！！？怎么会这样！啊！

你看看！这样不行！

黑球走出去后，黑〇和黑△之间的距离太远了，不能围地，所以围地失败！！！

再次轮到白帅队，现在白帅队也要有一个人走出去！

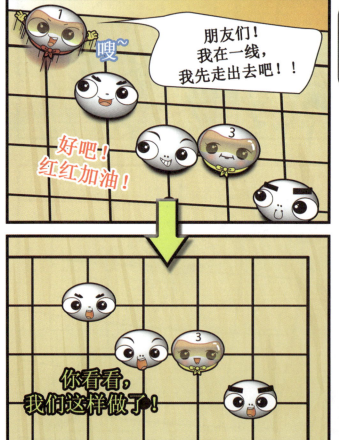

朋友们！我在一线，我先走出去吧！！

嗖~

好吧！红红加油！

你看看，我们这样做了！

红红走出去后，白帅队还保持着围地的状态，所以围地成功！！这次比赛也是白帅队获得冠军！

赢了！！

哇塞~

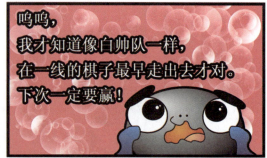

呜呜，我才知道像白帅队一样，在一线的棋子最早走出去才对。下次一定要赢！

找出对围空不起作用的棋子

练习题

在黑○和黑▲中，
找出围空不需要的棋子，用○表示。

图1 （正解）

黑○一个子就是围空不需要的棋子。

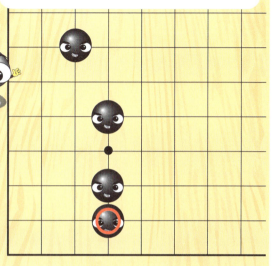

图2 （确认）

如果在A位上没有黑子的话，
黑棋可以围空。

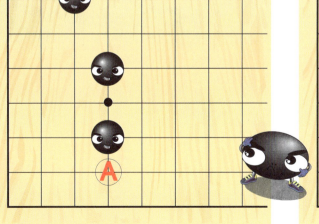

图3 （失败）

黑▲一个子是围空必要的棋子。

找出对围空不起作用的棋子

在黑〇和黑▲中，找出围空不需要的棋子，用〇表示。

- 问题1 -

- 问题2 -

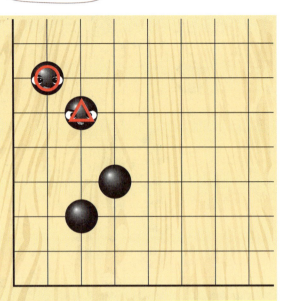

- 问题3 -

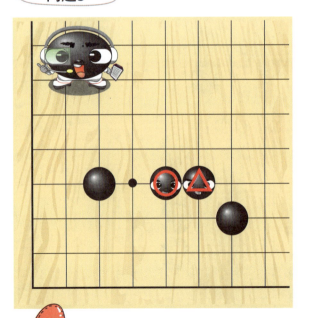

- 问题4 -

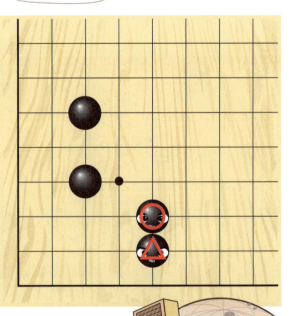

找出对围空不起作用的棋子

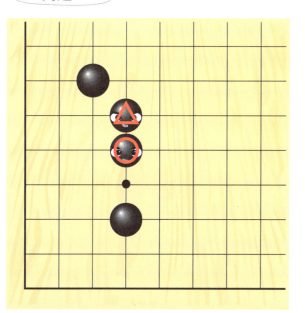

在黑○和黑▲中，找出围空不需要的棋子，用○表示。

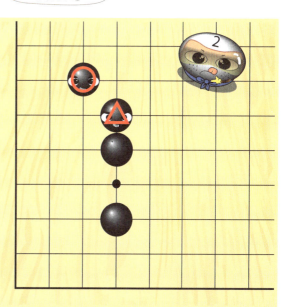

问题5

问题6

问题7

问题8

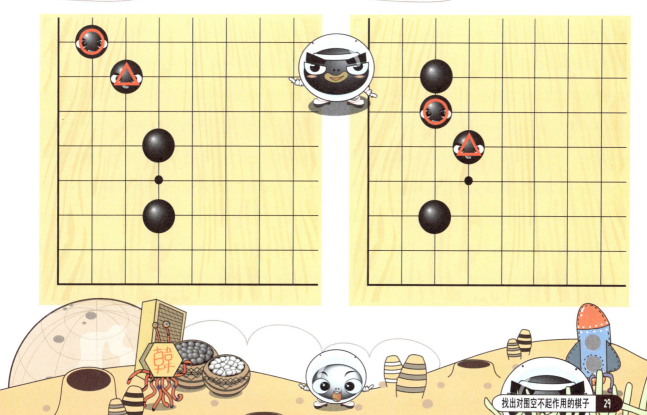

找出对围空不起作用的棋子

找出围空不需要的棋子，用○表示。

问题9

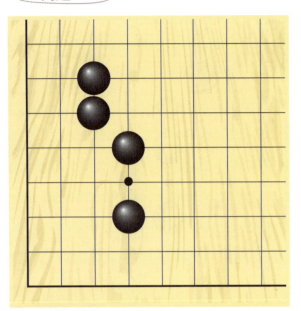

问题10

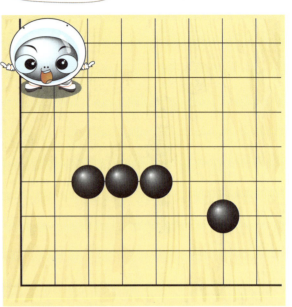

问题11

问题12

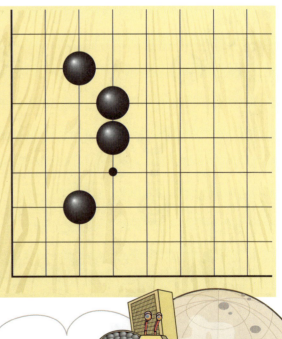

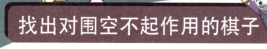

找出对围空不起作用的棋子

找出围空不需要的棋子，用〇表示。

问题13

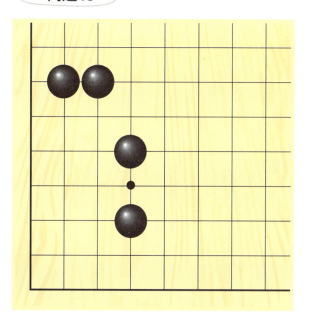

问题14

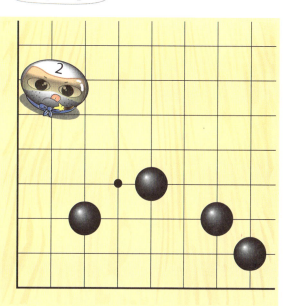

问题15

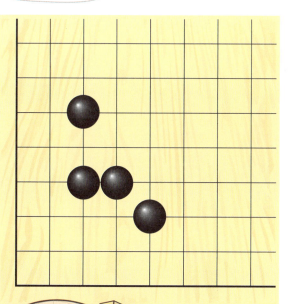

问题16

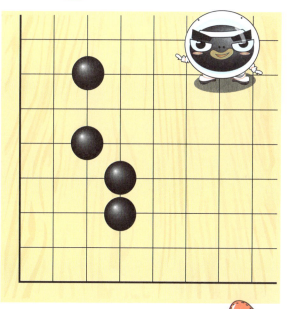

找出对围空不起作用的棋子

找出围空不需要的两个棋子，用〇表示。

问题17

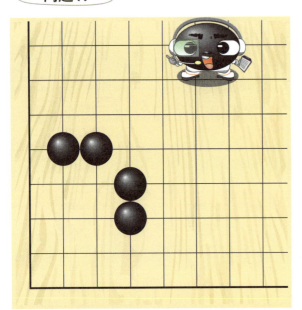

问题18

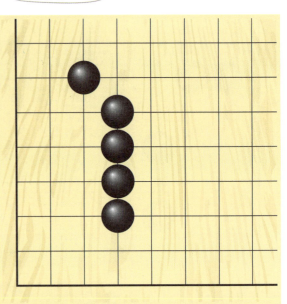

问题19

问题20

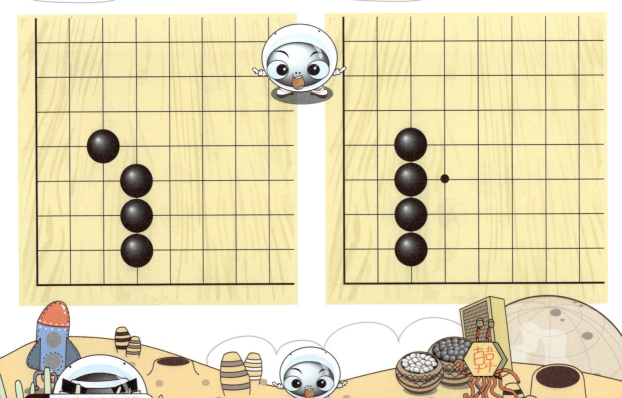

找出对围空不起作用的棋子

找出围空不需要的棋子，用〇表示。

问题21

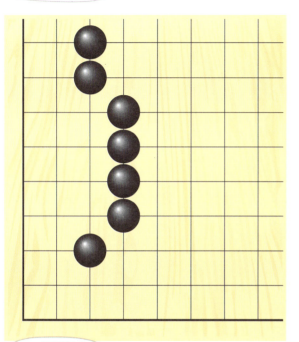

问题22

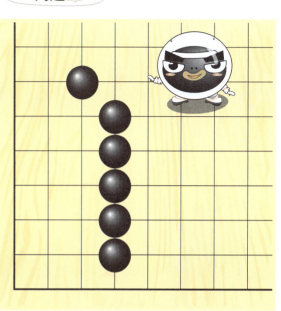

问题23

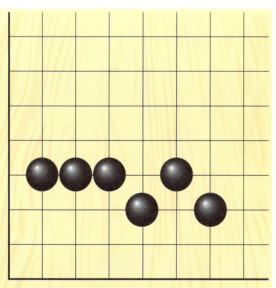

问题24

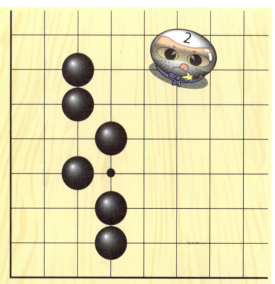

找出对围空不起作用的棋子

找出围空不需要的两个棋子，用○表示。

问题25

问题26

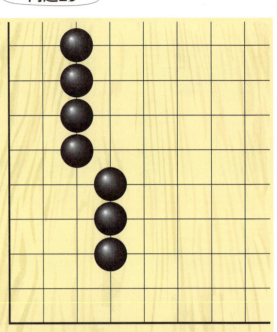

问题27

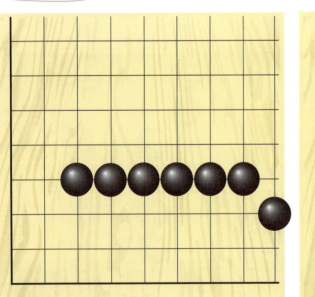

问题28

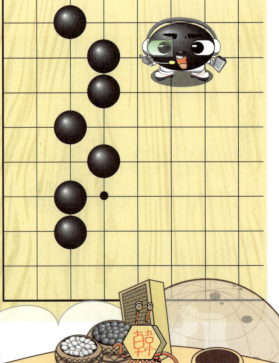

在四线的棋子怎么完成围地

Chapter.4

四线的弱点！

这次先由我们来做吧！

为了要围更大的地，还是四线最合适！来吧，出发！

黑胖的地越来越大了。白帅，我们要采取紧急措施。有没有好办法？

嗯……

啪！！

黑胖队以四线为主围地，我们要找出四线的弱点！

嘻嘻~

加油！

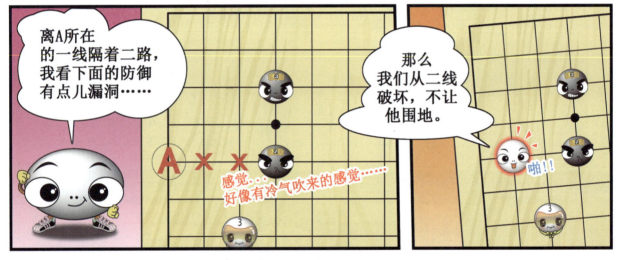

离A所在的一线隔着二路，我看下面的防御有点儿漏洞……

那么我们从二线破坏，不让他围地。

A × ×

感觉…好像有冷气吹来的感觉……

啪！！

哦？怎么回事儿？呜呜，我们围的地全都化成了泡影！

唉！早知道会是这样……

还是我们的白帅！

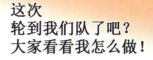

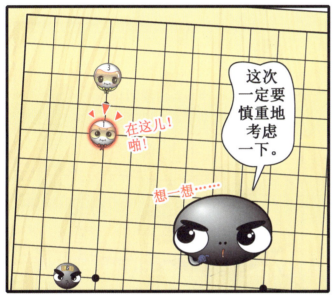

在四线的棋子怎么完成围地

练习题

如果黑棋已用分开的棋子完成围空的话，用○表示，没完成的话用×表示。

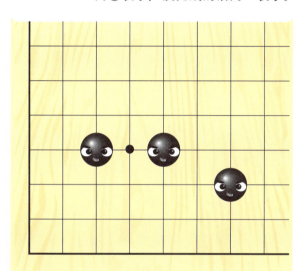

图1 （正解）

黑棋要用分开着的棋子完成围空，棋子之间的距离必须尽量以"隔一路"或"小飞"分开着才能实现。目前图1的黑○这些棋子以"隔一路"或"小飞"分开着。

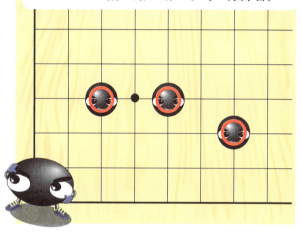

图2 （确认）

要用分开着的棋子完成围空，两头的黑○尽量在三线上的话，围空会比较结实。黑○这些棋子在离A和B的一线隔一路(X)的位置上。

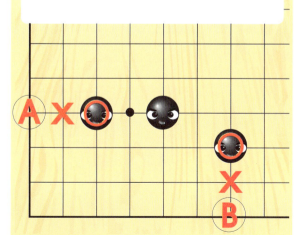

图3 （失败）

像黑○在四线的棋子离A的一线隔二路(X)的位置上，所以不是完成的围空。

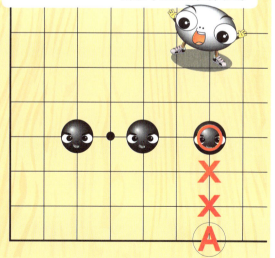

在四线的棋子怎么完成围地

 **图4** (打入和防守)

像黑○在四线的棋子，白1靠近时，必须要像黑2防守。

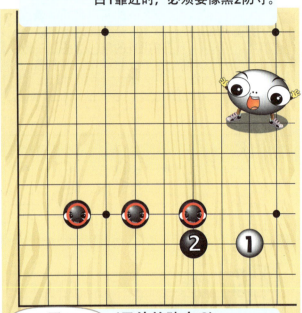

图5 (另外的防守 1)

黑1跳防守是好手。

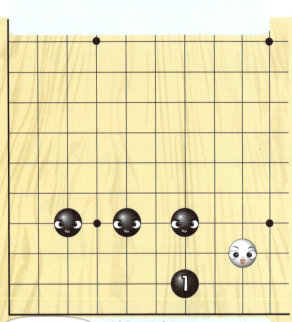

图6 (另外的防守 2)

黑1小飞防守也是好手。

图7 (破坏黑空)

黑棋脱先的话，白1打入，黑空会被破坏。

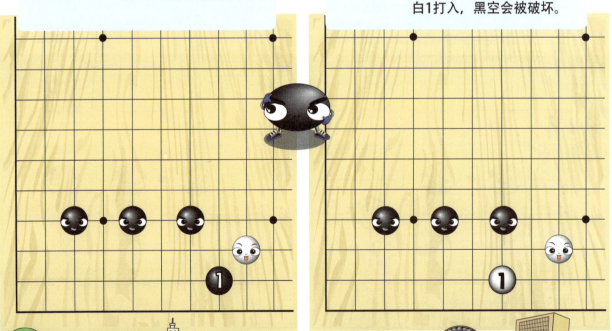

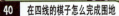

在四线的棋子怎么完成围地

图8 （坚实的空）

像黑○在三线完成围空的话，白1靠近时，黑棋不用防守就可以脱先。

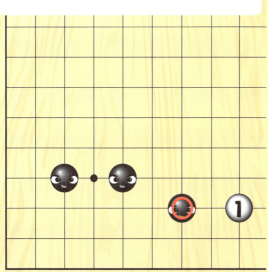

图9 （需要防守）

像黑○在四线完成围空的话，白1靠近时，黑棋要不要防守呢？

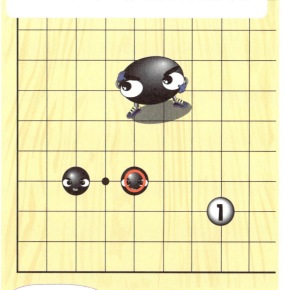

图10 （需要防守）

黑棋需要黑1防守。黑1也可以下到A位防守。

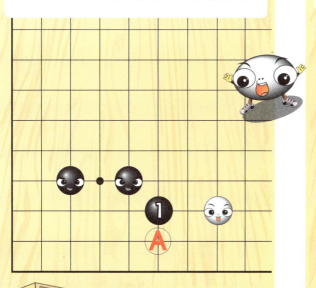

图11 （破坏黑空）

黑棋脱先的话，白棋会白1打入。白1进入时，黑空会被破坏。

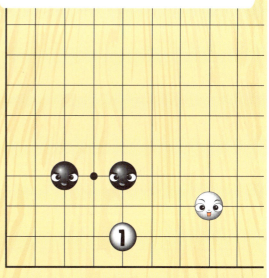

在四线的棋子怎么完成围地

如果黑棋完成了围空的话用〇表示，没完成的话用×表示。

问题1

问题2

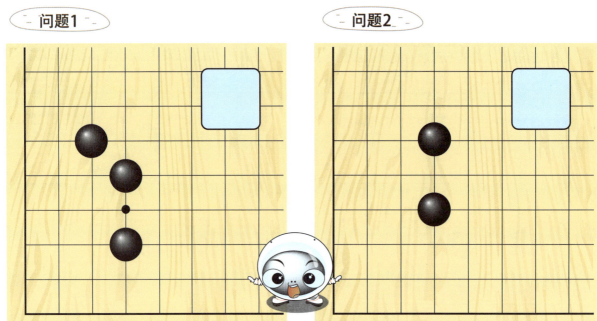

问题3

问题4

在四线的棋子怎么完成围地

如果黑棋完成了围空的话用○表示，没完成的话用×表示。

问题5

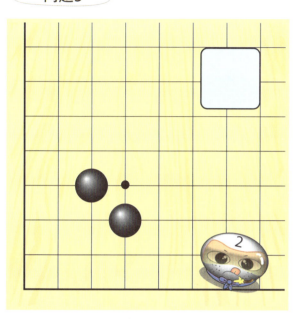

问题6

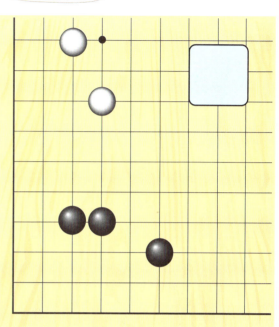

问题7

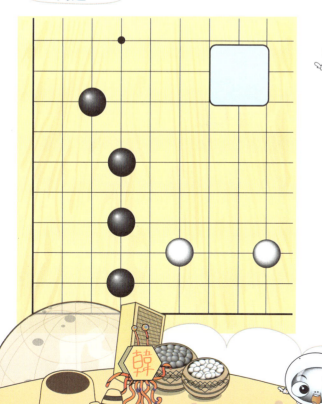

问题8

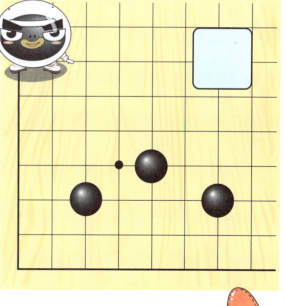

在四线的棋子怎么完成围地

黑棋要完成围空，该在A~C中怎么下好呢？

问题9

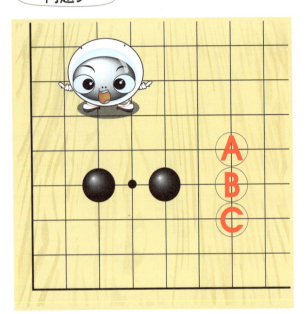

问题10

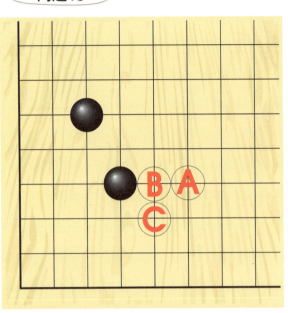

问题11

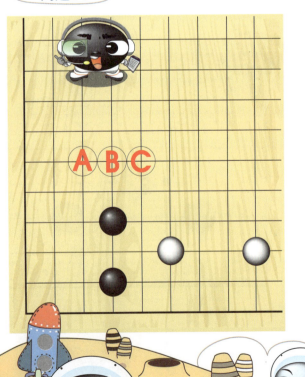

问题12

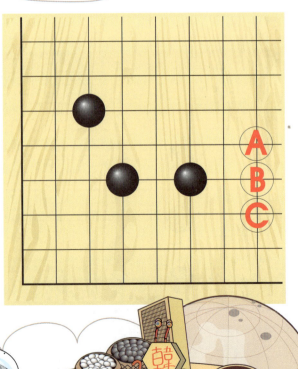

在四线的棋子怎么完成围地

黑1完成了围空。黑1是好手的话用○表示，是坏手的话用×表示。

问题13

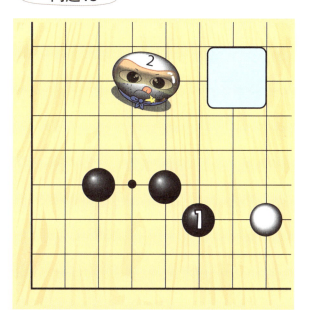

问题14

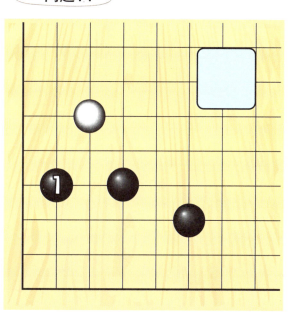

问题15

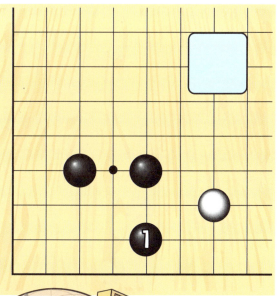

问题16

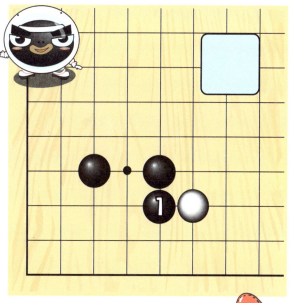

在四线的棋子怎么完成围地

黑1完成了围空。黑1是好手的话用〇表示，是坏手的话用×表示。

- 问题17 -

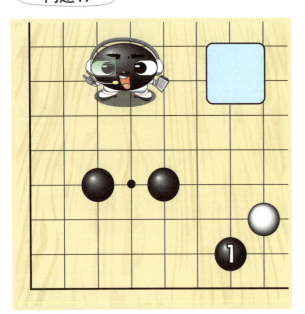

- 问题18 -

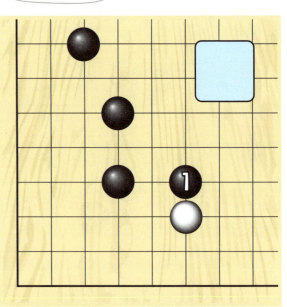

- 问题19 -

- 问题20 -

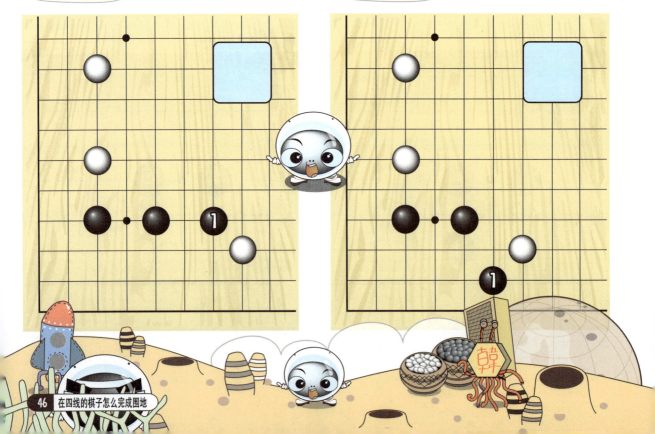

在四线的棋子怎么完成围地

白下1位。黑棋要完成围空，该怎么下好呢？

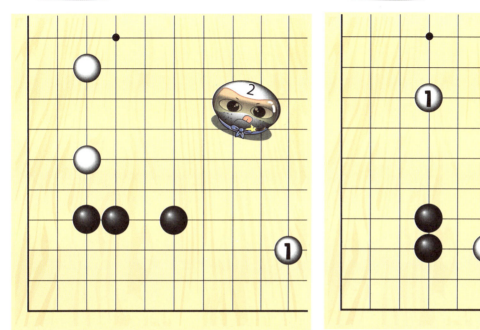

问题21

问题22

问题23

问题24

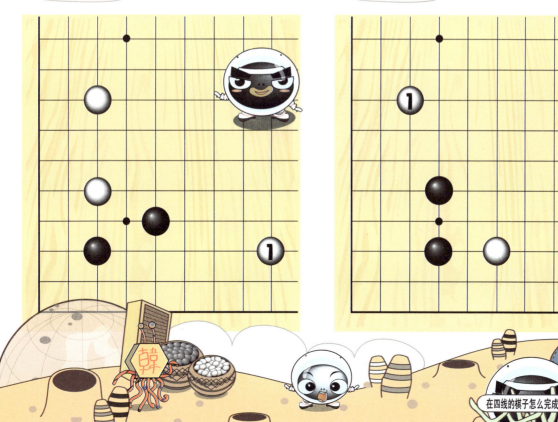

在四线的棋子怎么完成围地

白下1位。黑棋要完成围空，该怎么下好呢？

问题25

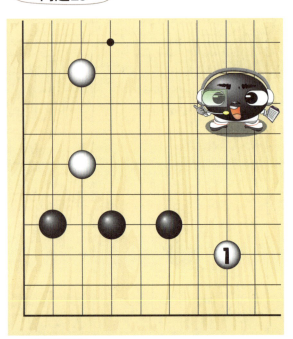

问题26

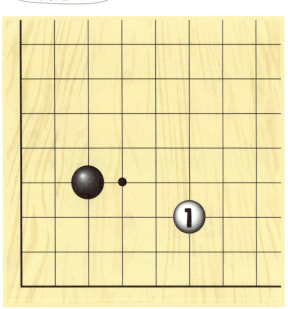

问题27

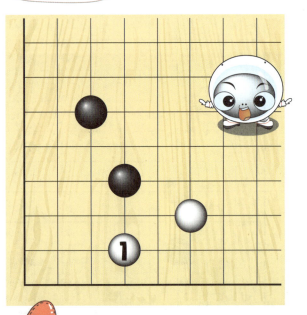

问题28

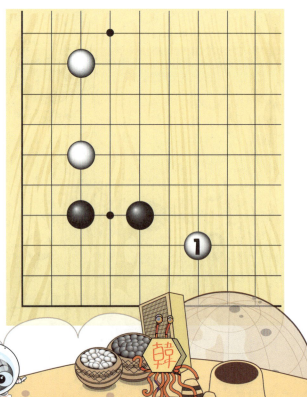

在四线的棋子怎么完成围地

黑1破坏了白空。黑1是好手的话用○表示，是坏手的话用X表示。

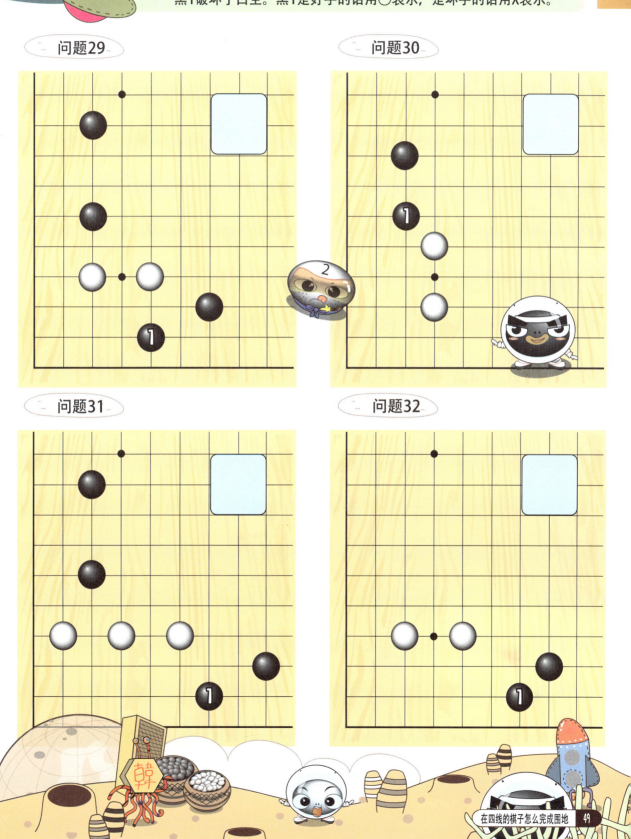

问题29

问题30

问题31

问题32

在四线的棋子怎么完成围地

请破坏白空！

问题33

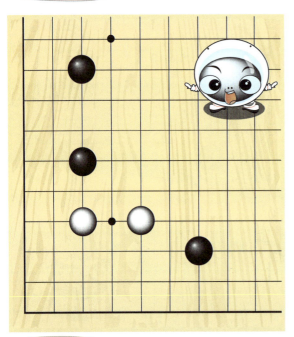

问题34

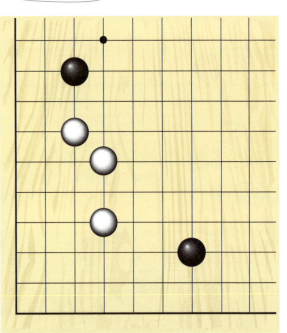

问题35

问题36

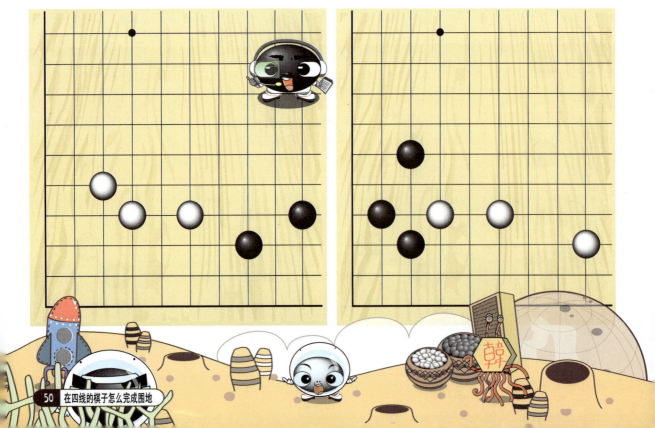

把间隔很远的棋子
互相连接围地1

Chapter.5

Happy

把间隔很远的棋子互相连接围地1

练
一
练

练习题

连接黑○两个子，完成围空。

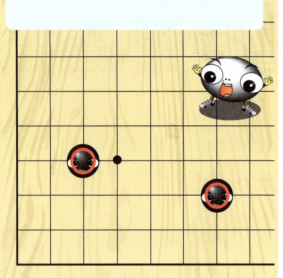

图1 (正解1)

黑1可以完成围空。
黑1和黑○隔一路，和黑▲隔小飞相连。

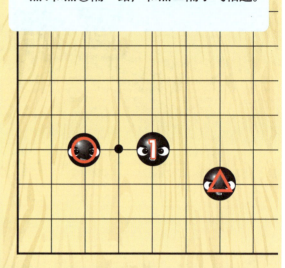

图2 (正解2)

黑1也可以完成围空。黑1离黑○隔小飞，
也在跟黑▲隔一路连接着。

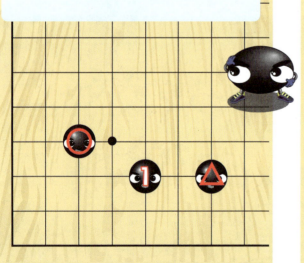

图3 (参考)

白1打入，黑棋不能完成围空。

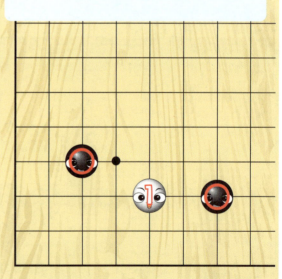

把间隔很远的棋子互相连接围地1

通过黑○之间的连接完成围空，要围出最大的空。

问题1

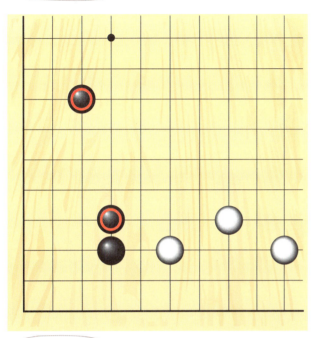

问题2

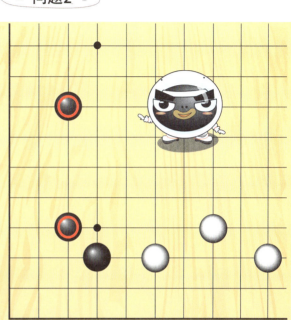

问题3

问题4

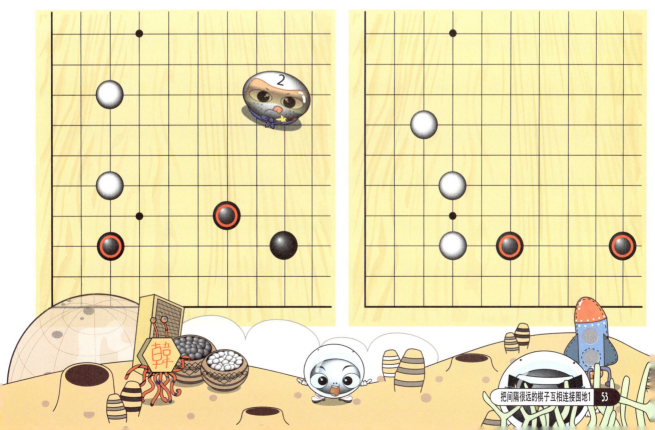

把间隔很远的棋子互相连接围地1

通过黑○之间的连接完成围空，要围出最大的空。

问题5

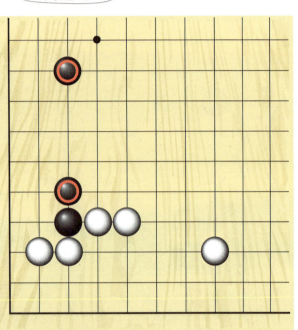

问题6

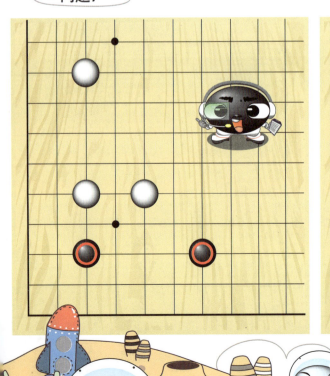

问题7

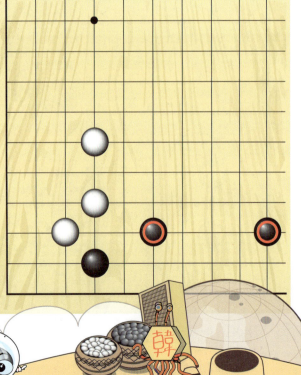

问题8

把间隔很远的棋子互相连接围地1

通过黑棋之间的连接完成围空，要围出最大的空。

问题9

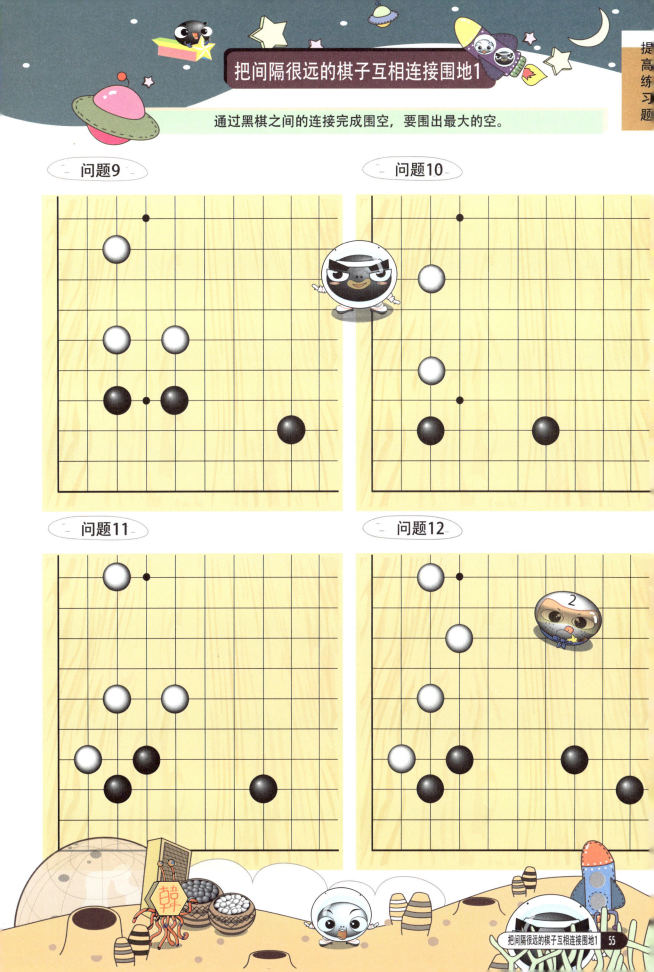

问题10

问题11

问题12

把间隔很远的棋子互相连接围地1

通过黑棋之间的连接完成围空，要围出最大的空。

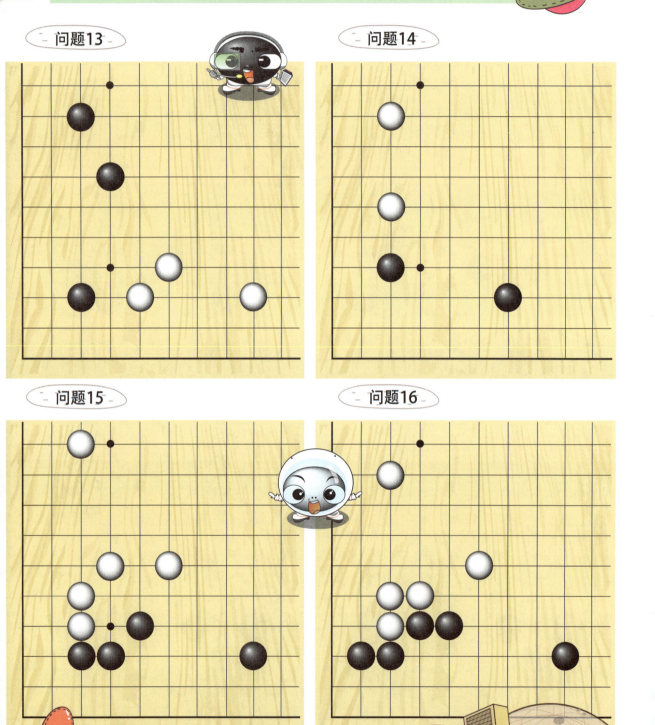

― 问题13 ―

― 问题14 ―

― 问题15 ―

― 问题16 ―

通过黑棋之间的连接完成围空。

练一练！

通过黑棋之间的连接完成围空。

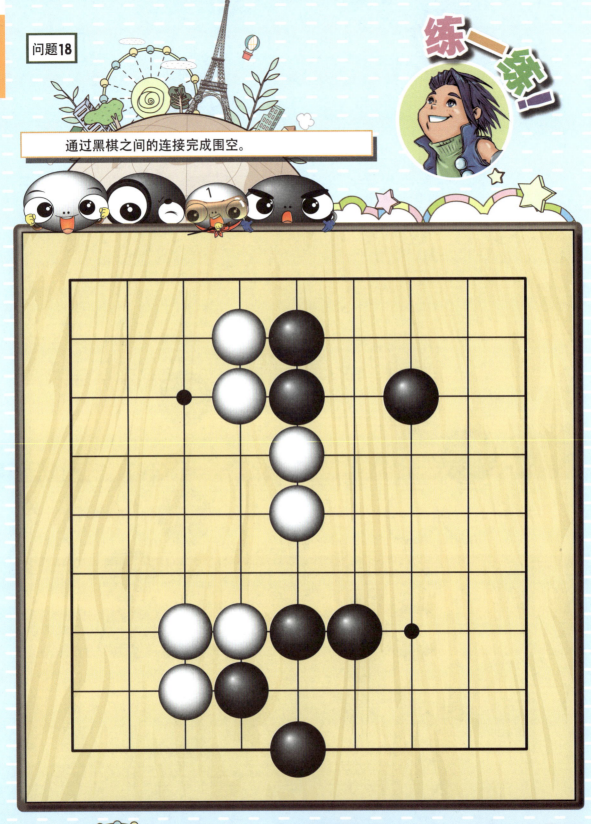

问题19

通过黑棋之间的连接完成围空。

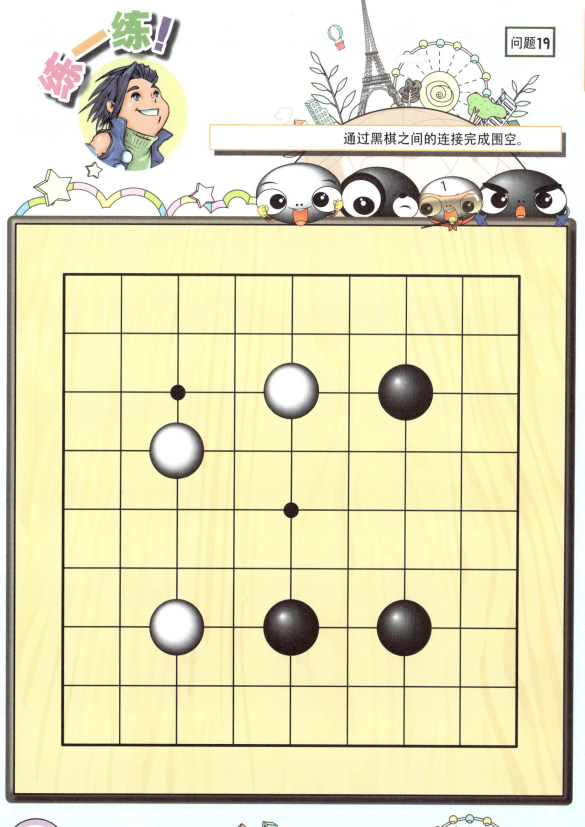

通过黑棋之间的连接完成围空。

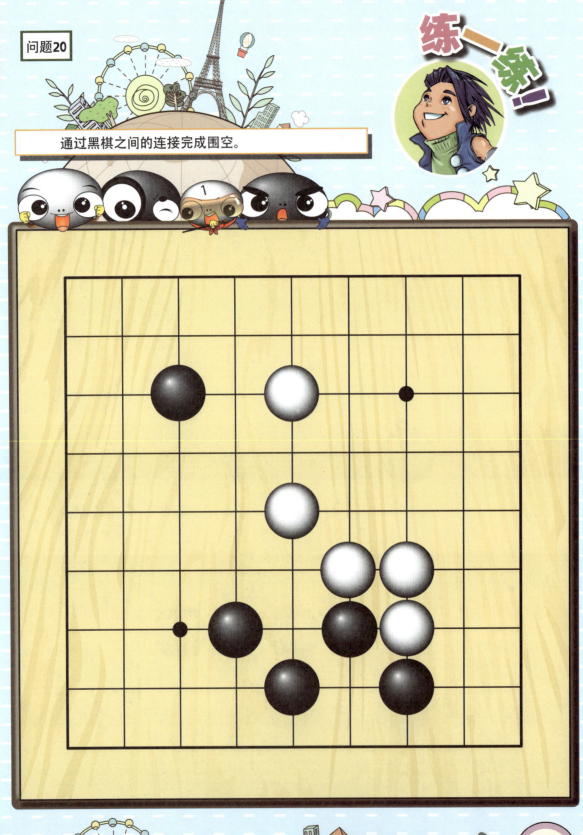

拆二围地

围棋精灵！！
我们已经有把握
赢得分开棋子
围地的游戏了！

是吗？
那么你应该知道
在这样的棋形下
怎么围地
才好吧？

那当然喽。
这样用隔
一路的办法
围地
就可以吧？

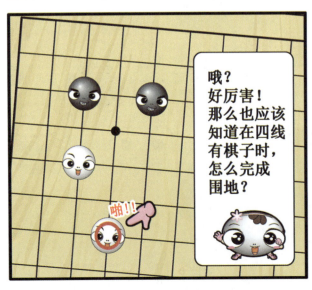

哦？
好厉害！
那么也应该
知道在四线
有棋子时，
怎么完成
围地？

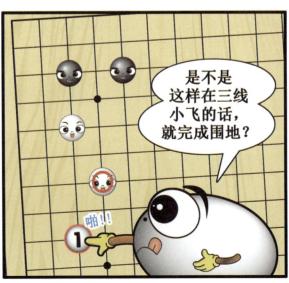

是不是
这样在三线
小飞的话，
就完成围地？

对！！
白帅了解得很正确！

嘿嘿，谢谢！

很聪明！

但是，也有办法利用分开着的棋子围更大的地。

是吗？呜哇请赶快告诉我！

在这儿不行，跟我来！

啪啪！！

嗡~

呜哇~……

在这样的棋形下，白帅应该在A位围地了吧？

对呀！还有什么更好的办法吗？

当然有！在这样的棋形下，利用这样拆二的手段围地更好。

当白〇在三线时，在白△的位置拆二围地更好。一定要记住！

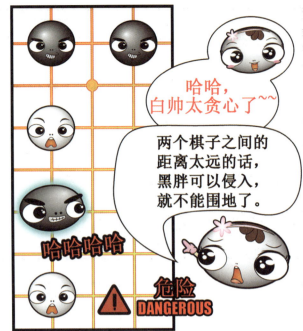

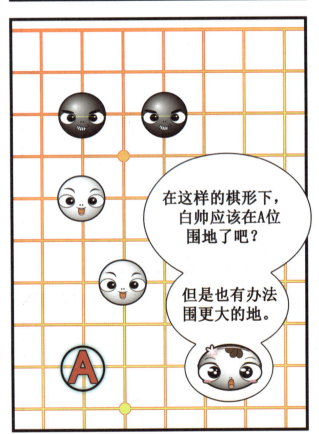

拆二围地

练习题

要利用黑○做最大的也最远的空。
黑棋在A~C中下哪里好呢？

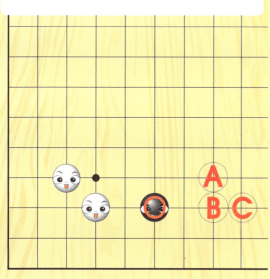

图1 （正解）

黑1就是正确答案。
黑1和黑○隔二路(XX)。像这样棋子
和棋子之间隔二路也可以围空。

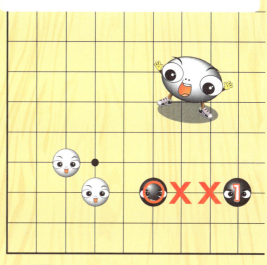

图2 （分析）

黑○和黑▲隔二路(XX)相连。
因为黑○和黑▲离A和B的一线隔一路，
所以可以围坚实的空。

图3 （不够）

黑1离黑○隔一路，很坚实地连接着。
但是和隔二路相比，空围得不大。

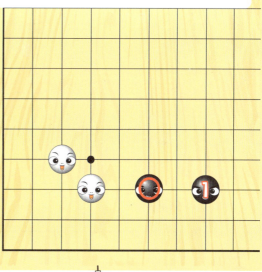

拆二围地

请用离黑〇隔二路的手法围空!

问题1

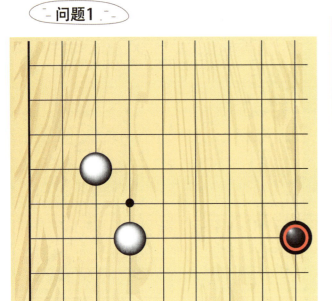

问题2

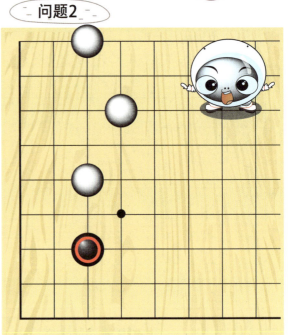

问题3

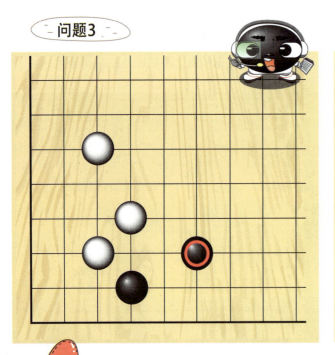

问题4

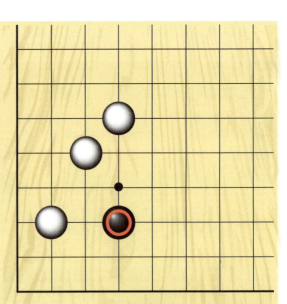

请用离黑〇隔二路的手法围空！

问题5

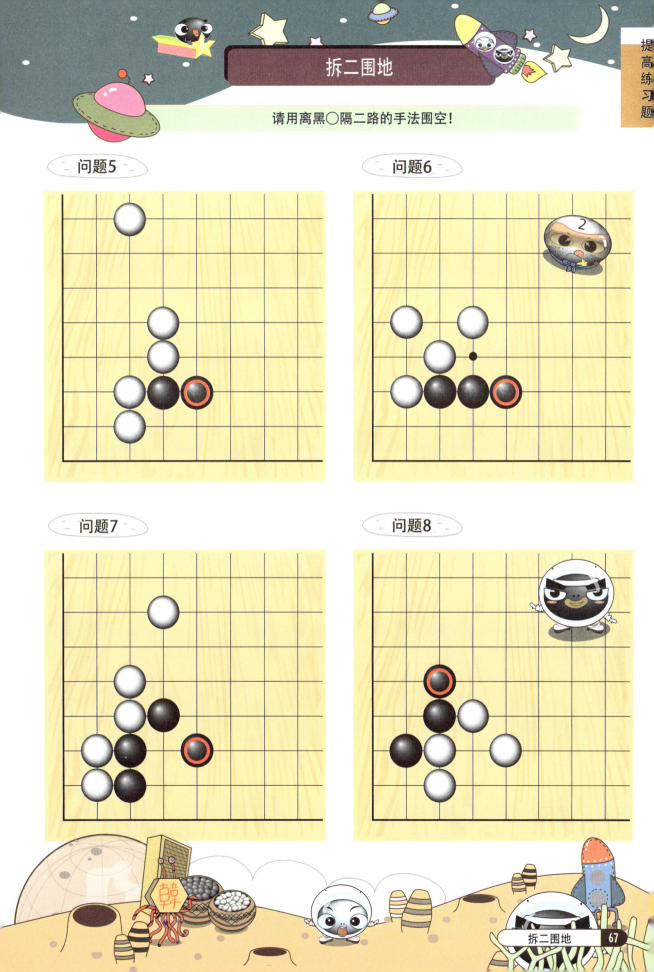

问题6

问题7

问题8

拆二围地

黑棋用什么手段可以围空呢?

问题9

问题10

问题11

问题12

大飞围地

Chapter.7

大飞围地

练习题

要利用黑〇做最大的空。
黑棋在A~C中下哪里好呢？

图1 (正解)

黑1就是正确答案。黑1离黑〇隔二路(XX)。
因为黑1离A的一线隔一路，
空围得很坚实。

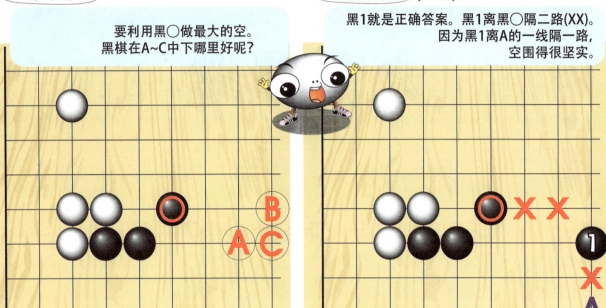

图2 (分析)

黑1离黑〇隔二路(XX)。
但是因为它离A的一线隔二路(XX)，
所以不能完成围空。

图3 (不够)

黑1离黑〇隔一路(X)，
也离A的一线隔一路(X)，完成了坚实的空。
但跟正确答案相比，空有点儿不够！

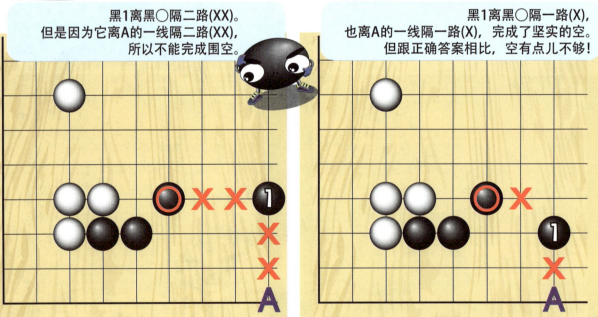

大飞围地

请用黑○隔大飞的手段围空！

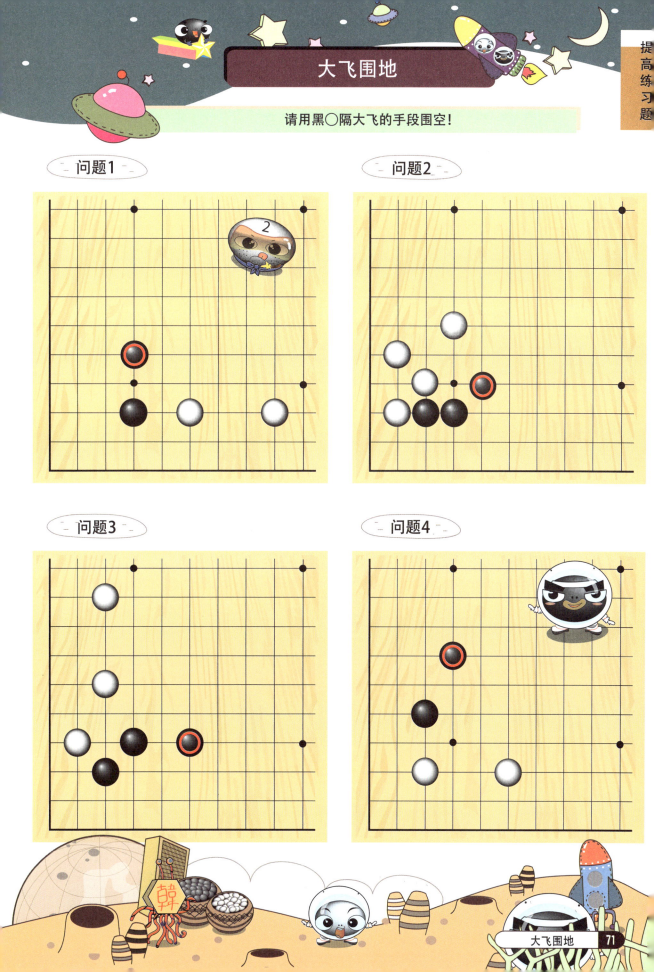

问题1

问题2

问题3

问题4

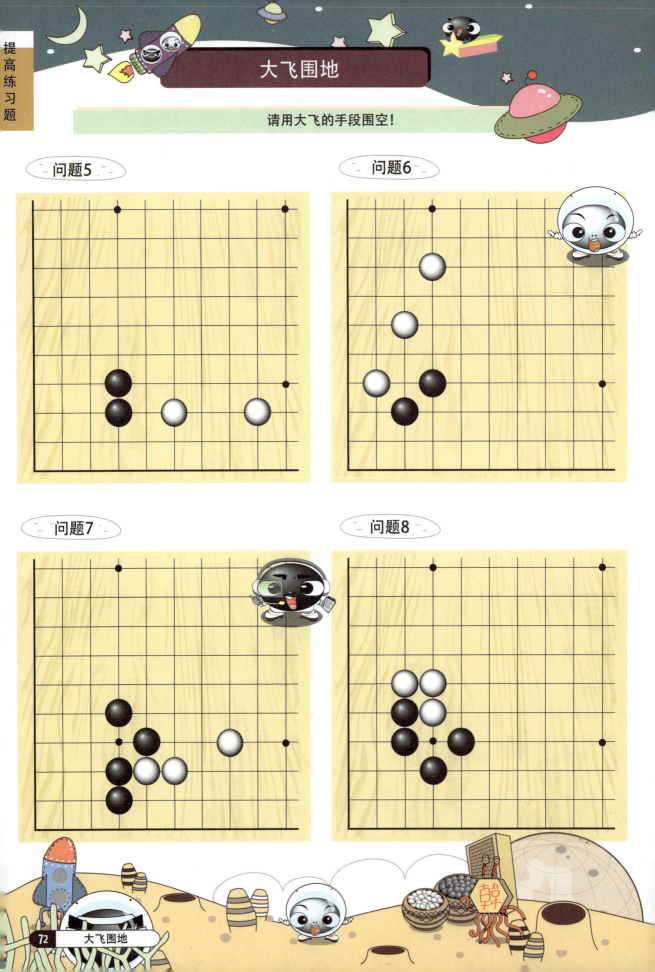

大飞围地

请用大飞的手段围空！

问题5

问题6

问题7

问题8

守空和破空1

Chapter.8

守空和破空1

练习题

黑1和黑〇以小飞完成围空。
白2时，黑棋该怎么下好呢?

图1 (正解)

黑1就是正确答案。
黑1跟黑〇连接起来完成围空。

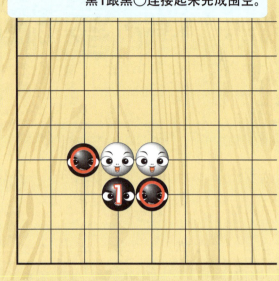

图2 (分析)

图1以后，白1时，黑2立。
黑棋在角上可以完成很多目(X标记)。

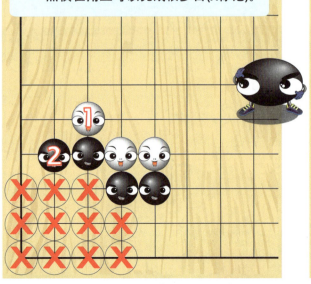

图3 (不够)

黑1攻击失败。白2时，
黑〇两个子之间的连接被切断，
黑空也被破坏。

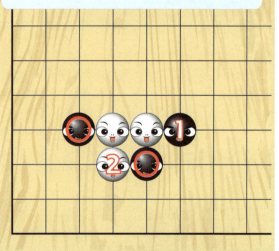

守空和破空1

白1之后，连接小飞的黑○两个子，并完成围空！

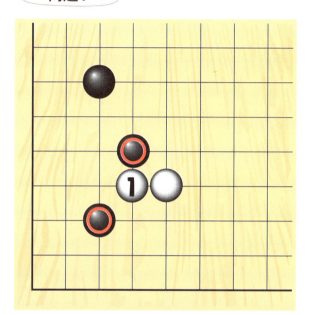

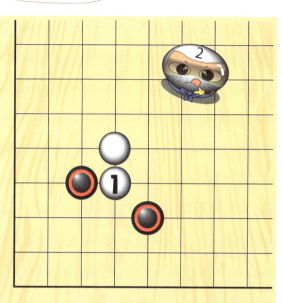

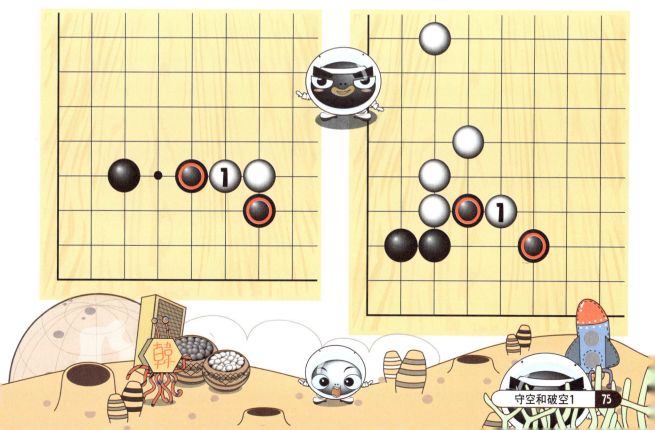

守空和破空1

连接隔一路的黑○两个子，并完成围空！

问题5

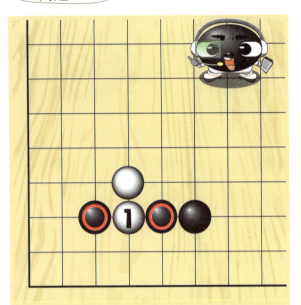

问题6

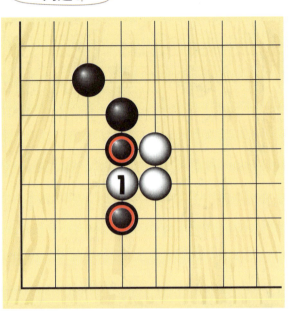

问题7

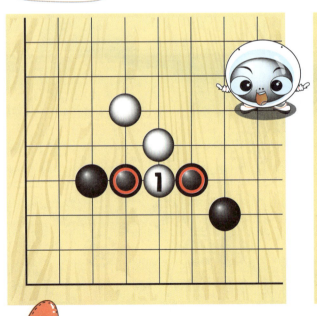

问题8

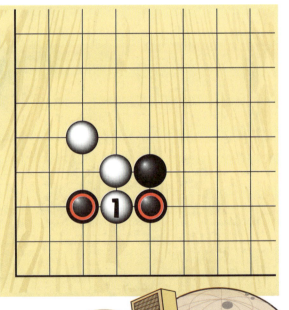

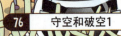

白1之后，请切断小飞的白◎两个子，并破坏白空！

- 问题9 -

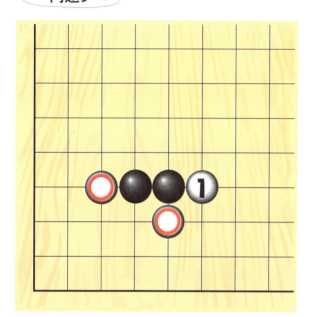

- 问题10 -

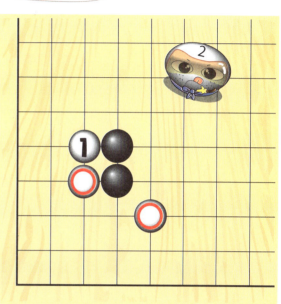

- 问题11 -

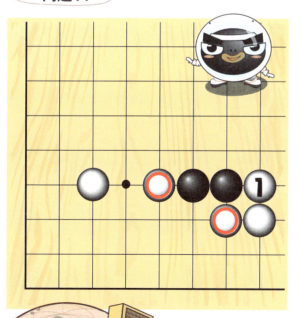

- 问题12 -

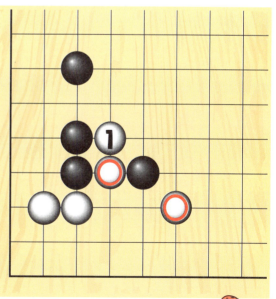

守空和破空1

白1之后，请切断隔一路的白◎两个子，并破坏白空！

问题13

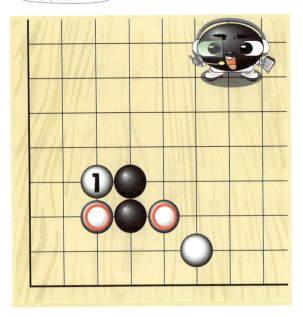

问题14

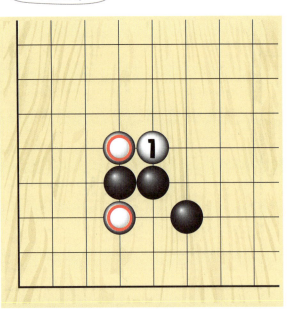

问题15

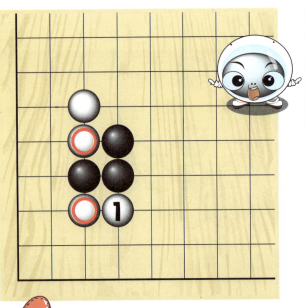

问题16

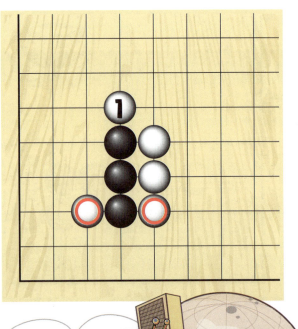

守空和破空1

请补掉小飞的弱点，并完成黑棋的围空！

问题17

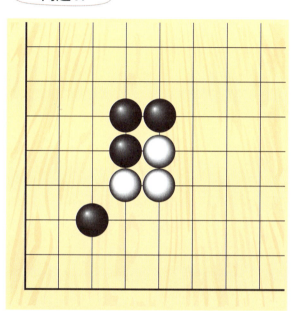

问题18

问题19

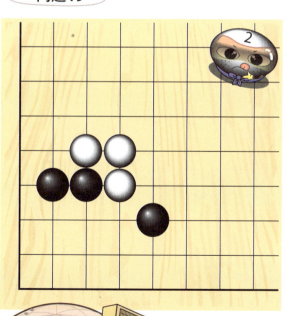

问题20

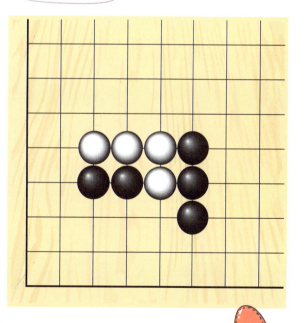

守空和破空1

请补掉隔一路的弱点，并完成黑棋的围空！

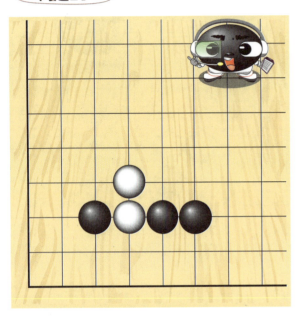

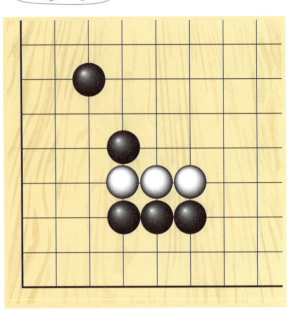

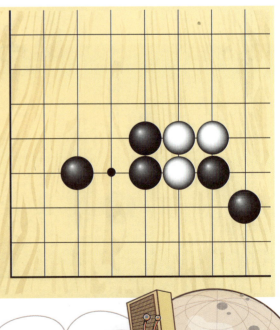

守空和破空1

攻击小飞的弱点，破坏白空！

问题25

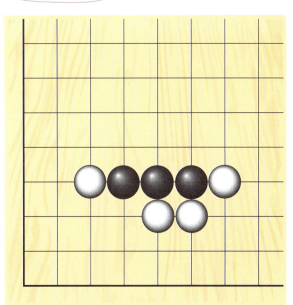

问题26

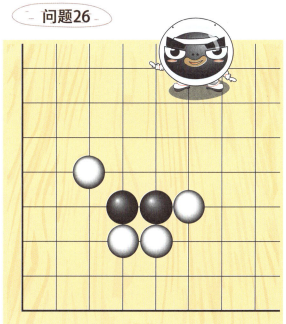

问题27

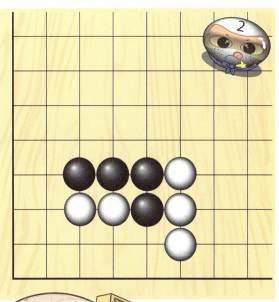

问题28

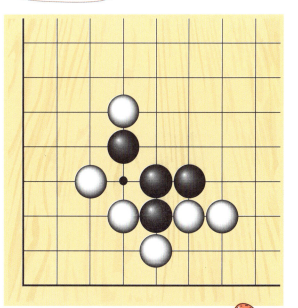

攻击隔一路的弱点，破坏白空！

问题29

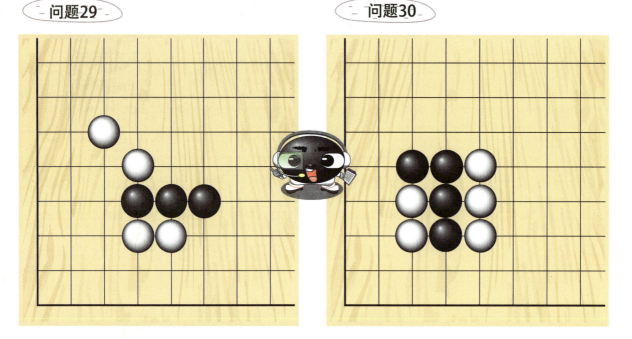

问题30

问题31

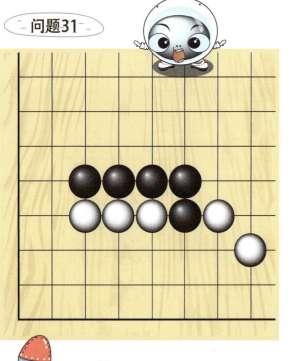

问题32

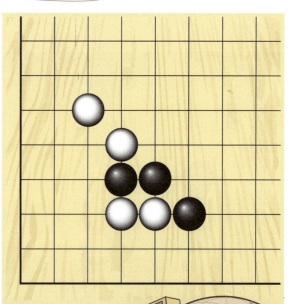

黑棋有必须要走的地方。这个地方在哪儿?

问题34

黑棋有必须要走的地方。这个地方在哪儿?

守空和破空2

练习题

黑○拆二围空时，白1攻击。
黑棋该怎么下好呢？

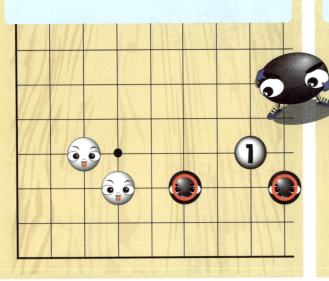

图1 （正解）

黑1连接就是正确答案。
跟黑○隔一路连接起来完成围空。

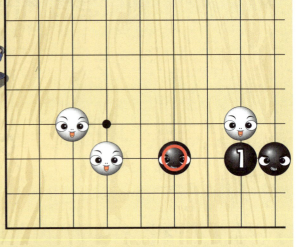

图2 （失败）

黑如脱先不理，会遭到白2的攻击而失败。
如果不连接黑○两个子，不能完成围空。

图3 （大飞）

黑○是用大飞手段围空。
白1时，黑2连接就可以围空。

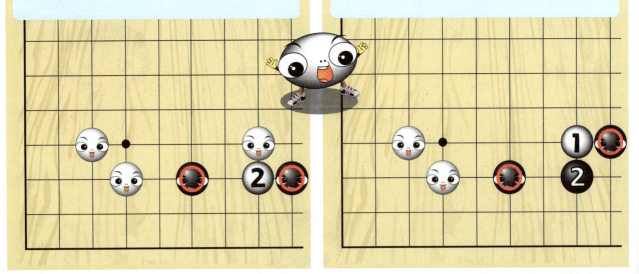

守空和破空2

白下1位，请连接拆二的两个黑○，并完成围空。

问题1

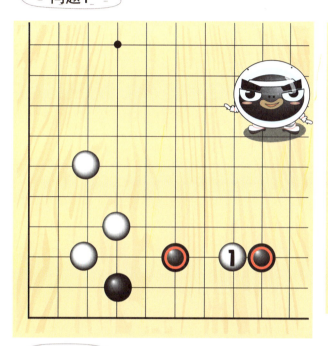

问题2

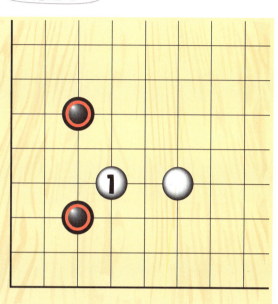

问题3

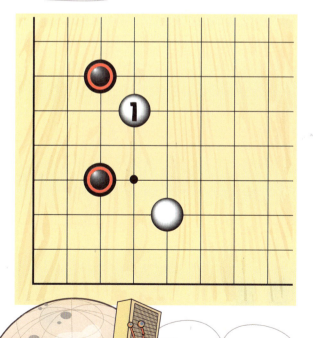

问题4

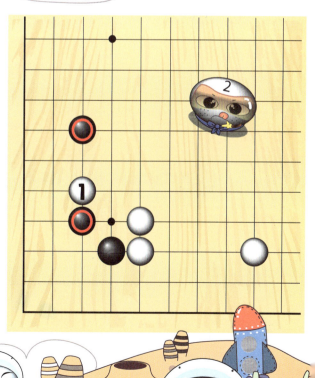

守空和破空2

白下1位，请连接大飞的两个黑○，并完成围空。

问题5

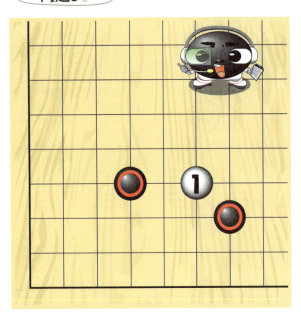

问题6

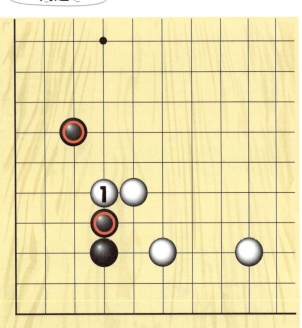

问题7

问题8

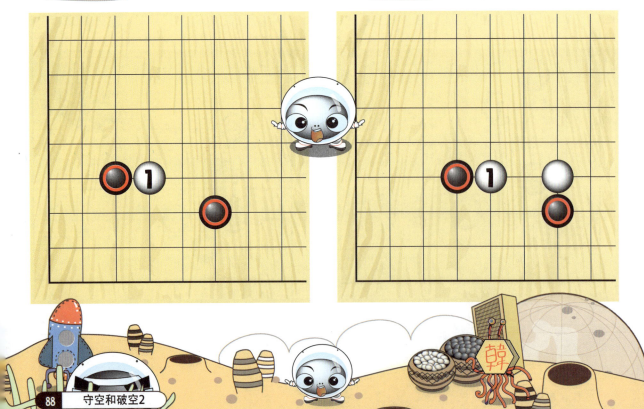

守空和破空2

切断拆二的白◎之间的连接，并破坏白空！

问题9

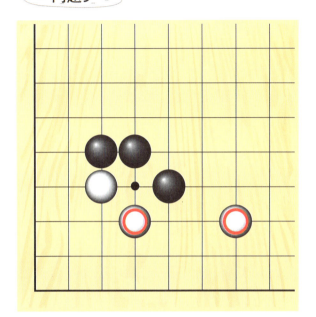

问题10

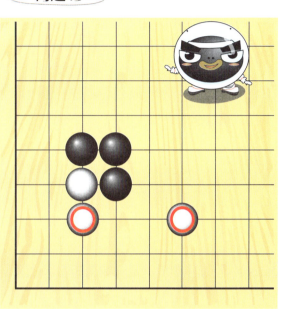

问题11

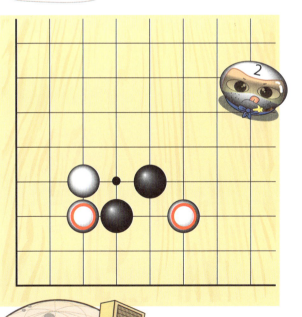

问题12

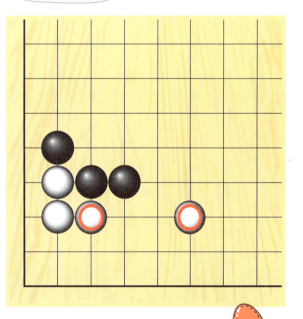

守空和破空2

切断大飞的白◎之间的连接，并破坏白空！

- 问题13 -

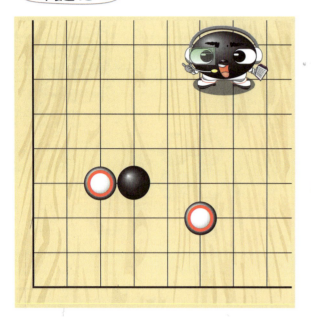

- 问题14 -

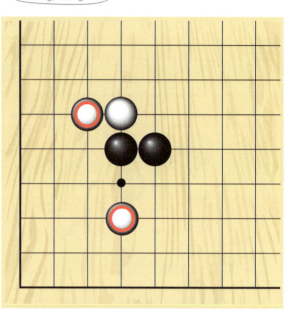

- 问题15 -

- 问题16 -

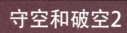

守空和破空2

请把拆二的棋子连接起来，并完成围空。

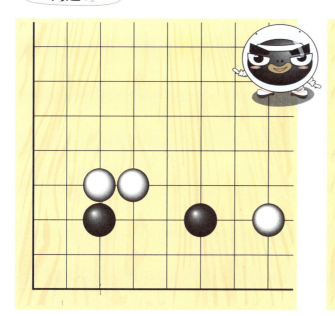

问题17

问题18

问题19

问题20

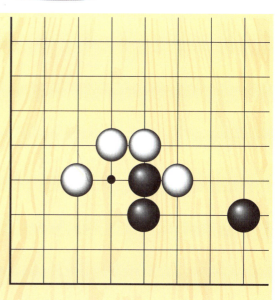

守空和破空2

请把大飞的黑子连接起来，并完成围空。

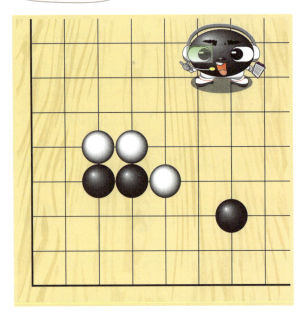

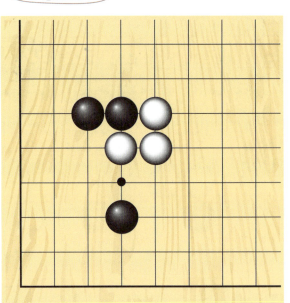

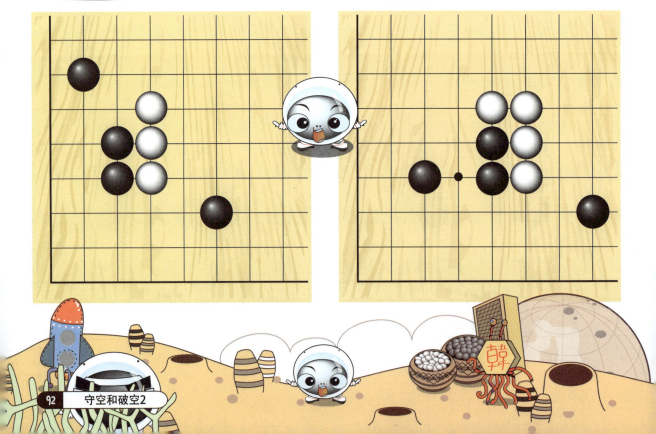

把间隔很远的棋子
互相连接围地2

Chapter. 10

把间隔很远的棋子互相连接围地2

练习题

黑〇和黑△之间的距离太远，
不能完成围空。
请连接黑〇和黑△，并完成围空。

图1 (正解 1)

黑1就是正确答案。
黑1和黑〇隔一路，
和黑△隔大飞连接起来围空。

图2 (正解 2)

黑1也是答案。 黑1和黑〇隔大飞，
和黑△隔一路连接起来围空。

图3 (正解 3)

黑1也是答案。黑1跟黑〇小飞，
跟黑△隔二路连接起来围空。

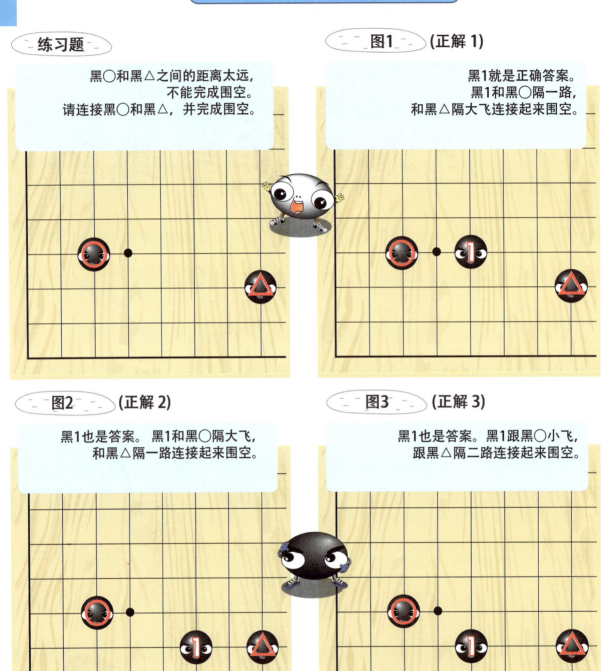

把间隔很远的棋子互相连接围地2

把黑○和黑△以隔一路或隔二间的手段连接，并完成围空。

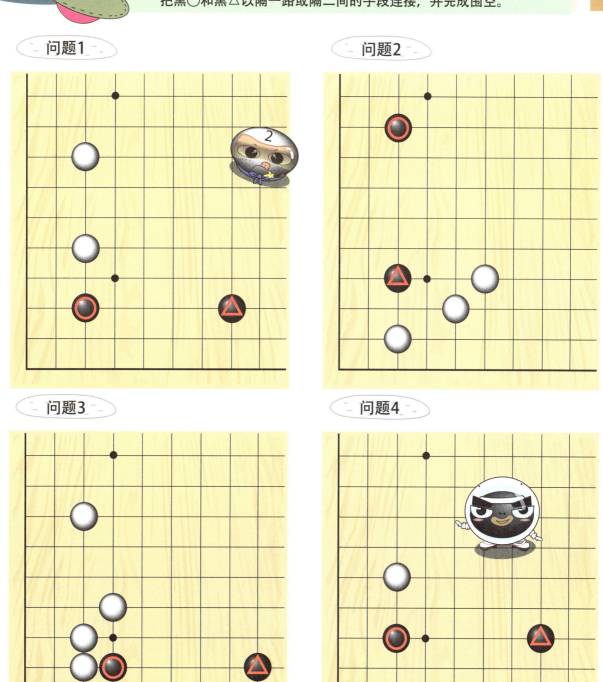

问题1

问题2

问题3

问题4

把间隔很远的棋子互相连接围地2

把黑○和黑△以隔一路或大飞的手段连接，并完成围空。

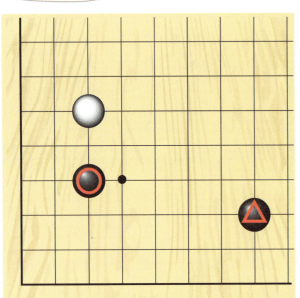

问题5

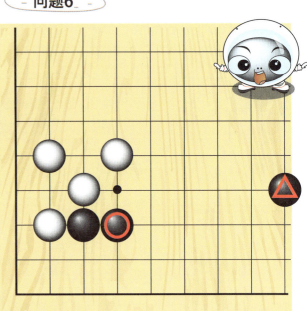

问题6

问题7

问题8

把间隔很远的棋子互相连接围地2

把黑○和黑△以小飞或隔二间的手段连接，并完成围空。

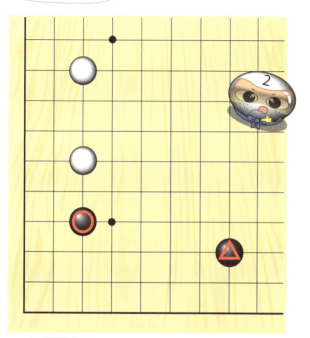

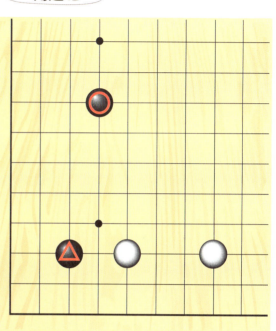

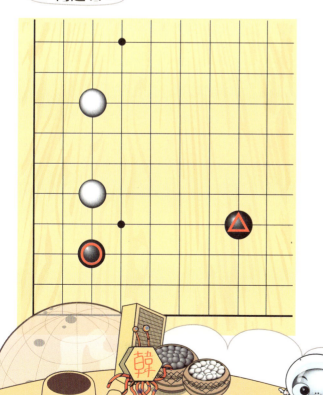

把间隔很远的棋子互相连接围地2

把黑◯和黑△以小飞或大飞的手段连接，并完成围空。

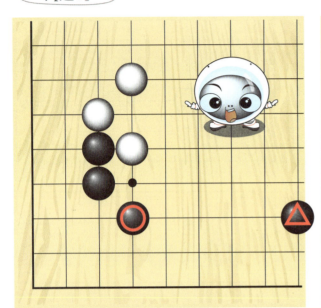

问题13

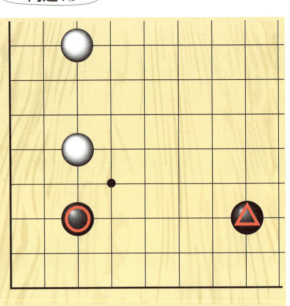

问题14

问题15

问题16

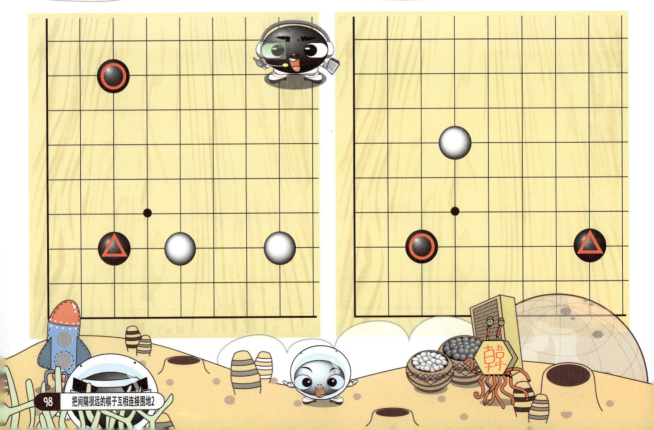

把间隔很远的棋子互相连接围地2

把黑○和黑△以两个隔二间的手段连接，并完成围空。

问题17

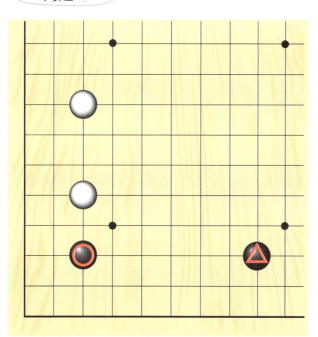

问题18

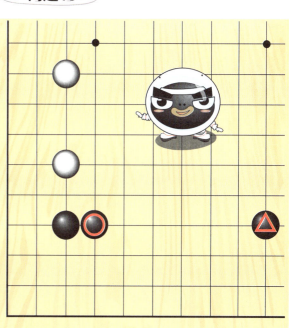

问题19

问题20

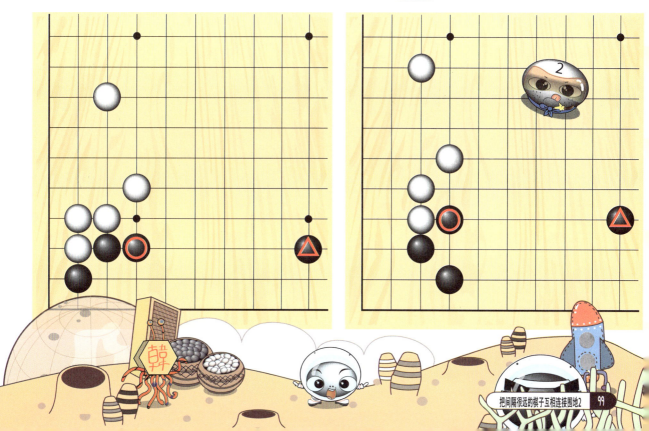

把间隔很远的棋子互相连接围地2

把黑〇和黑△以二间或大飞的手段连接，并完成围空。

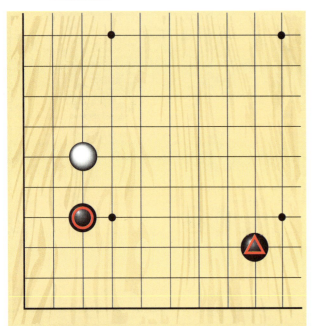

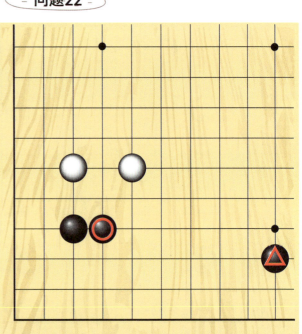

- 问题23 -

- 问题24 -

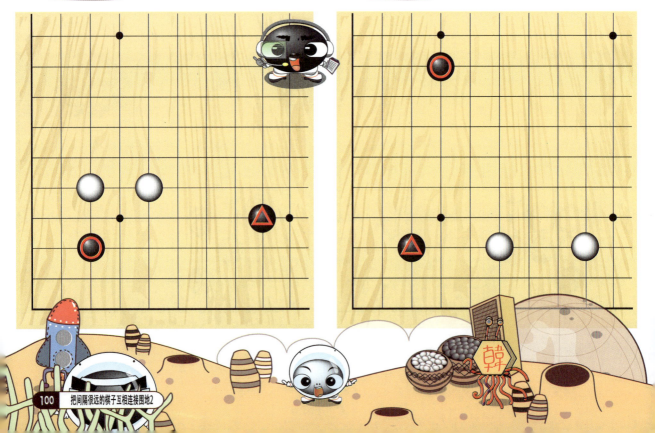

把间隔很远的棋子互相连接围地2

把黑○和黑△以两个大飞的手段连接，并完成围空。

问题25

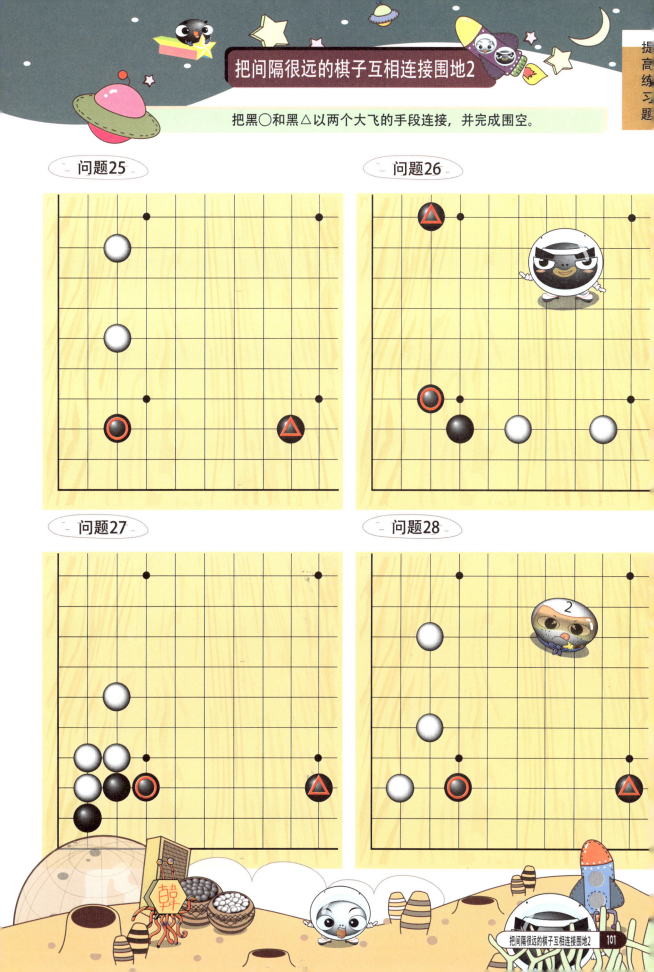

问题26

问题27

问题28

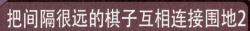

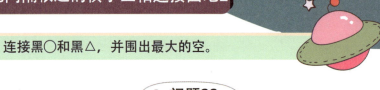

把间隔很远的棋子互相连接围地2

连接黑〇和黑△，并围出最大的空。

问题21

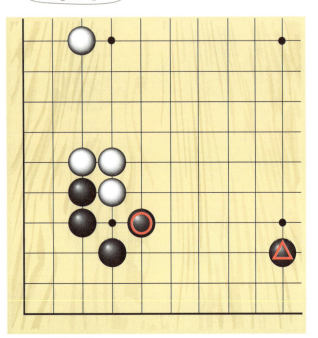

问题22

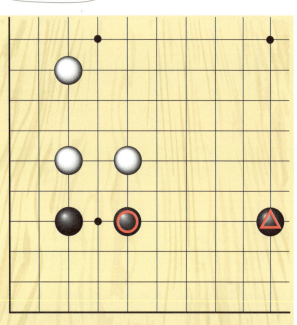

问题23

问题24

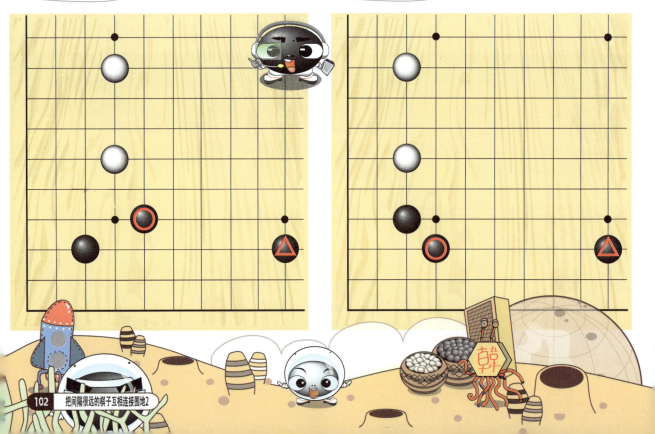

不让对方
连接围地的技巧

Chapter.11

不让对方连接围地的技巧

练习题

白棋下A时，白◎和白△之间连接起来，可以完成围空。
不让白棋完成围空，黑棋该怎么下好呢？

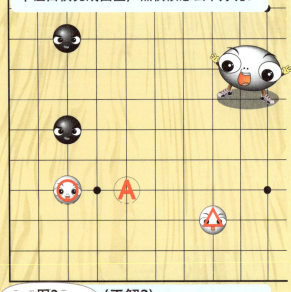

图1 （正解）

黑1就是正确答案。 侵入对方的阵地时，要像黑1离白◎隔一路(X)，离白△隔二路(XX)侵入。

图2 （正解2）

黑1也是答案。黑1在离左边隔一路，离右边隔二路分开着。

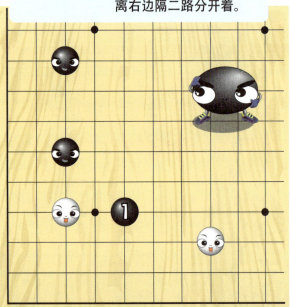

图3 （大飞）

黑1也是答案。黑1离左边隔二路，离右边隔一路分开着。

不让对方连接围地的技巧

不让白◎和白△完成围空，黑棋该怎么下好呢？

问题1

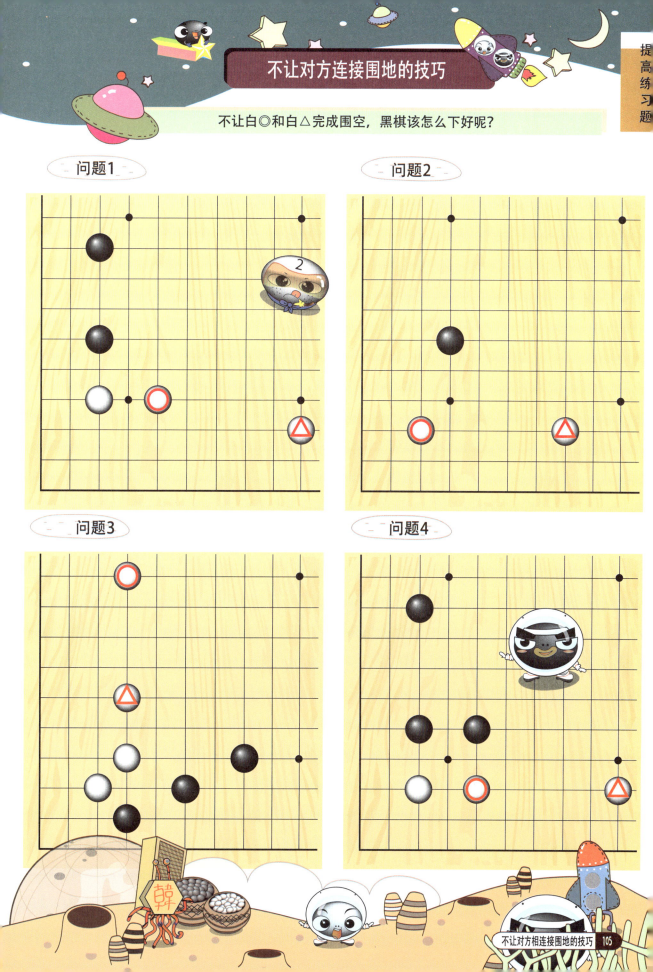

问题2

问题3

问题4

不让对方连接围地的技巧

不让白◎和白△完成围空，黑棋该怎么下好呢？

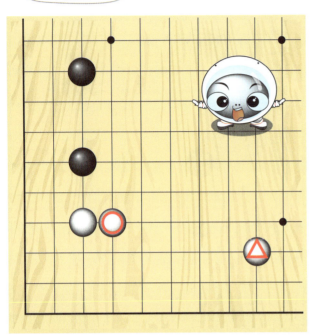

问题5

问题6

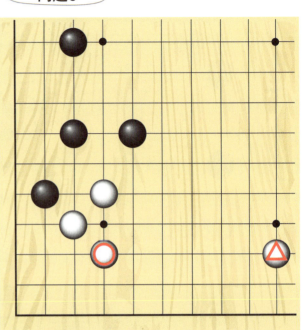

问题7

问题8

不让对方连接围地的技巧

不让白棋完成围空，黑棋该怎么下好呢？

 问题9

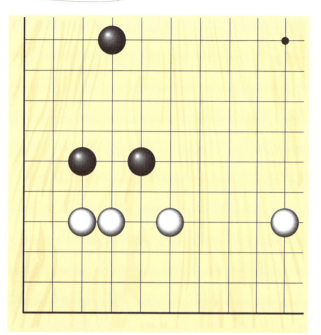

问题10

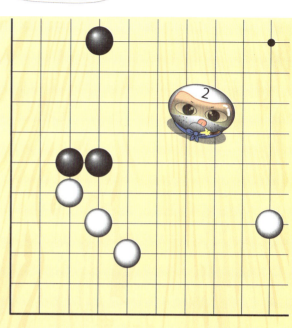

问题11

问题12

不让对方连接围地的技巧

不让白棋完成围空，黑棋该怎么下好呢？

问题13

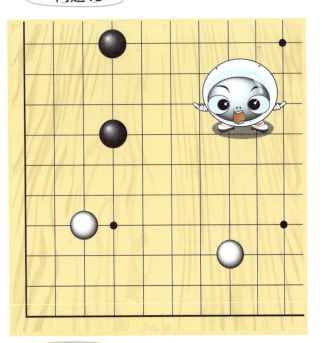

问题14

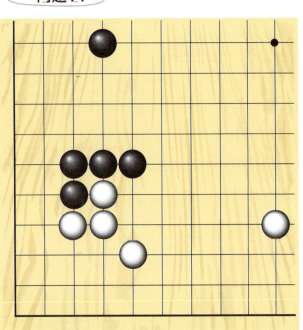

问题15

问题16

利用坚实的棋子
扩展围地

Chapter.12

利用坚实的棋子扩展围地

练习题

黑〇两个子并肩站立，
黑棋拆开到A~C三点哪里好呢？

图1 (正解)

黑很坚实的话，可以像黑1拆三展开。
拆开的间隔可以应用"+1的原理"。
黑〇两个子很坚实，
所以2+1=3(XXX，拆三)。

图2 (参考图1)

白1打入时，黑2压住的应手好。
黑2在离黑〇隔一路，
离黑△隔小飞的位置上，
左右的黑棋互相连接着。

图3 (参考图2)

白1打入时，黑2托连接。
黑2在离黑〇和黑△都隔一路的位置上，
完成围空。

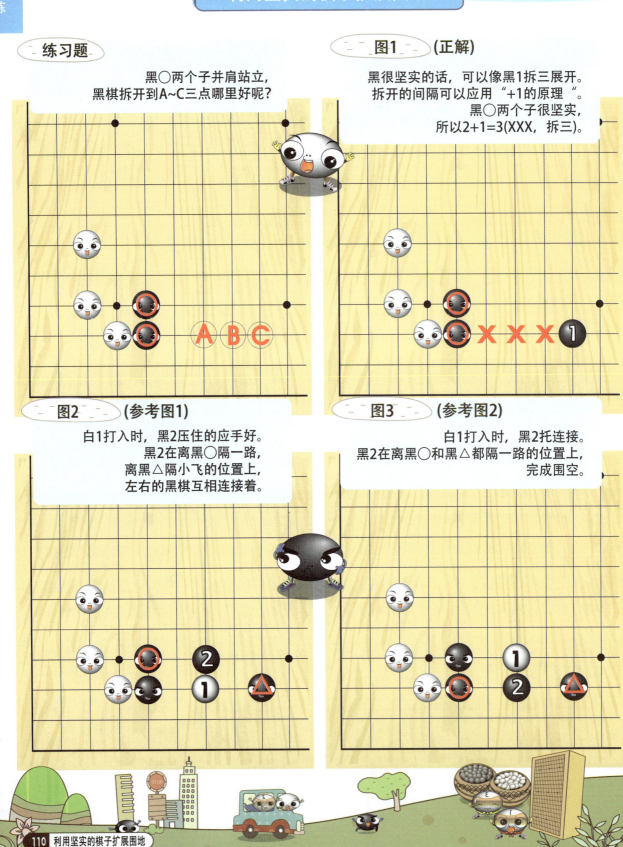

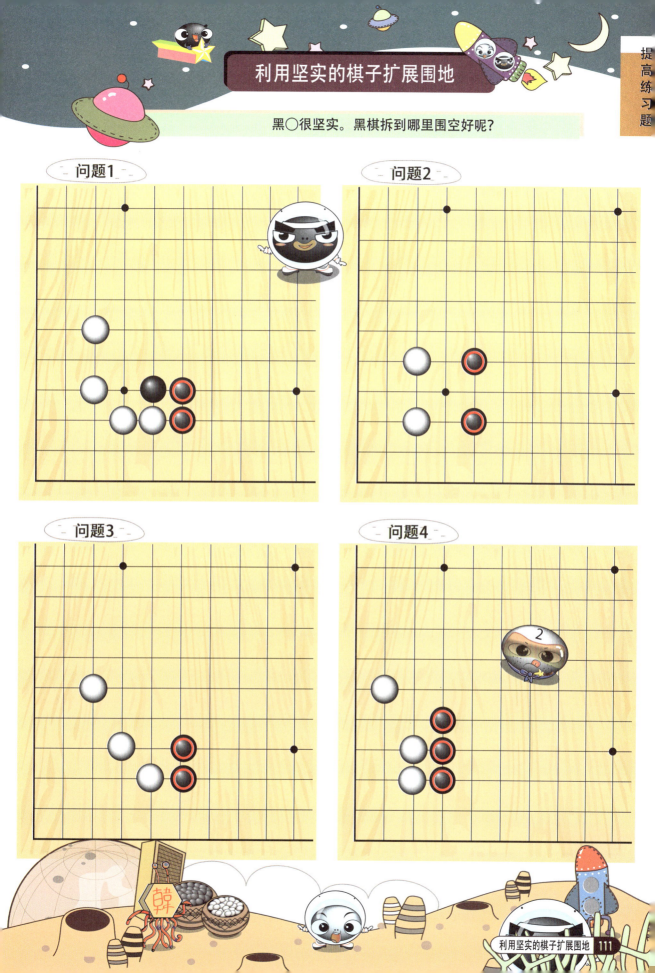

利用坚实的棋子扩展围地

黑〇很坚实。黑棋拆到哪里围空好呢?

问题1

问题2

问题3

问题4

利用坚实的棋子扩展围地

黑棋拆到哪里围空好呢？

问题5

问题6

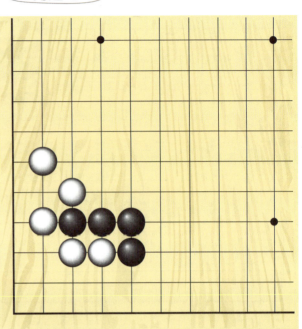

问题7

问题8

要攻击，还是要扩展围地

Chapter.13

要攻击，还是要扩展围地？

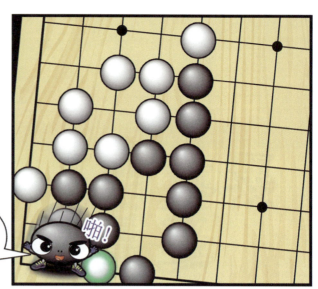

哈哈哈，终于抓住了白帅的一个朋友！

啊！ 我的朋友又被打吃了？我赶快去救他。

哦，对了！上次围棋精灵说围棋是地(也叫空，目)多就赢的游戏！

那么，虽然我的朋友可怜，但是为了胜利，我只能这样围地！！

哇，这是哪儿来的横财！还可以吃掉白帅的朋友！

黄·黄，你干得好！

虽然朋友遇到了危险，但是为了胜利，冷静一点儿吧！我要冷静地继续围地！

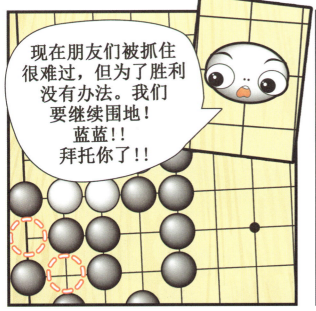

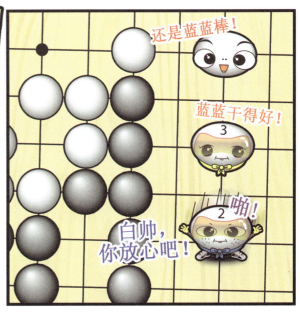

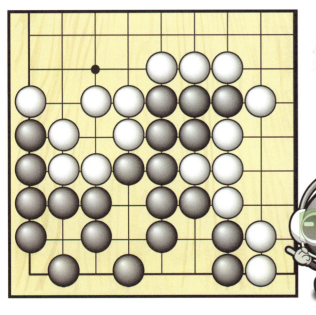

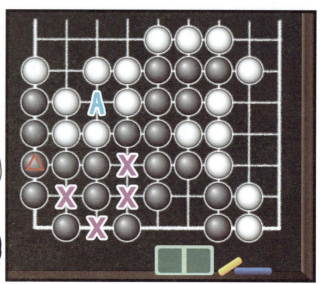

黑胖队抓住了多少白帅队员呢？

嘿嘿，包括X标记的地方和黑△，我一共抓住了5个俘虏。

我们只是在A位抓住了1个俘虏。

那么，先简单地做棋吧。按照中国围棋规则，用数子法确定围地多少。但是在9路棋盘上暂时不考虑贴子。

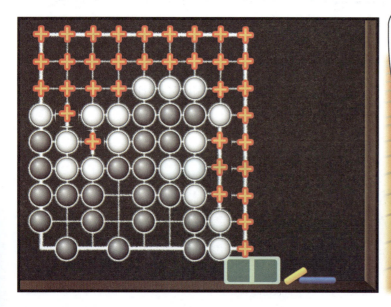

白棋活的棋子数为17个，围空的目数为35个，17+35=52，一共就是52子。黑棋呢？嗯……

朋友们，我先去趟厕所。

忐忑不安

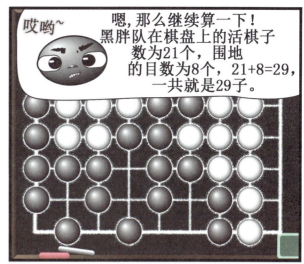

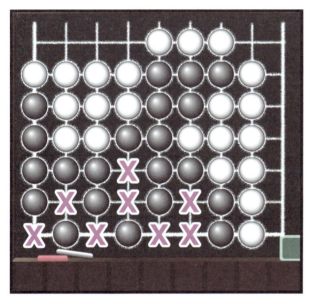

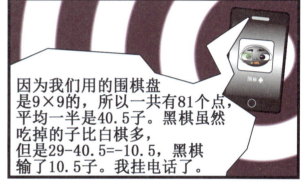

然后，
白帅队的白△处于危险，
该怎么办呢？

啊，我们可能会这样下！

那时，黑胖队
如果这样挡住
围地的话，你们
看一看形势
会怎么变？

大家好，
我来了！

"×"标记的地方都
变成我的空了，对不对？

怎么回事儿？
我的空只有
"+"标记的。

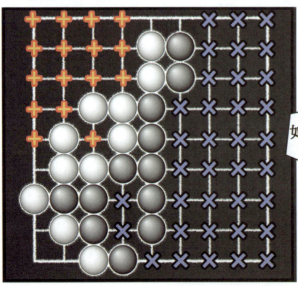

哦，围棋游戏扩展
围地更重要。下次
我会更加努力！谢谢
您的指教，围棒！

如果这样终局的话，一看
就知道黑胖队赢定了！

要攻击，还是要扩展围地

练习题

白1打吃。
黑棋在A、B两点下哪里好呢？

图1 （正解）

黑1就是正确答案。
黑1在与黑○小飞的位置上，
可以围空。

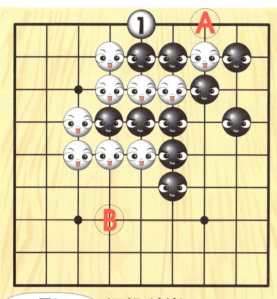

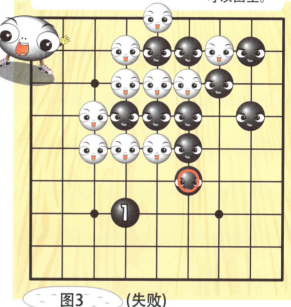

图2 （正解 继续）

图1的正解以后，白1提的话，
黑2拆一的手段可以围更大的空。

图3 （失败）

黑1提，白2拆一可以围空。
到黑3、白4为止，
白棋在左边围了非常大的空。

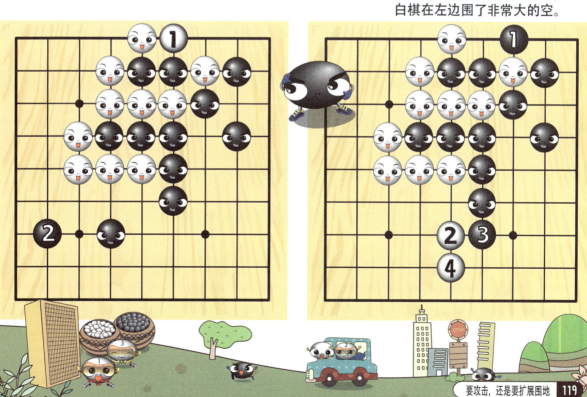

练一练！

黑棋在A、B两点下哪里好呢？

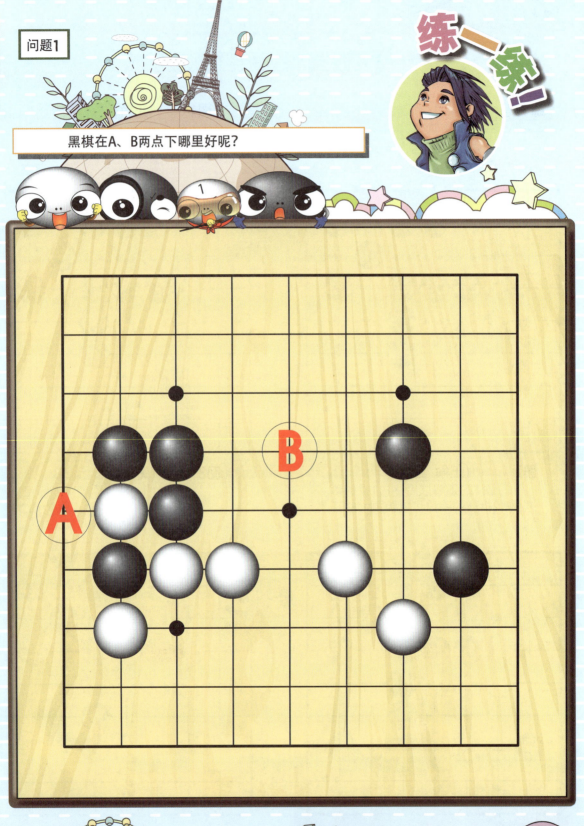

要攻击，还是要扩展围地

练一练!

黑棋在A、B两点下哪里好呢?

黑棋下哪里好呢？

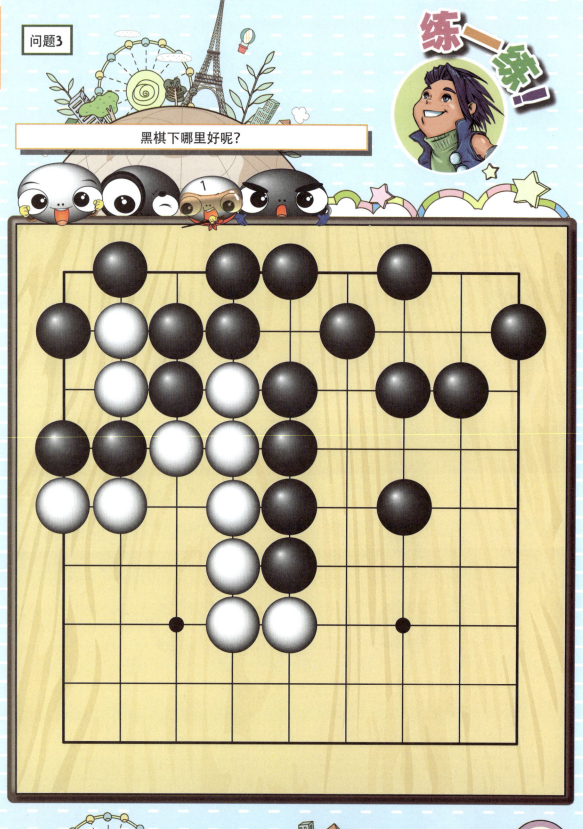

综合练习

Chapter.14

综合练习

请找出容易围空的位置上的棋子，并用○表示。

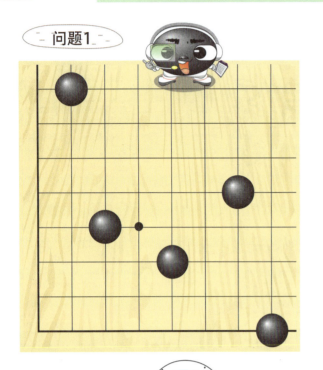

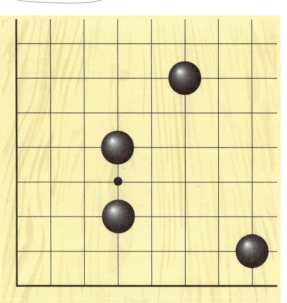

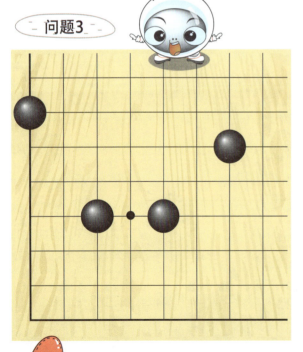

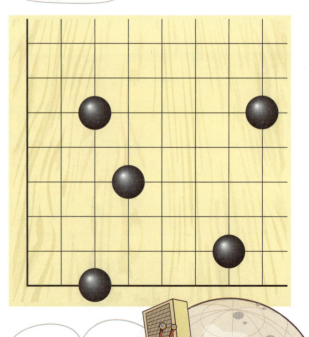

综合练习

黑棋围空围得好的话用○表示，否则用X表示。

问题5

问题6

问题7

问题8

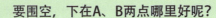

综合练习

要围空，下在A、B两点哪里好呢？

问题9

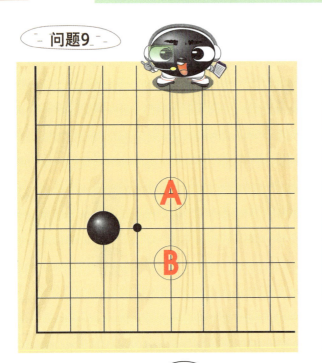

问题10

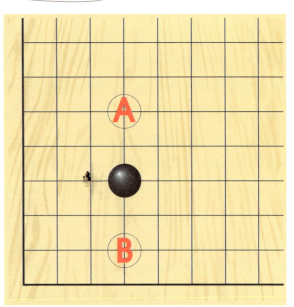

问题11

问题12

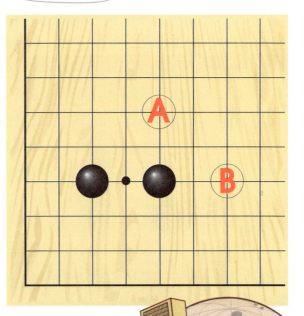

综合练习

找出对围空没有帮助的棋子，用○表示。

- 问题13 -

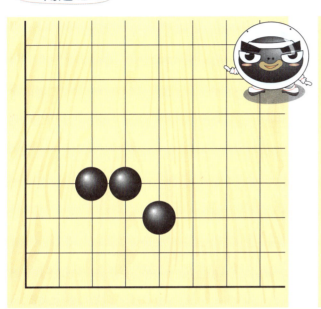

- 问题14 -

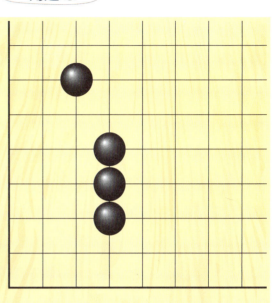

- 问题15 -

- 问题16 -

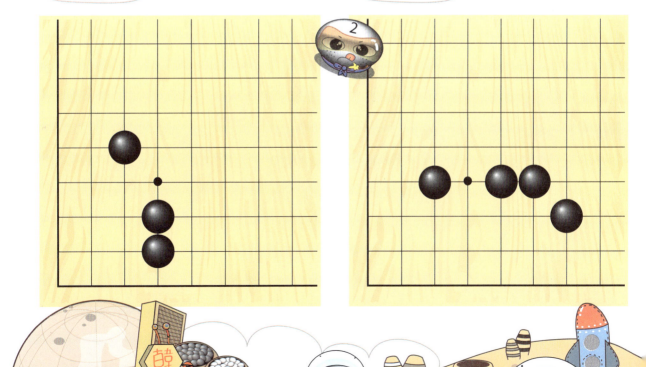

综合练习

找出两个对围空没有帮助的棋子，用○表示。

问题17

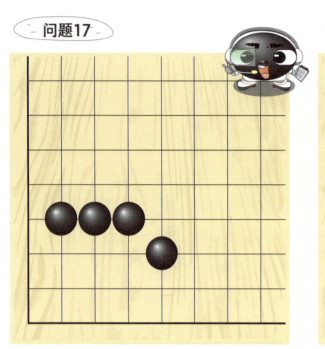

问题18

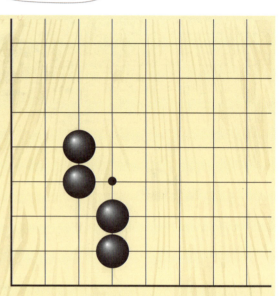

问题19

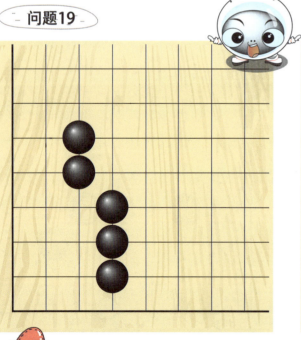

问题20

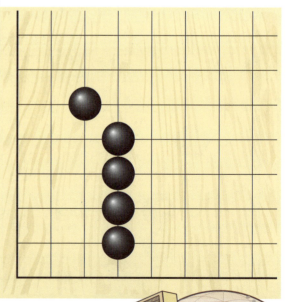

黑棋完成了围空的话用○表示，没完成的话用X表示。

- 问题21 -

- 问题22 -

2

- 问题23 -

- 问题24 -

综合练习

白下1位，黑棋要完成围空，该下哪里好呢？

问题25

问题26

问题27

问题28

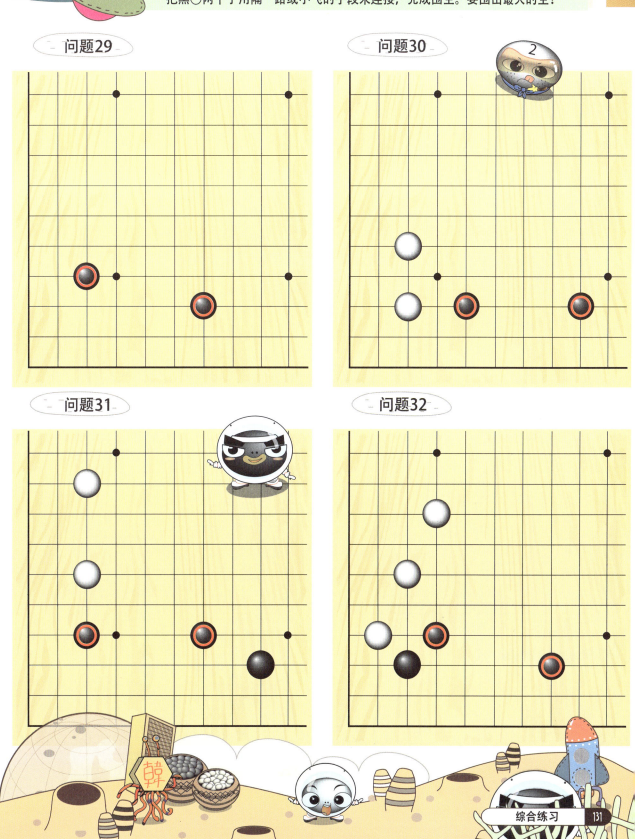

综合练习

把黑○两个子用隔一路或小飞的手段来连接，完成围空。要围出最大的空！

问题29

问题30

问题31

问题32

综合练习

请用离黑○隔二路的手法围空！

问题33

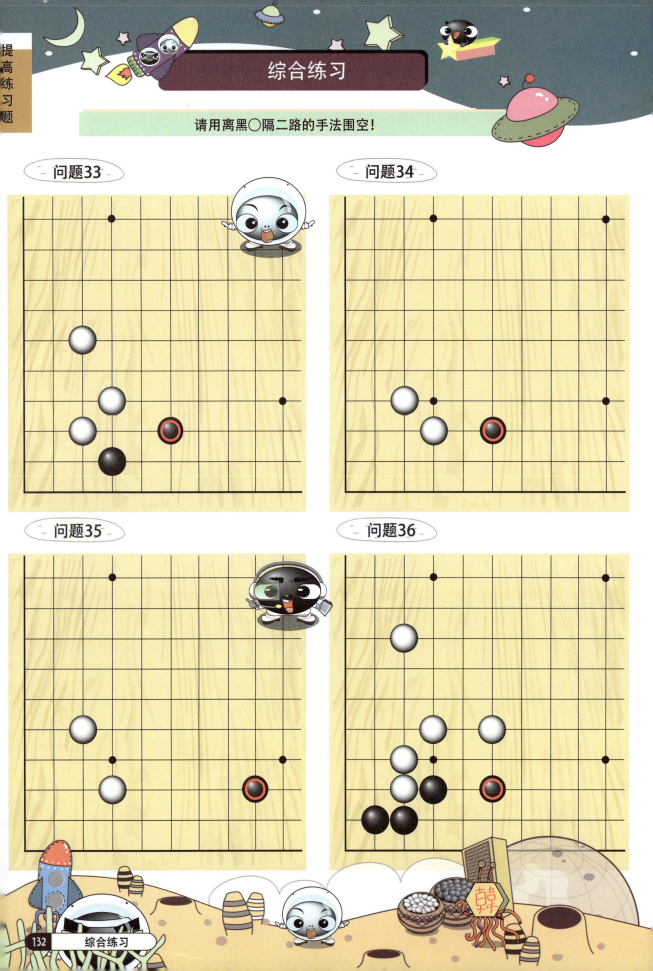

问题34

问题35

问题36

综合练习

在与黑〇大飞的位置上，完成围空。

问题37

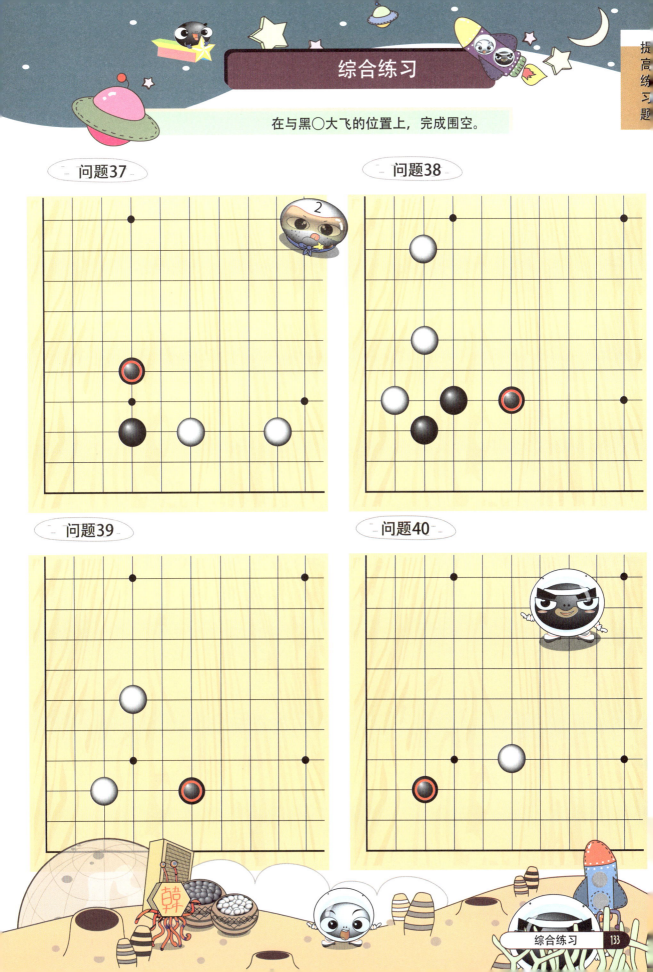

问题38

问题39

问题40

综合练习

请一边补自己的弱点，一边完成黑棋的围空！

- 问题41 -

- 问题42 -

- 问题43 -

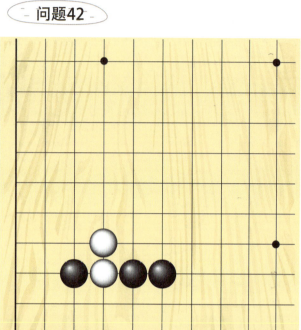

- 问题44 -

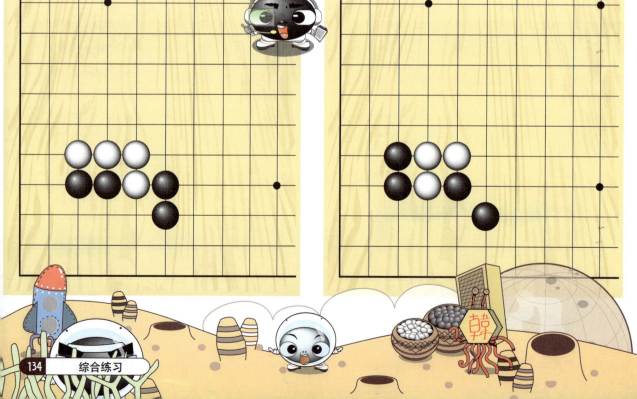

综合练习

请攻击白棋弱点，破坏白空！

问题45

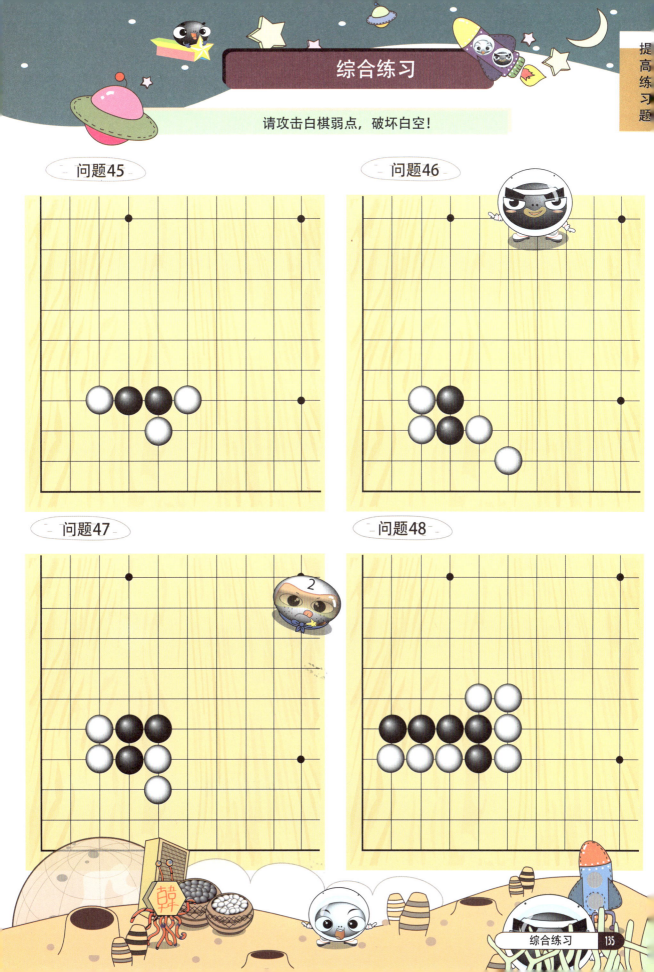

问题46

问题47

问题48

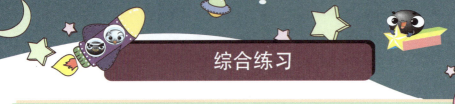

综合练习

连接黑○两个子，完成围空。(围出最多的空)

问题49

问题50

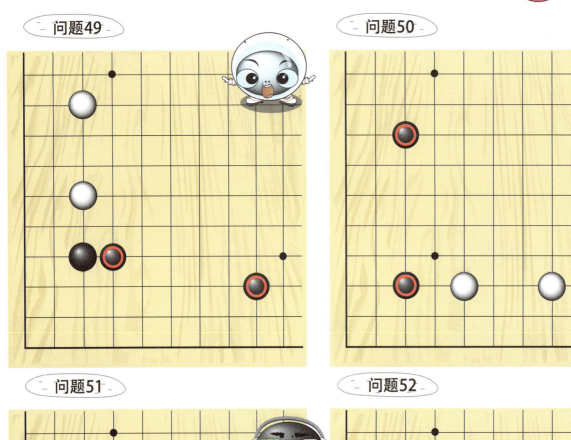

问题51

问题52

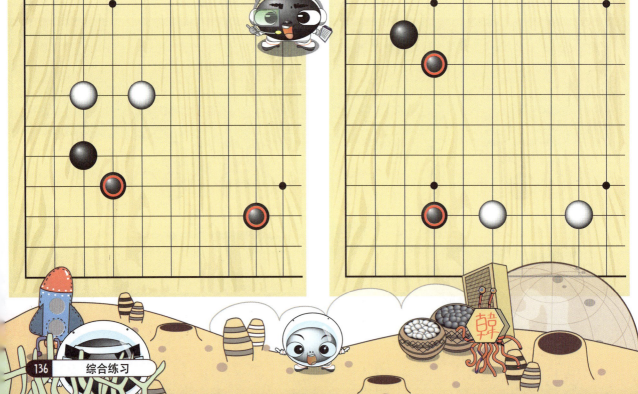

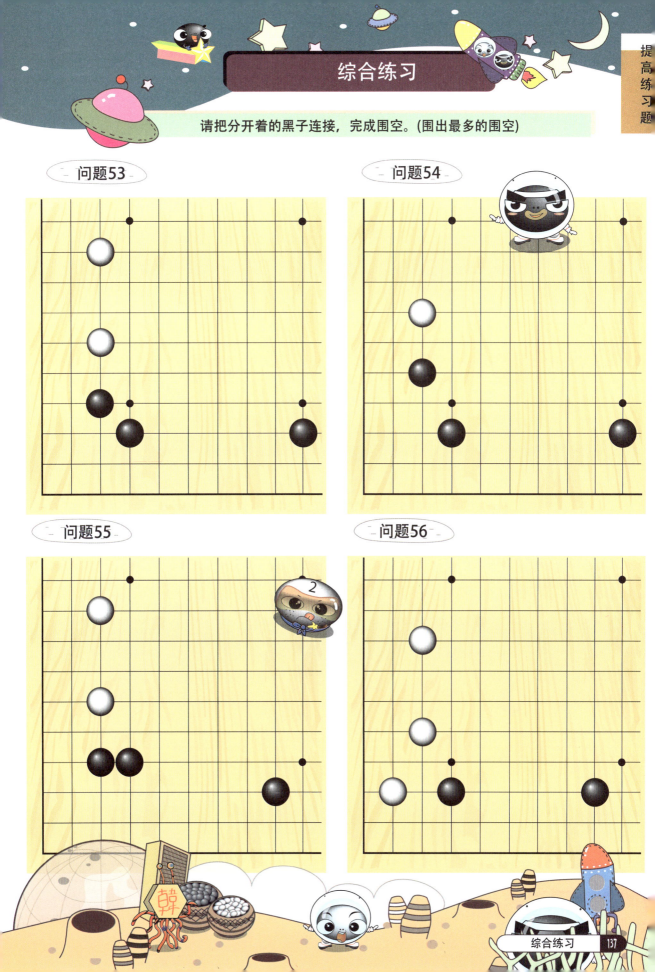

综合练习

请把分开着的黑子连接，完成围空。(围出最多的围空)

问题53

问题54

问题55

问题56

综合练习

不让白棋完成围空，黑棋该怎么下好呢？

问题57

问题58

问题59

问题60

不让对手
做两个眼的方法

Chapter. 15

不让对手做两个眼的方法

练习题

怎么下才能吃掉白棋呢？

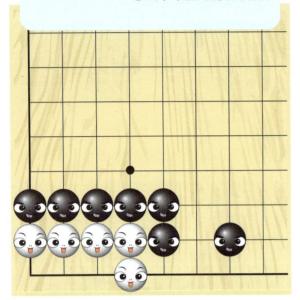

图1 (失败)

黑1挡住，白2可以做分开着的两个真眼。

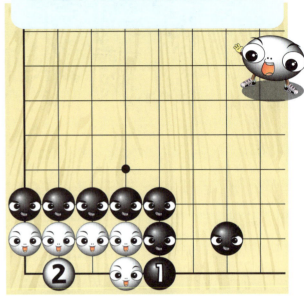

图2 (正解)

黑1的攻击就是正确答案。 黑1攻击时，白棋不能做分开着的两个真眼，所以被杀。

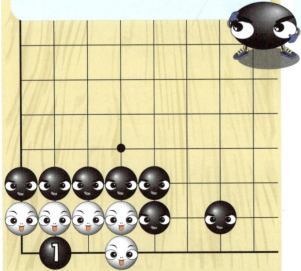

图3 (分析)

白棋被杀的理由就是黑○挡住后黑1可以打吃。 以后白棋在A位提也只是连接的两个眼，所以白棋会被杀。

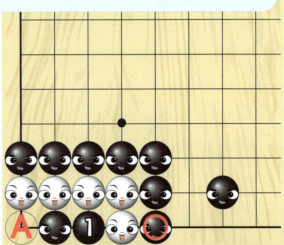

练一练！

黑棋可以打吃A或B位吃掉白棋用○表示，
不可能吃掉用X表示！

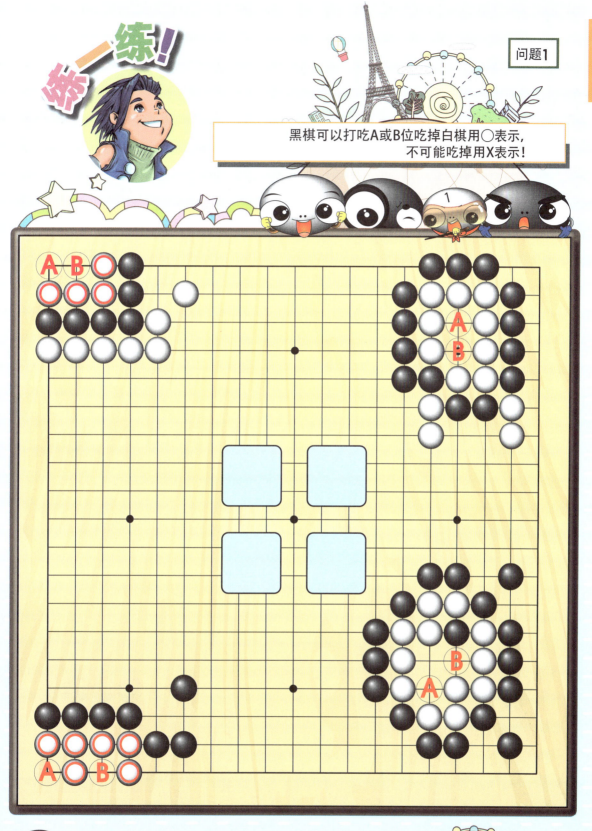

问题2

可以吃掉白棋用○表示，不可能吃掉用X表示！

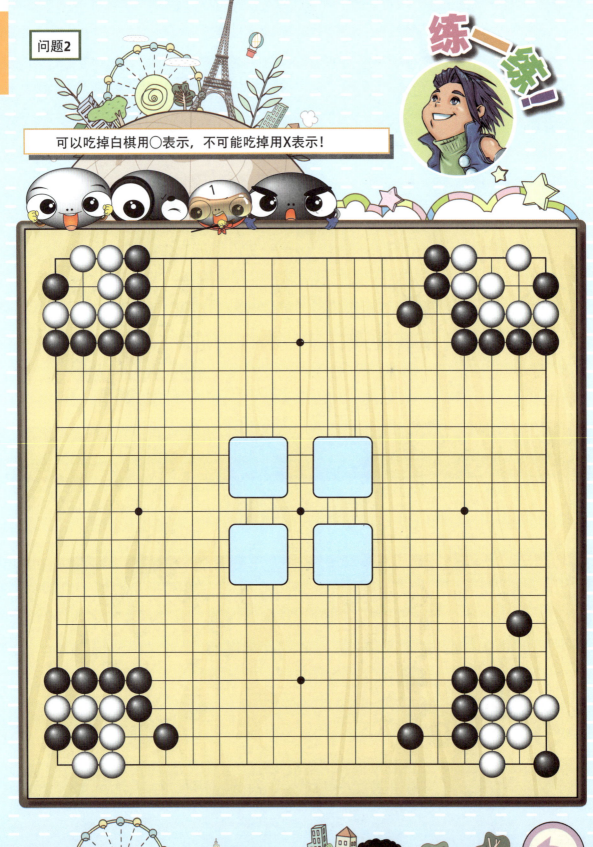

可以吃掉白棋用○表示，不可能吃掉用X表示！

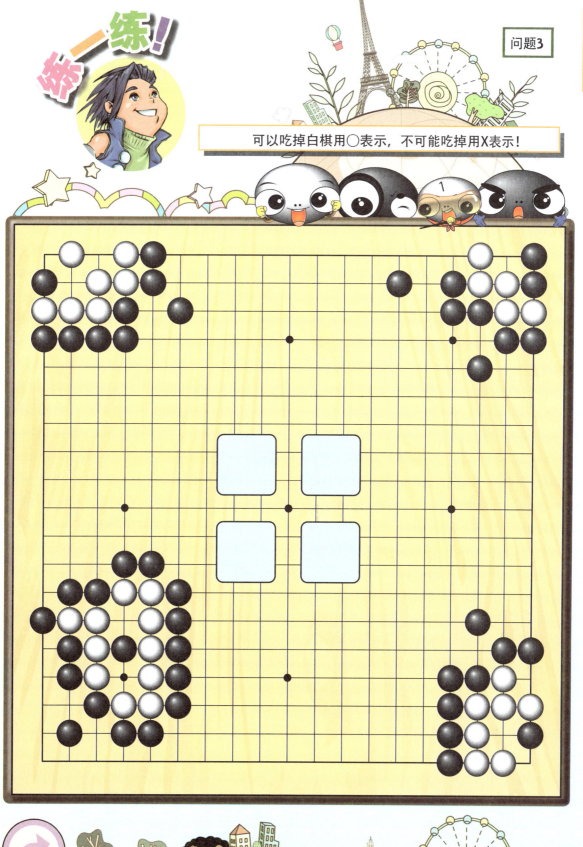

问题4

请不要让白棋做分开着的两个真眼，杀掉白棋！

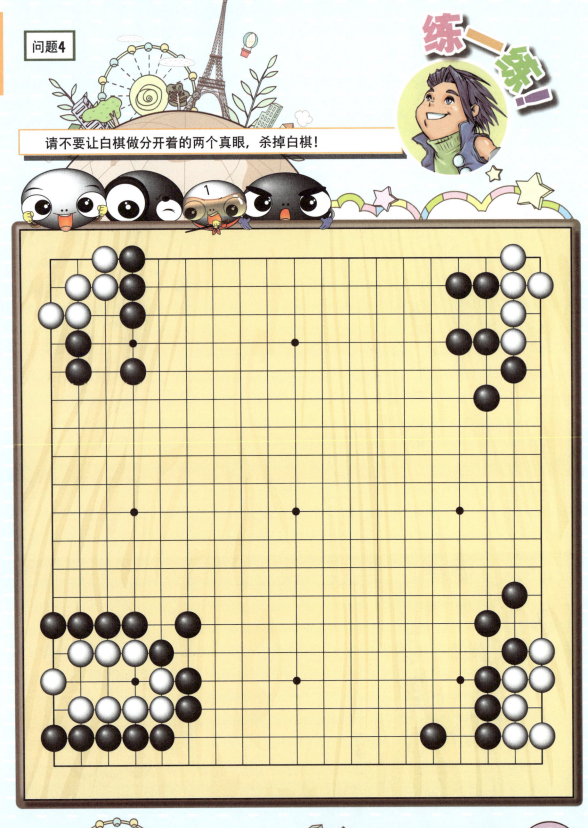

请不要让白棋做分开着的两个真眼，杀掉白棋！

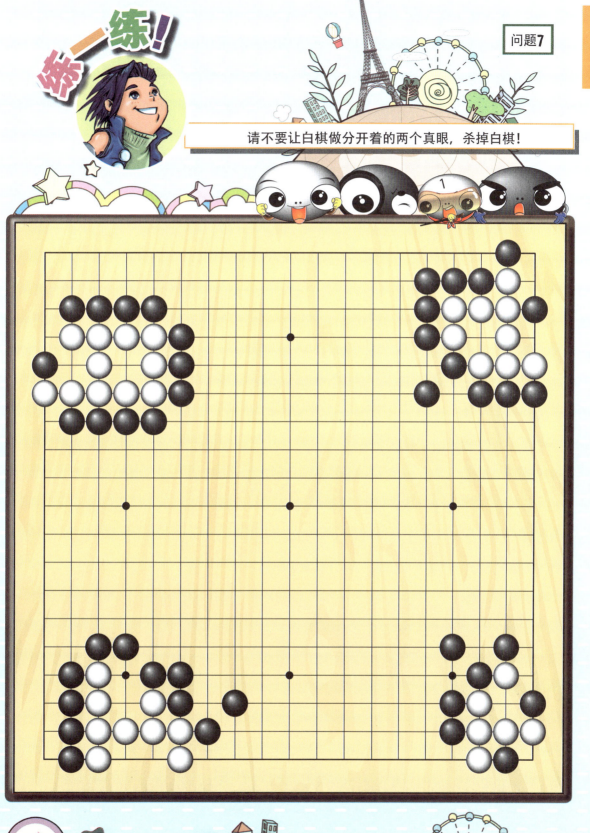

练一练！

请不要让白棋做分开着的两个真眼，杀掉白棋！

不让对手做两个眼的方法

怎样使对手
成为假眼

Chapter.16

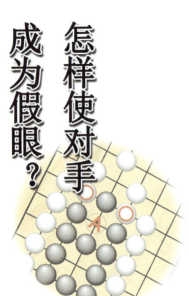

终于把白帅和
他朋友完全围住了！！

白帅，糟糕了！
我们被黑胖和他朋友
完全围住了！

要做两只真眼
就没问题！
不用担心！
这样做就可以！

不用担心！

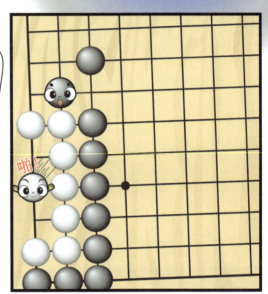

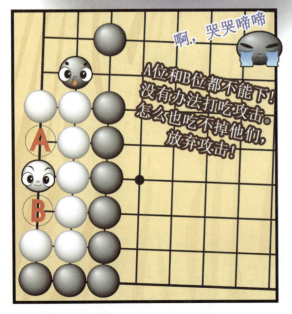

啊，哭哭啼啼

A位和B位都不能下！
没有办法打吃攻击。
怎么也吃不掉他们，
放弃攻击！

下次的比赛一定要赢！
大家都出来吧！

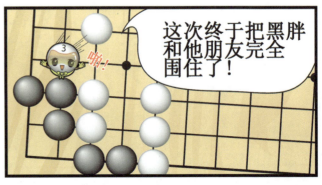

这次终于把黑胖
和他朋友完全
围住了！

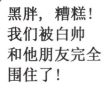

黑胖，糟糕！我们被白帅和他朋友完全围住了！

怎么做？

要做两只真眼就没问题！不用担心！这样做就可以！

放心吧！

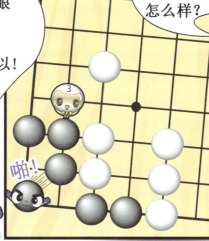

A位和B位都不能下！没有办法打吃攻击。白帅，你没有办法打吃攻击，你放弃攻击怎么样？

哎哟！！

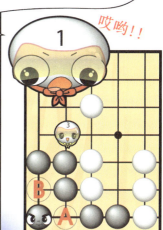

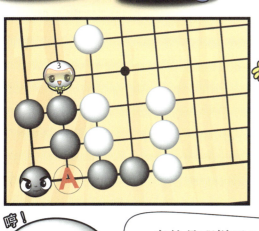

白方随时可以下到白〇位。如果变成那样的话，你看看白方可不可以下A位呢？

哼！

真的是那样吗？A位不能马上下，但最后还是有办法。

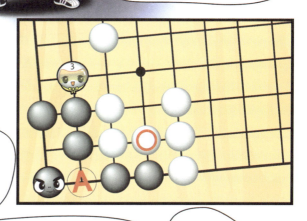

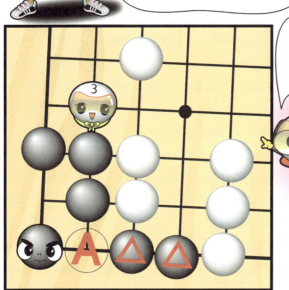

哦，黑△如果被打吃，白方可以下A位。

你说得对！总而言之，黑胖做不出两只真眼，其中一个是假眼！！！

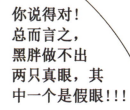

因为是假眼，完蛋了！呜呜

哎！

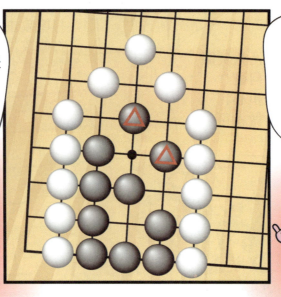

围棋世界的朋友们！A位的空交叉点看起来像"眼"，但却不能真正起到眼的作用。这就叫"假眼"。

哈哈哈

像黑△在中腹做眼时，要把它做成假眼有两种办法！

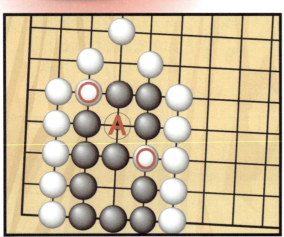

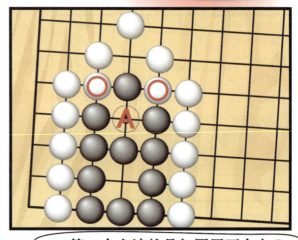

第一个方法就是如图用两个白○斜对面攻击的方法。这样的话，A位变成假眼！

第二个方法就是如图用两个白○将黑方的棋子夹在中间的方法。这样的话，A位也变成假眼！

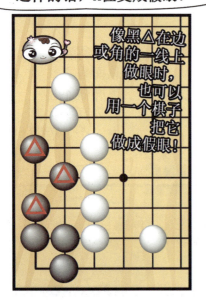

像黑△在边或角的一线上做眼时，也可以用一个棋子把它做成假眼！

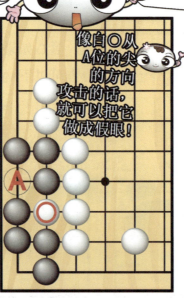

像白○从A位的尖的方向攻击的话，就可以把它做成假眼！

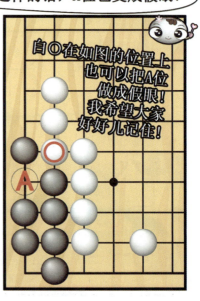

白○在如图的位置上也可以把A位做成假眼！我希望大家好好儿记住！

怎样使对手成为假眼

练习题

白棋有A和B两个眼，看似活棋，但黑棋也有办法杀掉白棋，怎么下呢？

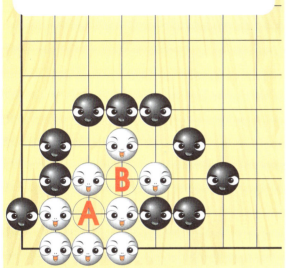

图1 （分析）

白棋要在A位做眼，要用白◎四个子。但利用在白◎的气上的黑△的话，可以把A位变为假眼。

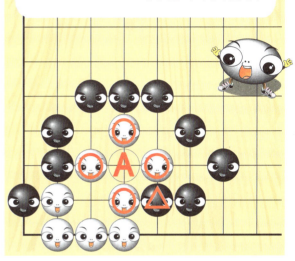

图2 （正解1）

黑1跟黑▲隔一路。
黑1后，A位变成假眼(不完整的眼)。
A位变为假眼的理由就是黑棋走B位时，白棋一个子变成被打吃的状态。

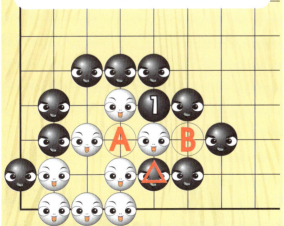

图3 （正解2）

黑1也可以把A位做成假眼。
黑1跟黑△形成"田"字的模样，把A位做成假眼。

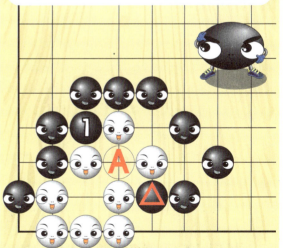

跟黑△形成隔一路的模样的同时，把A位变为假眼的位置是哪里呢？

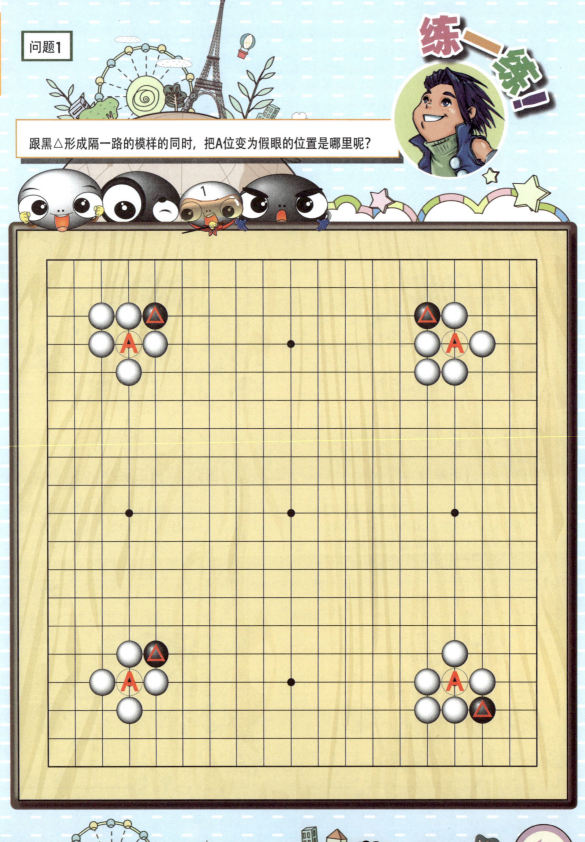

练一练！

找出所有跟黑子形成隔一路的模样的同时，把A位做成假眼的地方，并用○表示。

练一练!

请把A位做成假眼!

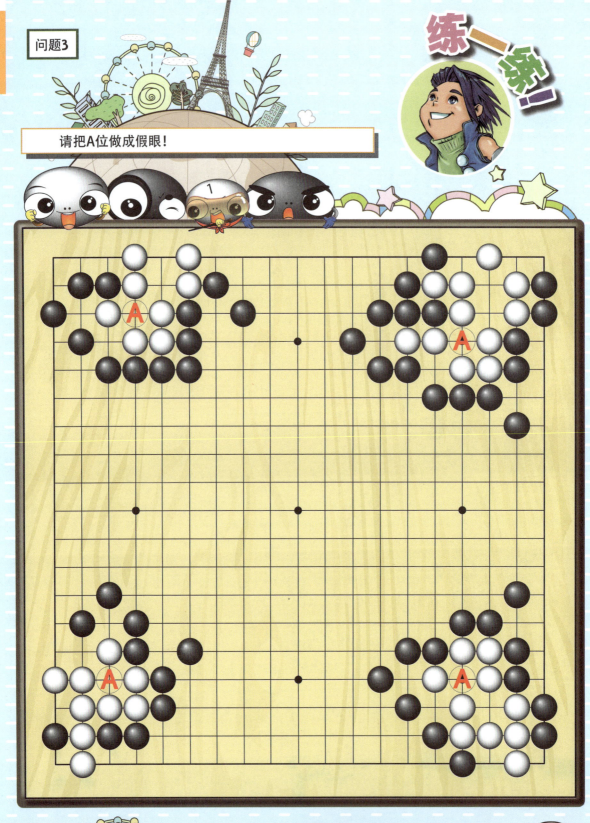

练一练！

请把白棋做成假眼！

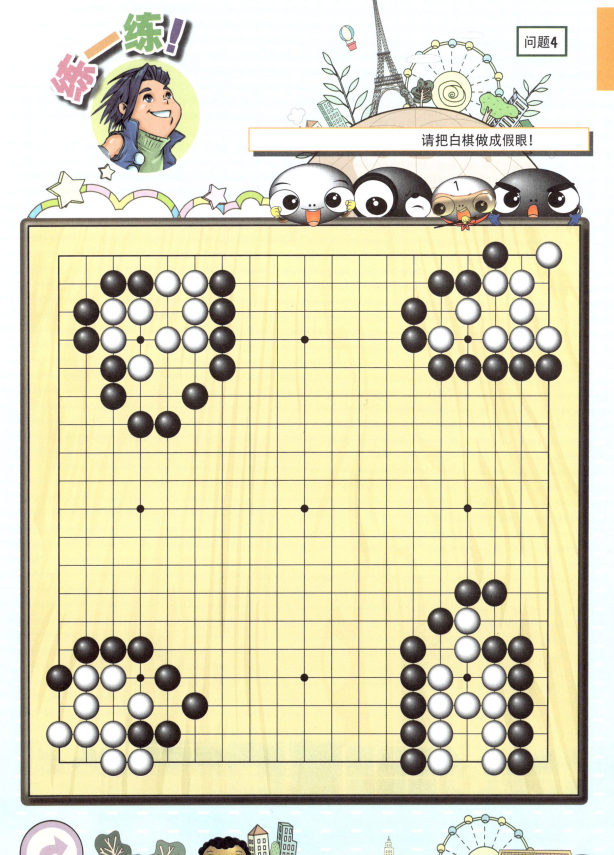

问题5

跟黑△形成"田"字模样的同时，
把A位变为假眼的位置是什么地方？

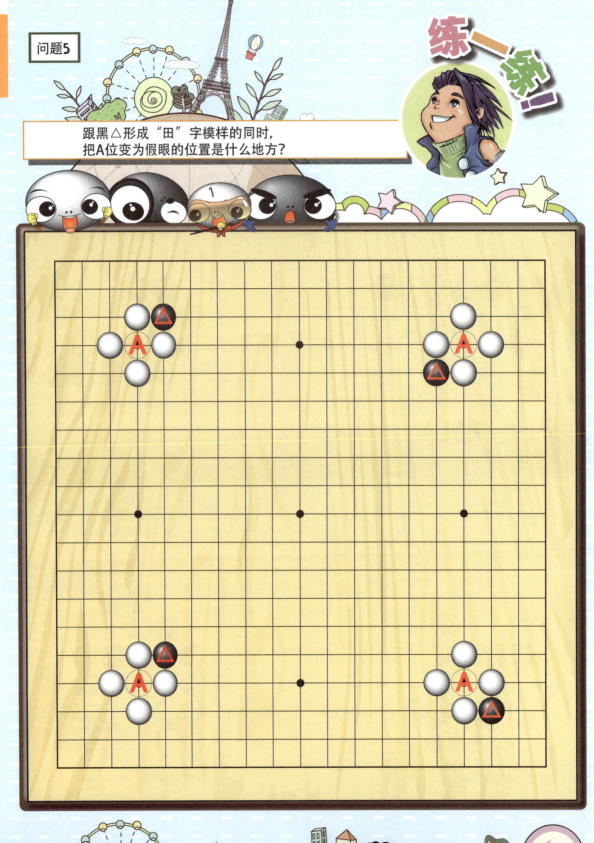

请把A位做成假眼！

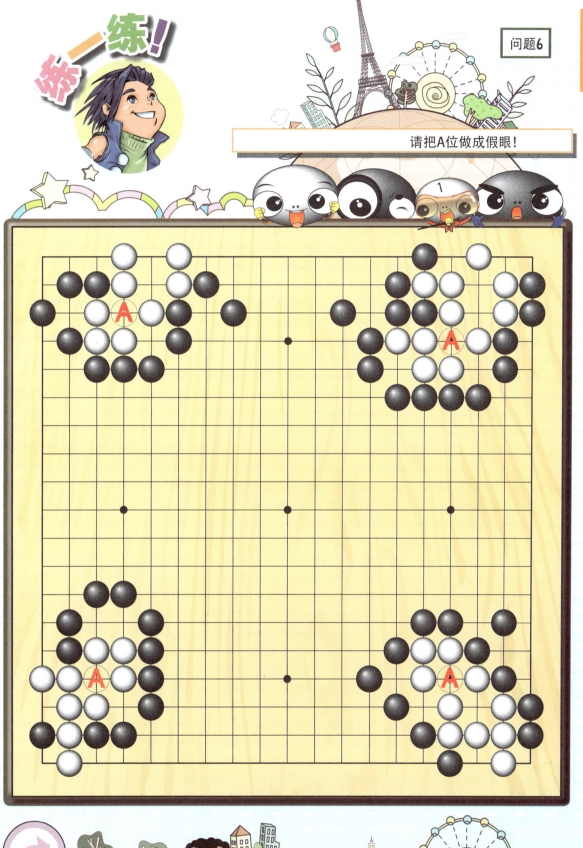

问题7

练一练！

请把白棋做成假眼！

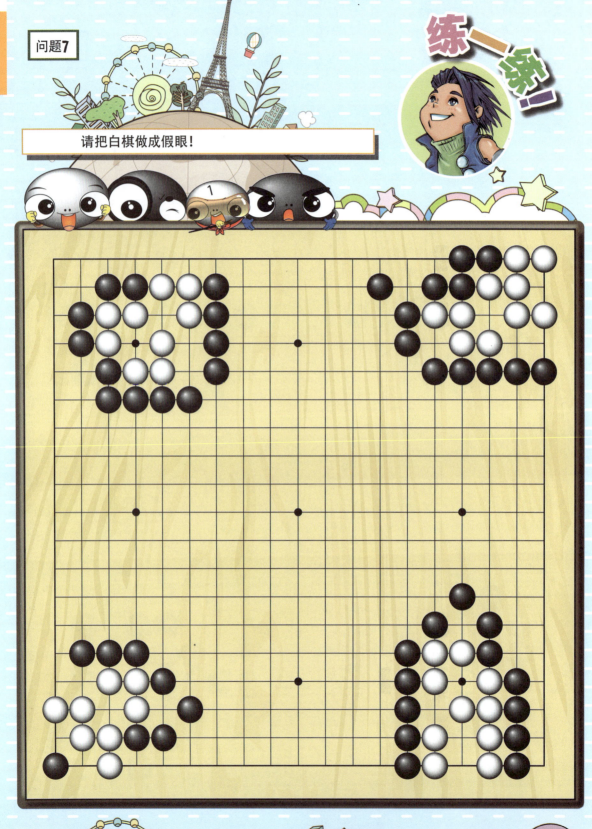

问题8

练一练！

请把白棋做成假眼！

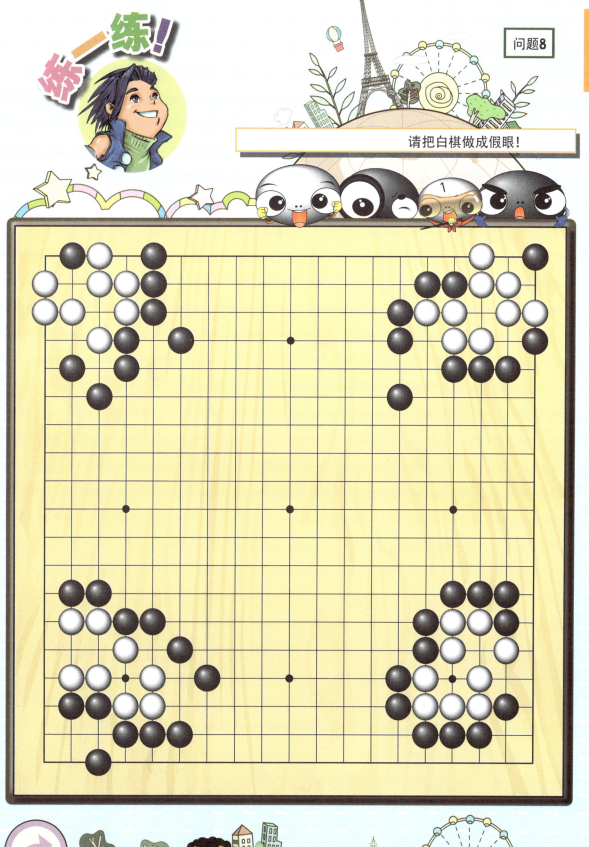

练一练！

请把白棋做成假眼！

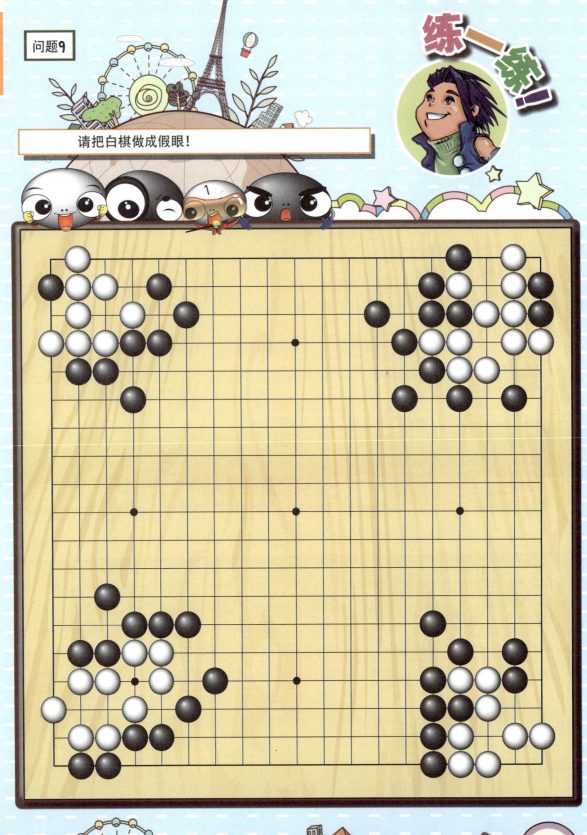